Indizes in der Wertpapieranlage

Viktor Heese

Indizes in der Wertpapieranlage

Von der Performance des Gesamtmarktes profitieren

Viktor Heese
Köln, Deutschland

ISBN 978-3-658-02259-4   ISBN 978-3-658-02260-0   (eBook)
DOI 10.1007/978-3-658-02260-0

Die Deutsche Nationalbibliothek verzeichnet diese Publikation in der Deutschen Nationalbibliografie;
detaillierte bibliografische Daten sind im Internet über http://dnb.d-nb.de abrufbar.

Springer Gabler
© Springer Fachmedien Wiesbaden 2014

Gedruckt auf säurefreiem und chlorfrei gebleichtem Papier

Springer Gabler ist eine Marke von Springer DE. Springer DE ist Teil der Fachverlagsgruppe
Springer Science+Business Media
www.springer-gabler.de

Vorwort

Indizes sind seit ihrer Entwicklung durch die deutschen Statistiker Étienne Laspeyres (1871) und Herman Paasche (1874) aus der Statistik und dem Wirtschafts- und Sozialleben nicht mehr wegzudenken. Auch bei Kapitalmarktanalysen ist das Index-Know-how zum methodischen und zeitlosen Basiswissen geworden. Es ist ähnlich wertvoll wie das Verstehen von Bilanzen oder die richtige Interpretation von Wertpapierkennzahlen. Der Anleger, der dieses Wissen besitzt, wird es noch in vielen Jahren nutzen können, während der Börsianer, der vor einiger Zeit den Anlagetipp „Solaraktien" mit Aufregung studiert hatte, diese Informationen schon lange ad acta gelegt hatte. Die Vorteile des Indexstudiums sind für den Anleger unbestritten:

- Er erkennt die Kurstendenz auf dem Gesamtmarkt im Unterschied zur Kurstendenz einer Einzelanlage (er sieht den ganzen Wald und nicht die einzelnen Bäume).
- Aus der Zusammensetzung der Indizes erfährt er, welche interessanten Einzelwerte es in den ihm fremden Regionen oder Sektoren überhaupt gibt.
- Schließlich wird er informiert, ob er mit seinem Anlageergebnis zufrieden sein kann, indem er sich mit dem breiten Markt (der Masse der Anleger) vergleicht.

Indizes sind aber keine Alleskönner. Der kritische Anleger sollte sich genauso intensiv mit den Schwächen, Nachteilen, Fehlinterpretationen und Missbräuchen der Indexwelt auseinandersetzen. Dann erfährt er, was die Indizes „nicht können" und die hochgejubelten Indexanlagen nicht einhalten, was sie versprechen. Denn in den globalisierten Kapitalmärkten nutzen etablierte „Indexproduzenten" und die „Indexproduktanbieter" (diejenigen, die die Indizes konstruieren und die Produkte emittieren, sind häufig die gleichen Bankadressen) nur zu gern seine Gutgläubigkeit und den fehlenden Kritizismus aus. Es sollte den kritischen Anleger auf jeden Fall stutzig machen, dass es für jede Marktlage und für jeden Anlegertyp angeblich einen Index und ein Indexprodukt gibt (daher geht die Anzahl der ersten in die Tausende und der anderen in die Hunderttausende). Die ihm von den Adressen so freigiebig präsentierte Informationshilfe in diesem „Dschungel" wird immer die Sicht des Verkäufers darstellen. Dieser muss sein Geschäft im Auge behalten und kann kein Interesse daran haben, auch Risiken und Schwachstellen seiner Produkte offenzulegen. Wenn er trotzdem dazu gesetzlich verpflichtet wurde, wird er es halbherzig und in intransparenter Form tun. Dieses Buch soll den Anleger bei seinen Bemühungen unterstützen, die offizielle Darstellung des Indexnutzens und die Attraktivität der Indexanlagen kritisch zu hinterfragen. Um die zahlreich verbreiteten Vorurteile über die Komplexität der „Indexthematik" zu entkräften, wird hierin keine einzelne Indexformel verwendet. Denn diese lassen sich durch einfache Zahlenbeispiele und Grafiken gut ersetzen.

Das Buch richtet sich an Börsianer (Anleger, Berater, Analysten), die an der technischen Konstruktion der Indizes, ihrer ökonomischen Aussagekraft, der komprimierten Darstellung der weltweit wichtigen Indizes und Indexanlagen und vor allem an der vielfältigen „Indexkritik" interessiert sind. Es enthält Anlagetipps für Privatanleger, die in den vermeintlich „risikoarmen" Indexanlagen nach Risikovermeidungs- und Risikominimierungsstrategien suchen, diese aber häufig dort nicht finden.

Inhaltsverzeichnis

1   Einführung   1

2   Wie Normalbürger im Alltag mit Indizes in Berührung kommen   5

3   Indizes im Wirtschafts- und Sozialleben und am Kapitalmarkt   11
    3.1   Das Indexuniversum im Alltag   11
    3.2   Welche Indizes gibt es in der Kapitalanlage?   13
    3.3   Betreiber von Kapitalmarktindizes   15

4   Anwendung von Aktienindizes („ökonomische Seite")   17
    4.1   Welche Kriterien muss ein repräsentativer Aktienindex erfüllen?   17
    4.2   Bedeutung der Aktienindizes für Anleger, Unternehmen und Börse . . .   26
    4.3   Verbreitung von Aktienindizes   35
          4.3.1   Weltindizes   38
          4.3.2   USA   41
          4.3.3   Japan   51
          4.3.4   BRIC-Staaten (Brasilien, Russland, Indien, China)   54
          4.3.5   Eurozone und Europa   60
          4.3.6   Deutscher Aktienindex (DAX) und DAX-Familie   63
          4.3.7   Strategieindizes im Aktienbereich (Beispiele)   70
          4.3.8   Sub- und Branchenindex: Beispiel Banken   74

5   Andere Indizes auf dem Kapitalmarkt   79
    5.1   Kapitalmarkt: relevante Definitionen und Größenordnungen   79
    5.2   Immobilienindizes   89
    5.3   Rentenmarktindizes   92
    5.4   Zertifikateindizes   97

6   Anlage in Indexprodukten   101
    6.1   Einteilungskriterien der Kapitalanlagen   101
    6.2   Arten von Indexprodukten   104
    6.3   Indexderivate (Zertifikate, Indexanleihen, Knock-out-Produkte,
          klassische Optionsscheine)   105

6.4   Indexfonds (ETFs)... 110
6.5   CFDs (Contract For Difference) auf den DAX..................... 113
6.6   Systematisches und unsystematisches Risiko: Haben Indexanlagen
         ein geringeres Risiko?.. 114
         6.6.1   Risikomaße bei Einzelaktien und der Indexanlage.......... 114
         6.6.2   Beta und Korrelation – systematisches und unsystematisches
                  Risiko einer Einzelaktie und beim DAX.................... 114
         6.6.3   Anlagerelevanz von Beta und Korrelation................. 118

7   **Missbräuche und Fehlinterpretationen von Wertpapierindizes
     im Anlagealltag**.. 121
     7.1   Die neun häufigsten Indexmissbräuche in der Anlagepraxis.......... 121
     7.2   Wie kann ein Index manipuliert werden?........................ 129

8   **Konstruktion von Aktienindizes (technische Seite)**.................. 133
     8.1   Grundlagen... 133
     8.2   Ermittlung des Indexwertes (Rechenvorgang).................... 137
     8.3   Neue Indexmitglieder (Indexanpassung), Korrekturfaktoren,
              Verkettungstermin.. 139
     8.4   Weitere technische Parameter („Bauelemente") eines Indexes........ 142
     8.5   Grafische Darstellung von Indizes............................ 144
     8.6   Indexarten Einteilung nach „technischen" Kriterien............. 146
     8.7   Begriffsabgrenzungen: Index, Wachstumsrate, Mittelwert, Kennzahl.. 149

9   **Korrelation: Gibt es einen Indexzusammenhang?**...................... 153

10   **BISS-Konzept: einfacher Kompass für den „Indexdschungel"**............ 157

11   **Zusammenfassung**.. 159

Die wichtigsten Indexbetreiber... 161

Literaturverzeichnis.. 163

Stichwortverzeichnis.. 165

Einführung

Die offizielle Darstellung durch Finanzdienstleister könnte wie folgt kurz beschrieben werden: Indexanlagen erfreuen sich in unsicheren Börsenzeiten (so wie in Zeiten der Finanzkrise) einer besonderen Beliebtheit bei Anlegern. Weil Indexanlagen den „breiten Markt" abbilden, ist der Anleger auf der sichereren Seite, als wenn er in Einzelanlagen investiert. Das Risiko seines Investments wird breiter gestreut. Dass auf der anderen Seite dadurch seine Chancen auf eine höhere Rendite sinken, ist dabei nicht so bedeutsam, weil in Krisenzeiten ja die Risikominimierung im Vordergrund steht.

Was sind aber Indexanlagen, deren Namen vom Fachbegriff „Index" abgeleitet wurden? Was sind wiederum Indizes? Mit diesen beiden Fragen beginnt der Einstieg in die Thematik dieses Buches. In einem einführenden Beispiel wird dargestellt, wie selbst eine Hausfrau bei ihren Alltagseinkäufen mit dem Preisindex „in Berührung" kommt, ohne ihn richtig wahrzunehmen.

Am Kapitalmarkt ist es nicht viel anders. Jeder Börsenanfänger hat schon einmal vom DAX gehört und wird diesen in Verbindung mit der deutschen Aktienbörse bringen. Es wäre denkbar, dass er, wenn er danach gefragt wird, den DAX mit dem Wort Index oder Börsenbarometer beschreibt. Auch die Nennung einiger großer DAX-Unternehmen, wie Daimler, Siemens, Allianz oder Deutsche Telekom, wird ihm keine Schwierigkeit bereiten. Der eine oder andere Befragte wird wissen, dass der DAX die Börsenstimmung am Aktienmarkt wiedergibt und das Börsenniveau zwischen zwei Zeitpunkten misst. Wenn er steigt, ist die Börse freundlich oder „fest", wie es in Fachjargon heißt. Wenn der DAX fällt, ist es schlecht um die Börse bestellt, dann ist sie „schwach". Gut Informierte könnten weiterhin konkrete Zahlen nennen: Bei 8.500 Punkten ist der DAX auf dem Rekordniveau, bei 2.000 Punkten auf dem Tief. Mit anderen Worten: Der DAX ist der Maßstab, mit dem Veränderungen am deutschen Aktienmarkt gemessen werden.

Würden wir den Nicht-Börsianer allerdings weiter fragen, wie dieses Börsenbarometer konstruiert sei, wie sich diese 8.500 Punkte zusammensetzen, käme er wahrscheinlich in Schwierigkeiten. Er könnte besser das physische Wettermessinstrument, das an der

V. Heese, *Indizes in der Wertpapieranlage*, DOI: 10.1007/978-3-658-02260-0_1, © Springer Fachmedien Wiesbaden 2014

Wand hängende, Barometer, beschreiben, als den DAX. Es dürfte ihn verwundern, dass der DAX anhand einer recht komplizierten mathematischen Formel berechnet wird.

Warum ist das so? Parallelen zur Inflation bieten sich an. Die meisten Deutschen wissen, dass die Inflation die Preissteigerung der Güter des täglichen Bedarfs anzeigt. Auch dass ein Prozent wenig, sieben Prozent dagegen viel Inflation bedeuten, sind allgemein bekannt. Würde wir sie weiter fragen, ob sie vom Preisindex für die Lebenshaltungskosten eines Vier-Personen-Haushalts mit durchschnittlichem Einkommen gehört haben (mit dem die Inflation gemessen wird) und diesen beschreiben könnten, kämen die meisten ins Staunen. Auch der Preisindex wird mit einer komplizierten mathematischen Formel ermittelt.

Diese beiden Beispiele belegen: Im Alltag werden Indizes ökonomisch richtig interpretiert. Die wenigsten Zeitgenossen wissen wirklich, was sich hinter den Formeln, also den Indexkonstruktionen (der technischen Seite) verbirgt. Das hat praktische Gründe. Die komplizierten mathematischen Formeln sind für die Indexnutzer eher unwichtig. Denn schließlich kommt es wie beim Auto nicht darauf an zu wissen, wie es gebaut ist, sondern wie es fährt und welche Extras es besitzt. Es ist zwar gut, die beiden Seiten eines Autos (die technische und die ökonomische) zu kennen, aber nicht notwendig. Dafür gibt es Ingenieure und Werkstattspezialisten.

Am Aktienmarkt kann ein Aktienindex (etwa der DAX) mit einem Auto verglichen werden. Auch hier wird sich die Mehrzahl der Anleger für die ökonomische Seite des Indexes interessieren und nur wenige werden wissen wollen, welche Formeln sich dahinter verbergen. Den Anleger reizt die Frage, wie er mit Indexanlagen Geld verdienen kann. Indexanlagen sind wiederum Anlagen, die alles rund um die Thematik „Index" abbilden. Genauso wie es die Investmentthemen „Emerging Markets", „Alternative Energien" oder „Derivate" gibt, so gibt es das Investmentthema „Indexanlagen".

In diesem Buch wird der Leser zu einer spannenden Autofahrt durch das bunte Universum der Kapitalmarktindizes und der Indexanlagen eingeladen. Der Schwerpunkt soll auf den Aktienbereich gelegt werden, obgleich für jede Anlage (Aktien, Renten, Rohstoffe, Immobilien), wo über einen längeren Zeitraum regelmäßig Kursnotierungen stattfinden, ein Index konstruiert werden kann.

Nach einer Einführung und einigen Indexbeispielen aus dem Alltag (Kap. 1 und 2), wird in Kap. 3 die Indexwelt des Wirtschaftsalltags sowie des Kapitalmarktes vorgestellt. In Kap. 4 bis 6 geht es konkret auf die in Deutschland und weltweit verwendeten wichtigsten Aktienindizes und die Indexanlagen zu. Jeder Index und jede Indexanlage weist Besonderheiten auf und führt sozusagen ein „Eigenleben". Es ist wichtig den Anleger darauf aufmerksam zu machen, welche Anlageziele er mit den Indexanlagen erreichen, beziehungsweise nicht erreichen kann.

Kapitel 7 wird durch die Schilderung von Missbräuchen mit Indizes und den Indexanlagen im Anlagealltag die Euphorie des Lesers etwas bremsen. Denn wie andere statistische Konstrukte, werden Indizes häufig als „Argumentationshilfen" in wirtschaftspolitischen Debatten und Streitfragen zwischen Kapitalmarktakteuren herangezogen. Mit entsprechend konstruierten oder ausgewählten Indizes lässt sich so manche vertretene These belegen. Wer die Inflation in Deutschland statt mit dem Preisindex der Lebenshaltung für einen Vier-Personen-Haushalt mit mittlerem Einkommen mit dem Preisindex der Lebenshaltung für einen Zwei-Personen-Haushalt mit höherem Einkommen misst, wird das Phänomen der breiten Preissteigerung nicht richtig abbilden. Am Kapitalmarkt gehört es seit Jahrzehnten zum beliebten Spiel der Fondsmanager einen „schlechtmöglichen" Index (Benchmark) auszusuchen, im Vergleich zu dem die Anlagerendite des eigenen Fonds am günstigsten ausfällt.

Schließlich kann der fortgeschrittene Leser in Kap. 8 Einzelheiten über die technische Seite der Indizes erfahren. Hier wird er anhand eines fiktiven Zahlenbeispiels verfolgen können, wie ein Aktienindex Schritt für Schritt „gebaut" wird und wie sich alle nachträglichen „Baumaßnahmen" (zum Beispiel Austausch von Indexmitgliedern, Berücksichtigung von Dividenden und Kapitalerhöhungen). Unsere Autofahrt durch die Indexwelt endet mit der Prüfung der Frage in Kap. 9, ob es Zusammenhänge in dem globalen Indexuniversum gibt und wenn ja, ob der Anleger sich ein detailliertes Indexstudium sparen und seine Aufmerksamkeit auf einige wichtige Barometer konzentrieren kann.

Wie Normalbürger im Alltag mit Indizes in Berührung kommen

2

Beispiel 1

Frau Schulz möchte die Preisveränderung ihrer täglichen Einkäufe erfahren. Frau Anette Schulz ist eine gewissenhafte Hausfrau. Als ihr Ehemann Peter (Angestellter) nach einer dreiprozentigen Gehaltserhöhung Ende 2011, lakonisch bemerkte: „Das reicht ja noch nicht einmal aus, um die gestiegenen Lebenshaltungskosten zu kompensieren!", widersprach ihm seine Ehegattin lebhaft. Sie vertrat die Ansicht, dass die Preise nicht so stark gestiegen seien, wie er meint. Sie schloss mit ihm eine Wette ab und schlug vor, über das gesamte Jahr 2012 alle Preisbewegungen aufzuzeichnen, damit sie sich ein tatsächliches Bild von der Lage machen können. Ganz uneigennützig war zudem der Vorschlag auch nicht, da Frau Schulz ausloten wollte, ob sie im Vergleich zum Bundesdurchschnitt in ihrer Haushaltslage (zwei Erwachsene, ein erwachsenes Kind) noch Einsparungspotenzial bei ihren täglichen Anschaffungen hat. Sohn Hans-Peter, Student der Wirtschaftwissenschaftlichen Fakultät der Universität zu Köln, versprach, seine Mutter bei den statistischen Erhebungen und der Konstruktion einer Vergleichsformel methodisch zu unterstützen. Frau Schulz baute ihre Analyse auf folgenden Prinzipien auf:

Prinzip 1 Anfang Januar 2012 wurde ein aus 30 Standardprodukten bestehender Warenkorb (Startkorb) zusammengestellt, der die wichtigsten Artikel des täglichen Gebrauchs der Familie (Lebensmittel, Getränke, Genussmittel, Miete, Energie, Bekleidung, Toilettenartikel usw.) umfasste. Als Aufnahmekriterium dienten der Wertanteil (Menge × Stückpreis) jedes Artikels an den Gesamtausgaben, den sie anhand der Ausgaben Ende Dezember 2011 ermittelte. Frau Schulz ordnete die Waren und Dienstleistungen in vier Gruppen ein und ermittelte deren Anteil an den Gesamtausgaben: Nahrung (40 Prozent), Getränke (25 Prozent), Miete (20 Prozent), Kleidung (zehn Prozent), sonstige (fünf Prozent). Sporadisch hatte sie dann im Jahr 2012 immer wieder neue Artikel (Ergänzungsartikel) gekauft, die jedoch eine geringere Bedeutung für den Warenkorb hatten. Zudem hat sie nicht alle Standardprodukte bei jedem Einkauf in gleichen Mengen erworben.

V. Heese, *Indizes in der Wertpapieranlage*, DOI: 10.1007/978-3-658-02260-0_2,
© Springer Fachmedien Wiesbaden 2014

Prinzip 2 Obwohl Frau Anette ihre Einkäufe mindestens einmal wöchentlich machte, notierte sie aus Vereinfachungsgründen die Preise nur am jeweiligen Monatsende. So konnte sie für 2012 von Monat zu Monat zwölf Preisveränderungen ihres Warenkorbes beobachten.

Prinzip 3 Die gewissenhafte Hausfrau stellte fest, dass sich die Konsumgewohnheiten ihres Mannes und ihres Sohnes im Laufe des Kalenderjahres 2012 änderten. Als im Sommer den beiden das Bier mehr als der Wein zu schmecken begann, wanderte Bier anstelle des Weines in den Warenkorb, dessen Wertanteil bei den 30 beobachteten Standardprodukten unter Platz 30 gesunken war. Damit wurde der Wein in den Sommermonaten von Juni bis August aus dem Warenkorb heraus- und ab Oktober wieder hereingenommen. Um die wechselnde Warenzusammensetzung in Grenzen zu halten, wurde dessen Überprüfung ein Mal zum Quartalsende vorgenommen.

Prinzip 4 Frau Schulz stellte zu den Messterminen am jeweiligen Monatsende fest, dass die Wertveränderungen des Warenkorbes sowohl auf Mengen- als auch auf Preisänderungen beruhten. Der Korb kostete im Februar 2012 genau 103,19 Euro gegenüber 99,17 Euro beim Startkorb im Januar. Das war eine saftige Steigerung von knapp vier Prozent innerhalb von zwei Monaten. Sie suchte nach Gründen und fand heraus, dass sie im Februar mehr vom preislich stärker gestiegenen Obst gekauft hatte. Um diese Mengeneffekte auszurechnen ging sie folgendermaßen vor: Nachdem sie die Mengen von Januar als Basis zugrundelegte (Fall A), ermäßigte sich der Wert auf 101,23 Euro und damit die Steigerungsrate auf etwa 2,1 Prozent (welche Erleichterung!). Wie sie weiter feststellen konnte, waren diese 2,1 Prozent eine Durchschnittsgröße, denn im Korb befanden sich sowohl Waren, die um 7,1 Prozent gestiegen, als auch solche, die um 3,7 Prozent gefallen sind. Sie überlegte, ob sie nicht alternativ die Februar-Einkaufsmenge (Fall B) nehmen sollte. Sohn Hans-Peter riet ihr aber von diesem Schritt ab. Er meinte, diese Vorgehensweise sei unpraktisch. Denn in den Folgemonaten müsste dann der Startkorb immer neu festgelegt werden. So konnte sie aber auf die einmal im Januar festgelegten Verbrauchsmengen immer wieder zurückgreifen.

Prinzip 5 Um alle Rabatte in die Berechnung einzubauen, hatte Frau Schulz diese in reelle Waren umgetauscht und so gerechnet, als ob sie diese zum Preis von 0,00 Euro bezogen hätte.

Prinzip 6 Sohn Hans-Peter schlug weiterhin vor, den Wert des Startwarenkorbes vom Januar 2012 (=99,17 Euro) auf 100 Prozent zu setzen. Das würde den Vorteil bringen, den Preisanstieg ihres individuellen Warenkorbes mit dem der befreundeten Nachbarin, Frau Schmidt, vergleichen zu können. Frau Schmidt, die einen Fünf-Personen-Haushalt betreut, hat selbstverständlich einen etwas teureren Warenkorb. Bereits im Februar 2012 stellte sich heraus, dass die Schmidts eine Preissteigerung von „nur" 2,4 Prozent zu verkraften hatten, denn ihr Warenkorb ist auf der Basis der Januar-Mengen von 135,69 Euro (bei ihr die Basis von 100 Prozent) auf 138,96 Euro gestiegen. Darin sah Frau Schmidt einen gewissen Bedarf ihre „Sparanstrengungen" zu intensivieren.

Tab. 2.1 Messvorgänge zur Ermittlung der Preisververänderung eines Warenkorbes

Welche Veränderungen sollen gemessen werden?	Preisveränderungen
Welche Grundgesamtheit (GG) lieg vor?	Warenkorb von Gütern des täglichen Gebrauchs
Wie viele Einheiten der GG werden gemessen?	30 Waren und Dienstleistungen
Die wichtigsten Gruppen	Nahrung 40 %, Getränke 25 %, Miete 20 %, Kleidung 15 %
Wie werden die Gewichte festgelegt?	Wertanteil am Warenkorb von 30 Gütern
Wie heißt das verwendete Meßkonzept?	Preisindex der Lebenshaltung eines 3-Personen-Haushalts mit mittlerem Einkommen
Wert des Index am 01.01.2012 und 31.12.2012	100,0/102,9

Prinzip 7 Als die Eheleute Schulz in den Sommerurlaub fahren wollten, begann die schwierige Suche nach einem europäischen Land mit vergleichbaren Konsumgewohnheiten, dass dazu noch „billig" sein sollte. Sohn Hans-Peter schlug methodisch vor, ein solches Land auszuwählen in dem die „100 Euro" am meisten wert sind und erzählte etwas von Kaufkraftparitäten. Diesen Begriff hatte er an der Uni in einer Vorlesung gehört. Die Wahl fiel schließlich auf Kroatien, wo „100 Euro laut amtlicher Statistik 122 Euro Kaufkraftparität" haben sollte. Wie er erklärte, könnten die Schulz dort für jeden Betrag im Durchschnitt 22 Prozent mehr Waren aus dem vertrauten Warenkorb als in Deutschland erwerben.

Prinzip 8 Nach dem Preisvergleich bei den Gütern des täglichen Bedarfs konnte Frau Schulz Ende September stolz verkünden, dass die Steigerungsrate trotz der zweimaligen Anpassung des Warenkorbes erst bei 1,8 Prozent liegt. Damit war die Gefahr nicht groß, dass sie bis zum Jahresende die kritische Marke von drei Prozent übersteigen würde. Die Wette mit Ehemann Peter war so gut wie gewonnen. Zur Erinnerung: In der Analyse ging nur die Jahressteigerungsrate (also im Zeitraum vom 01.01.2012 bis zum 31.12.2012) ein. Zwischenergebnisse, wie zum Beispiel Steigerungen von Monat zu Monat, zählten damit nicht. Im Endeffekt wurde im Jahr 2012 eine Jahressteigerung von 2,6 Prozent ausgewiesen. Sohn Hans-Peter verwendete einen Fachausdruck und sprach davon, dass der individuelle Preisindex der Lebenshaltung Ende 2012 den Wert von 102,6 auswies. In Tab 2.1 fasste er die wichtigsten Bestandteile seines Messkonzeptes noch einmal zusammen, da er ihn später für eine wissenschaftliche Hauarbeit verwenden wollte.

Prinzip 9 Der Verlierer der Wette, Ehemann Peter, wollte nicht klein beigeben. Er bot eine nächste Wette an und behauptete, dass wenngleich nicht in der Elementarversorgung, so doch bei den Dienstleistungen und den Gütern des gehobenen Bedarfs die Preise auf jeden Fall „sehr kräftig" gestiegen seien. Auch hier wurden ab Oktober Messungen vorgenommen und auf die alten Kassenbons zurückgegriffen. Da Familie Schulz in diesem Segment nur zehn Artikel gekauft hatte, nahm sie diese in den neuen Warenkorb für die Güter des gehobenen Bedarfs auf. Allerdings konnte auch in diesem Warensegment eine Preissteigerung von „nur" 2,7 Prozent festgestellt werden.

Studienrat Weißbesser muss die Leistungsveränderung seiner Schüler ermitteln. Der Direktor eines Wirtschaftsgymnasiums, Dr. Sack, hatte eine gesponserte Leistungsprämie von 3.000 Euro an die leistungsbeste Klasse seines Wirtschaftsgymnasiums zu vergeben. Die Prämie sollte an die Klasse gehen, die im Jahresvergleich die höchste Steigerung der Kollektivleistung erzielt. Abiturrelevante und klassische Wirtschaftsfächer sollten stärker berücksichtigt werden, so lautete die Bedingung des Geldgebers. Dr. Sack entwarf folgendes Bewertungssystem:

- Als Ausgangsbasis waren die Einzelnoten aller Schüler aller Klassen in allen Fächern zu addieren. So errechnete sich die Kollektivleistung (Klassenleistung) brutto.
- Dabei waren die Noten der vier abiturrelevanten Wirtschaftsfächer mit einem Faktor 0,7, die weiteren vier Wirtschaftsfächer mit 0,9 und die restlichen vier Wahlfächer mit 1,2 zu multiplizieren. Diese Bereinigung führte zur Kollektivleistung (Klassenleistung) netto.
- Die Kollektivleistung netto des Startjahres war mit der Kollektivleistung netto des Folgejahres zu vergleichen und die Änderungsrate zu bestimmen.
- Die Schulklasse mit der höchsten (negativen) Veränderungsrate sollte den schulischen Wettbewerb gewinnen.

Der Sieger des Wettbewerbs (Weißbesser) erzielte folgende Kollektivleistungen netto für seine Klasse im Start- und Bewertungsjahr.
Kollektivleistung netto im Startjahr 1273,2 Punkte

- 30 Schüler mit der Durchschnittsnote 2,54 in vier abiturrelevanten Wirtschaftsfächern $\times\,0{,}7 = 533{,}4$
- 30 Schüler mit der Durchschnittsnote 2,38 in vier sonstigen Wirtschaftsfächern $\times\,0{,}9 = 642{,}6$
- 30 Schüler mit der Durchschnittsnote 2,70 in vier Nicht-Wirtschaftsfächern $\times\,1{,}2 = 972{,}0$.

Kollektivleistung netto im Bewertungsjahr 1208,6 Punkte = Verbesserung um 5,1 Prozent.

Trainer Uwe Eisen gewinnt den Zuschlag für den Posten des Trainers der Nationalmannschaft. Der Deutsche Gewichtheber Verband (DGV) hatte einen Wettbewerb für die Besetzung des Postens des Nationaltrainers ausgeschrieben. Daran konnten die Trainer der 1. Bundesliga teilnehmen, die in ihren Vereinen mindestens je vier Aktive in den Altersklassen 18 bis 21 Jahre (Junioren), 21 bis 25 Jahre (Senioren) und über 25 Jahre (Etablierte) aufweisen konnten. Den Zuschlag sollte derjenige erhalten, dessen Verein die höchste prozentuale Steigerung der Mannschaftsleistung im Jahre 2012 erreichen würde. In die Bewertung gingen sowohl die Bestleistungen der einzelnen Aktiven (Gewichtungsfaktor 1,1), als auch ihre Leistungskonstanz (Gewichtungsfaktor 1,0), die als Durchschnitt der drei besten Ergebnisse der Saison berechnet wurde. Weiterhin wurden die Disziplinen Stoßen mit 0,95 und Reißen mit 1,05 bewertet. Auch die einzelnen Altersklassen wurden variabel, konkret mit den Faktoren 1,1 (18 bis 21 Jahre), 1,0 (21 bis 25 Jahre) und 0,9 (über 25 Jahre) berücksichtigt. Die differenzierte Bewertung wurde mit den Stichworten „Chance, Potenzial, Nachhaltigkeit" begründet. Je jünger ein Athlet war, desto höher war sein Potenzial weiterzukommen. In der Disziplin Reißen hatten die traditionsreichen deutschen Vereine eine höhere Chance auf bessere Plätze an der Weltspitze. Schließlich, um dort hinzukommen, war eine Nachhaltigkeit von Spitzenergebnissen die Voraussetzung. Als Mannschaftsleistung zählte die um diese Faktoren bereinigte Summe der Einzelleistungen der zwölf besten Athleten des Vereins.

Die Einzelbewertung des 22-jährigen Hugo Stahl für seinen Essener Klub „Starkman" wurde zum Beispiel wie folgt ermittelt (in Kilo):

- Reißen Bestleistung $170,0 \text{ Kilo} \times 1,0 \times 1,05 \times 1,1 = 196,350$

  Durchschnittsleistung $164,5 \text{ Kilo} \times 1,0 \times 1,05 \times 1,0 = 172,725$
- Stoßen Bestleistung $185,0 \text{ Kilo} \times 1,0 \times 0,95 \times 1,1 = 193,325$

  Durchschnittsleistung $181,5 \text{ Kilo} \times 1,0 \times 0,95 \times 1,0 = 172,425$

Nach dem gleichen Muster waren alle sechs am Wettbewerb teilnehmenden Vereine mit insgesamt 72 Athleten zu bewerten.
Sieger des Wettbewerbs wurde Uwe Eisen von „Bizeps Berlin", dessen Verein die Jahresleistung um 7,8 Prozent von 8.935,5 Kilo auf 9.632,5 verbesserte.

▶ **Fazit** Entgegen ihren Erwartungen stellten Frau Schulz, Studienrat Weißbesser und Trainer Eisen fest, dass die Errechnung einer Preis- oder Leistungsveränderung kein banaler Messvorgang ist. Bei der Preismessung reduzierte sich dieser zum Beispiel nicht auf den einfachen Vergleich von Kassenbons. Ohne sich dessen bewusst zu sein, hatten alle drei alle wichtigsten Fragen berührt, die in diesem Buch später in der „technischen" Indexanalyse behandelt werden. Dabei hatten ihre Bemühungen anfänglich einen ganz konkreten „ökonomischen" Hintergrund, wie die Auslotung eines Einsparpotenzials bei Einkäufen oder die Erstellung eines Berechnungsschemas zur Leistungsmessung einer Gruppe von Schülern oder Athleten. Um diese rein ökonomischen Fragen lösen zu können, mussten sie ein geeignetes „technisches" Verfahren finden. Wie gezeigt wurde, werden in unterschiedlichen Alltagssituationen Bürger mit Indizes konfrontiert, ohne dieses Wort jemals gehört zu haben. Was nun Indizes mit der Kapitalanlage zu tun haben, wird der Leser in den folgenden Kapiteln erfahren.

Indizes im Wirtschafts- und Sozialleben und am Kapitalmarkt

3

Wie im Vorwort dargestellt, werden den Normalbürger und den Anleger primär die „ökonomische" Seite der Indizes interessieren, das heißt die Frage, welchen Nutzen diese stiften. Dieser kann vielseitig sein. Frau Schulz und ihr Sohn haben sich inzwischen einem Investmentclub angeschlossen und studieren jetzt eifrig das Thema „Indizes", nachdem sie erfahren haben, dass mit Indexanlagen an der Börse Gewinne erzielt werden können. Bevor sie darauf detaillierter eingingen, haben sie Informationen über die Indizes im Wirtschaftsalltag gesammelt.

3.1   Das Indexuniversum im Alltag

Aus dem Berichtswesen des täglichen Wirtschafts- und Gesellschaftslebens sind Indizes aus der heutigen Zeit kaum wegzudenken. Dem Leser werden zunächst einige Anwendungsgebiete gezeigt, bevor detailliert auf den Einsatz der Indizes am Kapitalmarkt eingegangen wird.

1. In der breiten Wissenschaft finden Indizes Anwendung, wo Eigenschaften von großen Stichproben gemessen werden sollen (Demografie, Statistik, Meteorologie, statistische Messungen).
2. In der Wirtschaft werden Indizes nicht allein auf der Basis von quantitativen Messungen, wie zum Beispiel der Preise oder der Mengen, erstellt. Auch Schätzungen und Befragungen dienen der Ermittlung eines Wirtschaftsklimas. Insofern eignen sich Indizes hervorragend als Frühindikatoren der voraussichtlichen späteren Wirtschaftentwicklung. Die in Deutschland bekannten ZEW- und Ifo-Frühindikatoren oder die US-Frühindikatoren Konsumenten- und Industrievertrauen sind einfache Indizes. Diese beiden Kennzahlen gehören zur Familie der sogenannten Sentimentindikatoren. Indikatoren sind genau so weit verbreitet, wie Indizes und bedeuten häufig das gleiche. Ob der Begriff „Indikator" von „Index" abstammt, lässt sich

V. Heese, *Indizes in der Wertpapieranlage*, DOI: 10.1007/978-3-658-02260-0_3,
© Springer Fachmedien Wiesbaden 2014

nicht eindeutig feststellen. Auf jeden Fall ist der erste Begriff weiter gefasst. Ein Indikator muss kein Index sein, er kann sich auf eine einfache Zahl beschränken. So ist die umlaufende Geldmenge immer ein guter Indikator für die Inflationsgefahr, aber kein Index. Dagegen ist ein Index etwas komplizierter und lässt sich erst aus einer Formel errechnen und nicht direkt durch eine Zählung ermitteln.

3.   In der Wirtschaftspraxis sind primär Preis- und Kostenindizes anzutreffen, aus denen Veränderungsraten abgeleitet werden. Es wird hier häufig alternativ der Begriff „Wachstums- oder Veränderungsrate" benutzt, der aus dem Vergleich von zwei Indexständen abgeleitet wird. Die Veränderung kann auch negativ sein, was irritiert, es sei denn, man verwendet ebenfalls den Begriff des „Minus-Wachstums".

4.   Die vom Statistischen Bundesamt ermittelte Preissteigerungsrate (Inflationsrate) hat zudem „amtlichen Charakter" und geht als Bestandteil in alle indexierten Verträge ein. So orientiert sich in indexierten, langfristigen Mietverträgen die Mietsteigerung an der Inflationsrate. Auch in der gesetzlichen Rentenversicherung ist die Altersrente an die aus einem Index abzulesende Lohnentwicklung gekoppelt.

5.   Dort, wo es keine Marktpreise gibt, wird eine zu ermittelnde Bewertung mit Hilfe von anderen indexierten Größen errechnet. Sachverständige, die private Immobilien bewerten, errechnen deren Sachwert häufig aus dem Index der Baupreise. Grundsätzlich begrenzen in lang laufenden Verträgen die Anbieter von Gütern und Dienstleistungen (zum Bespiel im Fall von Leasing- oder Frachtraten) ihr Risiko durch Koppelung an bestimmte Branchenindizes.

6.   Der sogenannte Baukostenindex geht als Bestandteil in die Formel zur Prämienberechnung in der Feuerversicherung, zur Ermittlung des Wiederherstellungswertes bei Altgebäuden durch den Bausachverständigen sowie des Einheitswertes bei der Berechnung der Grundsteuer durch die Gemeinde ein.

7.   Indizes werden „politisch" eingesetzt. Die Inflationsrate etwa dient als wichtiges Argument in Lohnverhandlungen auf der Arbeitnehmerseite. Die Arbeitgeber argumentieren dagegen häufig mit den Produktivitätsindizes. Sie interessiert nicht die Preissteigerung, sondern die von den Arbeitnehmern erbrachte verteilungsfähige Leistung.

8.   Jede Interessensgruppe verwendet ihren Index, wenn sie bestimmte Entwicklungen „nachweisen" möchte. Um Streitigkeiten zu vermeiden, schreibt der Gesetzgeber häufig vor, welcher Index zu verwenden ist. Solche „konfliktneutralen" Indizes werden dann häufig vom Statistischen Bundesamt ermittelt. Dennoch geraten Regierungen in sozialpolitischen Auseinandersetzungen nicht selten in Verdacht, amtliche „Indizes" manipuliert zu haben.

9.   Volkswirte verwenden in ihren Wachstumsanalysen des realen Bruttoinlandsprodukts (BIP) statt der „amtlichen" Inflationsrate, die die Preisveränderung bei privaten Haushalten abbildet, den sogenannten Deflator, der diese in der gesamten Volkswirtschaft vornimmt. Der Deflator ist sozusagen, der „Preisindex für das BIP".

10. Anleger am Kapitalmarkt wollen bei Geldanlagen mindestens den Inflationsausgleich erzielen und streben eine positive Realverzinsung an. Bei einem Marktzins

für zehnjährige (risikolose) Staatanleihen von zwei Prozent reduziert sich diese auf ein Prozent bei einer Inflationsrate von einem Prozent. Es gibt gegenwärtig eine Reihe von Industriestaaten, in denen bei mittelfristigen Anleihen (zwei bis vier Jahre) eine positive Realverzinsung nicht mehr gegeben ist. Sogenannte indexierte Anleihen, die lange Zeit in Deutschland nicht erlaubt waren, sind heute eine etablierte Anlageklasse unter den Anleihen.

11. Die im Außenhandel einseitig auf Rohstoffausfuhren ausgerichteten Emerging Markets verwenden die Terms of Trade als Indikator, um ihre zukünftigen Zahlungsbilanztransaktionen realistisch zu prognostizieren. Die Terms of Trade werden als der Quotient des Exportpreisindex zum Importpreisindex definiert. Steigt dieser Quotient, ist es um die Deviseneinnahmen des Landes gut bestellt.

12. Der Human Development Index (Index für menschliche Entwicklung) der Vereinten Nationen ist ein Wohlstandsindikator für einzelne Länder. Er wird seit 1990 im jährlich erscheinenden Human Development Report des Entwicklungsprogramms der Vereinten Nationen (UNDP) veröffentlicht.

Die Beispiele für die Verbreitung von Indizes im Wirtschafts- und Sozialleben ließen sich beliebig erweitern. Sie sind interessant und erweitern das ökonomische Wissen, sind aber für den Kapitalanleger nicht immer von Nutzen.

▶   **Fazit** Im Sozial- und Wirtschaftleben verwendete Indizes sind nicht immer wertneutral und bilden häufig ein Politikum. Sie sollen mit ihren Aussagen den Standpunkt bestimmter Interessengruppen belegen. In Fällen, in denen es zu Interessenskollision kommen kann, werden Indizes von staatlichen Stellen veröffentlicht, um die Objektivität zu wahren. Indizes haben immer eine „technische" (Konstruktionsmethoden) und eine „ökonomische" (Nutzenstiftung) Seite und stellen heute im ökonomisch-sozialen Alltag nicht nur Messkonzepte, sondern auch Entscheidungshilfen (Beispiele: Indexierung von Mietverträgen, Inflationsrate als Orientierung bei Lohnverhandlungen, Realzins als Minimalverzinsung, Renditezielmarken in der Kapitalanlage) dar.

3.2   Welche Indizes gibt es in der Kapitalanlage?

Den Anleger wird nicht nur der Trend am heimischen Kapitalmarkt, sondern auch in der übrigen Welt interessieren. Zudem haben informierte Börsianer häufig viele interessante Anlageideen (Anlagestrategien) und möchten ihr Depot zwischen den unterschiedlichen Anlageklassen streuen. Schließlich wollen einige besondere Sondertrends (wie zum Beispiel attraktive Dividenden) „mitnehmen". Das sind alles berechtigte Anliegen. Die schönsten Ideen setzen diese Anleger dennoch in Einzelanlagen nicht um, weil ihnen das „Einzelrisiko" zu groß erscheint.

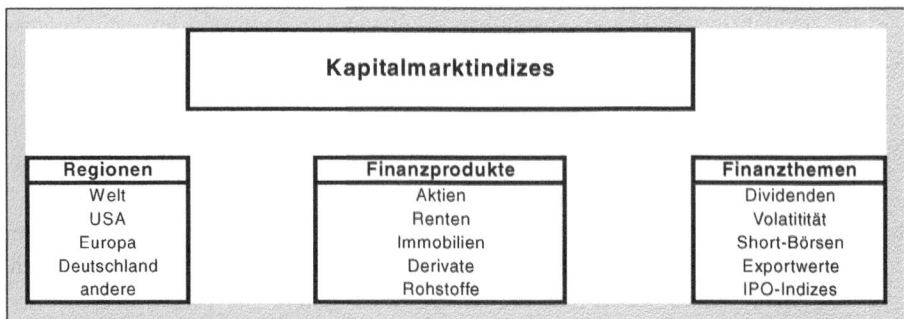

Abb. 3.1 Ausgewählte Klassifizierungskriterien für Wertpapierindizes

Die Frage lautet daher: Wie können aber alle diese Wünsche sinnvoll in einem Depot vereinigt werden, ohne dass der Anleger sich verzettelt und detailliertes Wissen über die einzelnen Anlagen aufbringen muss? Häufig hat er gar nicht die Zeit und die Quellen für ein Detailstudium und seinem Anlageberater möchte er auch nicht blind ausgeliefert sein.

Der Rückgriff auf Kapitalmarktindizes hilft ihm bei diesem Dilemma. Denn was ist in einem solchen Fall einfacher, als auf einen spezifischen Index zurückzugreifen, der von einem anerkannten Indexbetreiber angeboten wird und einen breiten Markt „abbildet"?

Mit diesen eingehenden Überlegungen dürfte ein brauchbares Konzept für die Einteilungskriterien von Indizes auf dem Kapitalmarkt abgesteckt sein. Die wichtigsten Kriterien sind demnach: Regionen, Finanzprodukte und Finanzthemen (s. Abb. 3.1).

Die in Abb. 3.1 genannten drei Kriterien (Erkennungsmerkmale) treten in jedem Index gleichzeitig auf. So kann ein US-Aktienindex, der die Dividendenstärke in den Mittelpunkt stellt, diesen Kriterien genau zugeordnet werden. Sie lauten: Region USA, Finanzprodukt Aktie, Finanzthema hohe Dividende. Analog wird ein europäischer Rentenindex, der auf Anleihen der wichtigsten Exportkonzerne aufbaut, nach diesen Kriterien einfach identifiziert. Seine Erkennungskriterien lauten: Region Europa, Finanzprodukt Rente, Finanzthema exportorientierte Großkonzerne. Daneben gibt es Konstruktionen, in denen die einzelnen Kriterien gemischt auftreten, zum Beispiel in einem Aktien-Rentenindex.

Die Einteilungskriterien sind in der heutigen computerisierten Welt gleichzeitig die Suchkriterien, die ein Investor eingibt, wenn er im Indexuniversum der von Großbanken kostenlos angebotenen Portale nach einem konkreten Indexprodukt sucht.

In der Regel wird der Anleger nicht alle drei Kriterien gleichzeitig ins Auge fassen wollen, sondern einen Schwerpunkt verfolgen. Häufig kommt es hier zu einem Zielkonflikt. Wenn den deutschen Investor in erster Linie dividendenstarke Aktien interessieren, könnte er zum Beispiel zwischen den US-Titeln mit höheren Dividenden, dafür aber auch mit einem Währungsrisiko und Euro-Aktien ohne Währungsrisiko wählen. Das Kursrisiko der Aktien selbst kann er in beiden Fällen nicht ausschließen. Wie ein solcher „Dividendenindex" konstruiert wird, wird später am Beispiel des DivDAX der Deutschen Börse gezeigt.

In diesem Buch werden zwar ausgewählte Indizes für jede Kategorie von Kapitalanlagen vorgestellt, der Schwerpunkt wird aber auf die Aktienindizes gelegt.

Bevor mit der Einzelbeschreibung begonnen wird, erscheint es als sinnvoll kurz auf die Interessenlage der Indexbetreiber einzugehen. Denn das was generell im Wirtschaftsleben üblich ist, gilt für den Fall der Indexbetreiber und Emittenten von Indexanlagen in noch größerem Maße. Hinter den Indexangeboten stecken konkrete wirtschaftliche Interessen. Dies muss jedoch für den informierten Privatanleger keinen Nachteil bedeuten. Im Gegenteil nutzt er heute vielfach den genannten kostenlosen Internetservice (so auch über Indizes) der Banken und erhält dadurch die Chance sich im Rahmen des Eigenstudiums zu informieren und zu „emanzipieren". Schon ein Blick auf die grafische Darstellung (Chart) eines bekannten Indexes (darauf wird in Kap. 8 eingegangen) erlaubt dem geübten Auge häufig eine qualifizierte Einschätzung der Marktlage zu gewinnen. Dem nicht informierten Anleger ist dagegen vor unkritischen Ausflügen in den „Indexdschungel" zu warnen, besonders wenn er ein unbekanntes Indexanlageprodukt erwirbt. Dies wird insbesondere in Kap. 6 ausgeführt.

3.3   Betreiber von Kapitalmarktindizes

Einen Wertpapierindex zu konstruieren und ihn nach eigenen Gutdünken zu benennen, dazu wäre bereits Hans-Peter Schulz, Sohn von Frau Annette Schulz und WiSo-Student im zweiten Semester, in der Lage (wie wir wissen, hat er einführende Vorlesungen in deskriptiver Statistik besucht). Sein Konzept wird aber sicherlich nicht zum Marktrenner werden, der die etablierten Marken von DAX & Co. vom Kapitalmarkt verdrängen wird. Wie noch gezeigt wird, gelingt dieses Kunststück häufig auch Top-Adressen der Finanzbranche nicht.

Es bleibt das große Geheimnis des Kapitalmarktes, warum sich einige Indizes seit über einem Jahrhundert (der bekannteste US-Aktienindex Dow Jones wurde 1889 entworfen) einer unveränderten Popularität erfreuen und andere gar nicht wahrgenommen werden. Die einfachste Erklärung für dieses Phänomen ist wohl, dass das Angebot an Indexideen größer ist als die Nachfrage und nicht für alle neuen Marken Bedarf da ist. Es werden einfach mehr Indizes konstruiert, als gebraucht werden.

Unter den Indexbetreibern (alternativ wird von Indexgesellschaften gesprochen) lassen sich heute vier Anbietergruppen ausmachen: Wertpapierbörsen, Banken (Broker, Investmentbanken), Finanzdienstleister ohne Bankcharakter (Ratingagenturen) und schließlich Medienkonzerne sowie weltbekannte Zeitungsagenturen und Nachrichtendienste. Wenn ein Index vermarktet werden soll, wird für ihn ein Schutzrecht angemeldet und er bekommt eine internationale Wertpapiernummer (engl. ISIN = International Share Identification Number). Andere öffentliche Nutzer können im Rahmen des Urheberrechts danach nur auf ihn zurückgreifen, wenn sie eine Lizenz erworben haben.

Das Schutzrecht umfasst lediglich den Namen, nicht aber den schwer nachprüfbaren „Inhalt", der unter anderem in der spezifischen Indexformel zum Ausdruck kommt.

Die Folge ist, dass Indexideen häufig kopiert werden. Auch kleine Zugaben zu einem bekannten Indexprodukt, wie zum Beispiel DACHSTurbo, die eine Zugehörigkeit zur DAX-Indexfamilie suggerieren, fallen nicht mehr unter das geschützte Urheberrecht. Fondsgesellschaften und Vermögensverwaltungen kreieren häufig missbräuchlich eigene „repräsentative Vergleichsindizes", an denen sie den Erfolg eigener Investments messen. So entwarfen im Zertifikatsgeschäft tätige Emissionsbanken eigene Indizes, um ihre eigenen Finanzprodukte besser zu vermarkten. Da diese Indizes nur unregelmäßig veröffentlicht werden und die Datenbasis intransparent bleibt, entziehen sie dem Anleger die Möglichkeit einer permanenten Beobachtung. Trotz vorgenannter Einschränkungen ist der Nutzen für den Anleger, der die Besonderheiten der Indexwelt kennt, unbestritten.

Nach der Einführung ist der Indexbetreiber leider nicht gezwungen, den Index zu pflegen, das heißt seine Werte zu aktualisieren oder die Indexmitglieder auszutauschen. Es ist auch unklar, wann und unter welchen Bedingungen die Schutzrechte erlöschen. Es fällt auf, dass es in der globalen Indexwelt viele „tote" Indizes gibt, die temporär wieder reaktiviert werden oder in neuen Marken des gleichen Betreibers aufgehen.

Anders als im Bereich der Internationalen Rechnungslegung (IFRS), der Vereinheit-lichung von Eigenkapitalvorschriften bei Banken (Basel III) und Versicherungen (Sol-vency II) oder auch im Wertpapier-Research gibt es im Indexbereich (gleiches gilt für das Rating-Universum) bislang keine internationalen Harmonisierungsanstrengungen. Die Folge ist ein Durcheinander im „Indexdschungel" und fehlende Standards, wodurch Vergleiche erschwert werden. Der Anhang am Ende des Buches zeigt eine Liste der 42 wichtigsten Indexbetreiber aller vier Kategorien.

▶ **Fazit** Am Kapitalmarkt verwendete Indizes lassen sich generell nach drei Kategorien sinnvoll ordnen: regionaler Geltungsbereich, abgebildete Finanz-produkte und Sonderthemen (Finanzthemen, Anlagestrategien). Betreiber von Indizes, welche mit den Emittenten von Indexanlagen häufig stark ver-flochten sind, verfolgen nicht selten eigene Marketinginteressen. Ein Nachteil für den Anleger entsteht dadurch allerdings dann nicht, wenn er über diese Zusammenhänge informiert ist. Denn Indizes verkörpern kein Geheimwissen, wodurch alle ihre Schwachstellen relativ schnell durchschaut werden können. Umgekehrt kann der Anleger für eigene Informationszwecke den umfangrei-chen Indexservice der Banken nutzen.

Anwendung von Aktienindizes („ökonomische Seite")

4.1 Welche Kriterien muss ein repräsentativer Aktienindex erfüllen?

In der Anlagepraxis werden Indizes sowohl in passiven als auch aktiven Anlagestilen eingesetzt. Im ersten Fall wird der Index nachgebildet („kopiert"), im zweiten Fall ist er vom Anleger, Fondsmanager oder Vermögensverwalter „zu schlagen". Damit die richtige Messlatte verwendet wird und der Anleger sich seinen eigenen Erfolg nicht zu einfach (oder unnötig zu schwer) macht, muss der Index im Vergleich zu seinem Anlageziel (dem Fondstatut, dem Vermögensverwaltungsvertrag) objektiv repräsentativ sein.

Wenn Indizes für Vergleichszwecke als Benchmark (Vergleichsmaßstab, Messlatte) aktiv eingesetzt werden, müssen sie so konstruiert werden, dass ein Vergleich sinnvoll wird. Will man die Wertentwicklung eines Portfolios ausgewählter Aktien oder des Teilmarktes über einen bestimmten Zeitraum messen, ist das erzielte Ergebnis der Rendite des Gesamtmarktes gegenüberzustellen. Dabei wird ein Status quo unterstellt, das heißt dem Portfolio wird kein Geld entnommen und ihm fließt kein neues Geld zu.

Damit der Vergleich gelingt und man nicht „Äpfel mit Birnen vergleicht", müssen ökonomisch gesehen mindestens vier Kriterien erfüllt werden. Die „technische" Seite spielt dabei zunächst keine Rolle. Welche Kriterien das sind, wird am Beispiel eines Aktienindizes dargestellt.

Liquidität Aktien, die man für den Index auswählt, müssen „kaufbar" sein.

Die Aktien, die in einem Index enthalten sind, müssen eine hinreichend große Liquidität als Einzeltitel aufweisen und somit „kaufbar" sein. Die Börsenumsätze dürfen somit nicht zu niedrig und müssen regulär sein. Denn erst dann bilden sich aussagefähige (Gleichgewichts-) Aktienpreise, die aufgrund von Angebot und Nachfrage zustande kommen. Wenn die Umsätze zu niedrig oder zu unregelmäßig sind, wird die Kursbildung zu stark von Zufallsfaktoren geprägt. Hier kommt es zu großen Kursverzerrungen.

V. Heese, *Indizes in der Wertpapieranlage*, DOI: 10.1007/978-3-658-02260-0_4,
© Springer Fachmedien Wiesbaden 2014

Große Fonds werden (im Unterschied zum kleinen Privatanleger) Aktien immer außerbörslich kaufen und verkaufen können. Aktien, für die kein hinreichend großes Handelsvolumen existiert, sind somit nicht liquide und nicht jederzeit kauf- oder verkaufbar. Fraglich ist die Einstufung des Falles, bei dem Finanzprodukte (besonders Derivate) nicht an der Börse, sondern beim Emittenten gekauft oder verkauft werden.

Vergleichbarkeit mit früheren Indexständen Methodenkonstanz steht im Mittelpunkt.

Ein Vergleich des DAX oder eines anderen Indizes über verschiedene Zeiträume ist nur dann sinnvoll, wenn die Methodik der Berechnung heute die gleiche wie früher ist. Erst dann kann man eine Aussage treffen, wie sich der Index und die entsprechenden Aktien als Portfolio zum Beispiel im letzten Jahr und in den vergangenen fünf Jahren verändert haben. Der Index muss somit kontinuierlich gepflegt, alle Kapitalmaßnahmen und Indexneufestsetzungen durch Verkettungen (s. Kap. 8) umfasst werden. Unausweichliche Methodenumstellungen stören dennoch. Es wird formal auch bei einem vollständigen Titelaustausch eine Methodenkonstanz eingehalten. Aber schließlich ist es beim DAX so wie in der 1. Fußballliga. Die Ligisten von 1987 sind nicht unbedingt die Favoriten von heute.

Von den echten Methodenänderungen wie Änderungen der Anzahl der Indexmitglieder, der Änderung der Indexformel oder der Gewichtbestimmungen, Einführung von Obergrenzen (Kappungsgrenzen) sind die gewöhnlichen Indexanpassungen durch den Austausch der Indexmitglieder zu unterscheiden.

Die Forderung nach der Methodenkonstanz kann sich auf viele weitere Einzelaspekte beziehen. Ganz ohne Verletzung der Regel geht es nicht. Wer genau hinschaut, wird auch in der DAX-Anpassung eine gewisse Regelverletzung erkennen. Bis 2005 galt hier noch das „weiche Kriterium", die repräsentative Abbildung aller Branchen der Volkswirtschaft, als ein Aufnahmekriterium in das zentrale deutsche Börsenbarometer. Damit sollte verhindert werden, dass ein Sektor (konkret die Finanztitel) ein Übergewicht erlangen und andere Branchen, zum Beispiel der Bausektor, gar nicht vertreten werden. Allerdings stand damals der Indexbetreiber vor dem Dilemma, dass in Deutschland die Baubranche von mittelständischen Firmen dominiert war, die andererseits kein „DAX-fähiges" Großunternehmen besaßen. Die größten Sektorwerte Bilfinger & Berger und Hochtief wiesen gerade 40 Prozent der Börsenkapitalisierung des DAX-Letzten, Infineon, auf. 2013 ist es anders. Zwar besitzt der DAX mit HeidelbergerCement einen Bauwert, aber es gibt de facto keinen Maschinenbauer (ThyssenKrupp kann nicht mehr dazu zählen), wo doch die deutsche Wirtschaft durch ihre Spezialisten im Maschinenbau weltweit bekannt ist. Andererseits ist die Branche Maschinenbau nicht so klar zu definieren wie zum Beispiel die Branchen Bau, Banken oder Pharma.

Daher wurde aus praktischen Gründen auf schwer quantifizierbare „weiche Kriterien" bei der DAX-Aufnahme verzichtet.

Nachbildbarkeit des Indexes als Aktienportfolio Der optimale Index ist nachbildbar. Er eignet sich als Basiswert für die verschiedenen Indexanlagen.

Die Nachbildbarkeit eines Indexes hängt davon ab, was mit ihm bezweckt werden soll. Sie ist mit anderen Worten also dem Indexziel untergeordnet. Allerdings gibt es hierzu keine festen Regelwerke, wie zum Beispiel das Anlagestatut bei Fonds. Der Indexbetreiber baut den Index nach eigenen Vorstellungen und Zielen. Er kann im Extremfall eine gewöhnliche „Mogelpackung" herstellen, indem er in einen Deutschland-Index viele ausländische Werte mit einem hohen Deutschland-Geschäft aufnimmt. Er kann andererseits sehr gewissenhaft vorgehen und in einen deutschen Bankenindex wirklich alle börsennotierten deutschen Bankenaktien aufnehmen.

Bei der Nachbildung eines Indexes ist zu fragen, was der Index nachbilden soll und wie tief (genau) er es tun soll. Ferner ist zu unterscheiden, ob der Index die Gesamtheit so tief abbilden soll, damit er auch in den Indexprodukten nachbildbar ist. Häufig wird ein Index die Branche genau nachbilden, ist aber für einen Fondsmanager unbrauchbar, weil er zu viele kleine illiquide Aktien (auch große Aktien mit sehr geringen Streubesitz fallen darunter) oder bestimmte Aktiengattungen (wie Vorzugsaktien ohne Stimmrecht) beinhaltet. Aus Anlegersicht ist ein Index optimal, wenn er sich für Anlagezwecke nachbilden lässt.

Es gibt viele weitere Facetten des Begriffs „Nachbildbarkeit". Denken wir an das Postulat „Nachbildung der tatsächlichen Wirtschaftlage eines Sektors". Ein Index, der dieses Ziel erfüllt, eignet sich als Benchmark für den Renditevergleich. Dieses Ziel kann durch zu hohe Konzentration der Indexmitglieder gestört sein. Will man die Kursentwicklung einiger mittelständischer, börsennotierter Unternehmen einem Aktienindex gegenüberstellen, ist es wenig hilfreich, wenn es hierfür keinen geeigneten Vergleichsmaßstab gibt und nur große Versicherer oder Automobilhersteller verfügbar sind. Mit anderen Worten ist es nicht damit getan, wenn es einen Branchenindex Versicherungen gibt, in dem nur wenige große Titel enthalten sind.

Das bedeutet: Damit eine Anlageleistung sinnvoll verglichen werden kann, muss es einen Index geben, der auch die börsennotierten Mittelständler enthält. Dies wird auf nationaler Ebene nicht einfach sein, weil es schließlich keinen mittelständischen Autobauer gibt. Dennoch werden die vielen deutschen mittelständischen Autozulieferer ohne eigenen Index in den HDAX Automobile mit den echten Autobauern zusammengelegt. Diese Vorgehensweise ist zwar formal richtig, aber im Ergebnis bedenklich. Denn die Kursentwicklung vollzieht sich bei kleineren Werten nach anderen Gesetzmäßigkeiten als bei großen Konzernen. HDAX-Indizes werden daher nicht als Basiswerte für die Abbildung von Indexanlagen verwendet.

Repräsentativität des Leitindexes für die Volkswirtschaft und den Aktienmarkt Nachbildbarkeit und Repräsentativität sind zwei unterschiedliche Sachverhalte, die häufig vermischt werden. Der Dow Jones ist zum Beispiel abbildbar für Indexanlagen, aber nicht repräsentativ für die US-Wirtschaft. Er ist zwar ein bekannter traditionsreicher US-Aktienindex, aber kein sogenannter Leitindex. Auch ein anderes Beispiel macht den Unterschied zwischen Abbildbarkeit und Repräsentativität deutlich: Finanzthemen, wie Anlagestrategien, Altersvorsorge oder Dividenden lassen sich in einem Index abbilden. Es gibt aber keinen „repräsentativen Index" für die Altersvorsorge. Dieses Thema wurde noch nicht in einem Index abgebildet. Im Unterschied zur Nachbildung fragen wir bei der Repräsentativität (Abbildung) nicht, „wie viele" Aktien aufzunehmen sind, sondern „ob" es überhaupt Aktien gibt, die ein Investmentziel abbilden. Semantisch ist es ein ähnlicher Unterschied wie zwischen „nachbauen" und „bauen".

In der Anlagepraxis wird ausschließlich von Leitindizes verlangt, dass sie repräsentativ sind. Je nachdem, was die Leitindizes „repräsentieren" sollen, haben sie alle Marktsegmente einer Volkswirtschaft und/oder den breiten Aktienmarkt darzustellen. Was ist ein Leitindex?

Nachbildbarkeit, Repräsentativität und Konzentration in Leitindizes Wegen vorherrschender Branchenstrukturen in einer Volkswirtschaft lässt sich die beschriebene Gefahr der Konzentration leider selten vermeiden. Die Konzentration begünstigt die Repräsentativität eines Leitindexes. Wenn 60 Prozent der Wirtschaftkraft (BIP) und der Börsenkapitalisierung eines Landes durch drei börsennotierte Großkonzerne erbracht werden, würde ein Aktienindex, der diese Werte enthält, definitionsgemäß repräsentativ, aber nach dem oben Gesagten sicherlich nicht nachbildbar sein.

Es gibt weitere Überschneidungen. Die Konzentration kann auf beiden Seiten der Medaille auftauchen, im Index oder in der Wirtschaft. So kann ein Index eben einige Großunternehmen enthalten, die zu einer eher unbedeutenden Branche gehören. Umgekehrt muss eine volkswirtschaftlich bedeutsame Branche, wie lange Zeit in Deutschland der oben genannte Bausektor, nicht unbedingt einen Indexvertreter stellen. Wenn das Regelwerk für den Leitindex die Partizipation dennoch vorsehen würde, müssten die Aufnahmekriterien um das Kriterium „BIP-Branchenbeitrag" erweitert werden.

Das Dilemma zwischen der Branchen- und der Unternehmensgröße wählen zu müssen, wird in der Indexwelt nicht nur bei Leit-, sondern auch bei Sektor- und Branchenindizes zugunsten der Unternehmensgröße gelöst. Viele große Energie- und Rohstoffindizes, die keine Kappungsgrenzen (der Begriff wird in Kap. 8 erläutert) haben, zeichnen sich durch eine Konzentration auf wenige Titel aus.

Die meisten Indexanbieter suchen die Indexaktien in 18 bis 20 Branchen, denen je nach Land häufig mehrere tausend Aktien zugeordnet werden müssen. Unklarheiten sind da vorprogrammiert.

Exkurs: Konstruktion eines repräsentativen Indexes (fiktives Beispiel)
Rolle des Indexanbieters bei der Konstruktion von Leitindizes
Zwar hängt die Repräsentativität der Leitindizes weitgehend von den Konzentrationsstrukturen einer Volkswirtschaft ab, aber auch der Indexbetreiber kann hier mitwirken. Er kann zum Beispiel die Anzahl der Indexmitglieder so erweitern, bis alle (bedeutsamen) Branchen mindestens einen Indexvertreter haben. Weiterhin kann er eine Indexformel konstruieren, in der die Gewichtung einzelner Indexvertreter sich nicht allein an der Marktkapitalisierung (dem Börsenwert) orientiert, sondern auch an anderen Kriterien. Dazu zählen die Ertragskraft, der Unternehmensumsatz oder die Beschäftigtenzahl. Diese Methoden kommen zwar in der Anlagepraxis nicht häufig vor, sind aber generell denkbar, wie die fiktiven Beispiele 4 und 5 zeigen.

Beispiel 4

Im einem Land gibt es 204 Unternehmen, die der Staat im Rahmen einer Reform privatisieren und an die Börse bringen will. Vier Großkonzerne (Nummer 1 bis 4) sind in den Branchen A und B tätig und erwirtschaften jeweils 30 BIP-Einheiten (30 Prozent) des Landes. Die 200 Kleinunternehmen (Nummer 5 bis 204) gehören den Branchen C und D an, die nur jeweils zehn Einheiten BIP generieren. 20 Prozent des BIP werden von privaten Unternehmen erwirtschaftet, die nicht börsennotiert sind.

Der individuelle BIP-Beitrag der jeweiligen Börsenunternehmen ist gleich und beträgt bei den Konzernen 15 und bei den Kleinunternehmen je 0,1 Milliarden Euro. Für den neuen Aktienmarkt des Landes wurde ein Indexanbieter beauftragt einen repräsentativen 30 Werte zählenden Aktienindex A zu entwerfen. In den Index kommen die vier Großkonzerne und 26 ausgewählte Kleinunternehmen, welche die höchsten Beschäftigtenzahlen aufweisen. Der Indexanbieter schlägt der Regierung vor, bei der Erstemission den Börsenwert der jeweiligen Unternehmen im Verhältnis 1:1 zu ihrem BIP-Beitrag festzulegen. Der Börsenwert aller Indexgesellschaften wird in Euro angegeben und beträgt 62,8 Milliarden Euro. Der Anteil der einzelnen Unternehmen an dieser Summe heißt Indexgewicht und kann absolut oder in Prozent ausgedrückt werden. Im vorgenannten Beispiel variieren die Gewichte zwischen 15 Milliarden Euro (23,9 Prozent) und 0,1 Milliarden Euro (0,16 Prozent). Wie wichtig die Frage der Gewichtsfestlegung ist, wird in Beispiel 5 dargestellt.

Nach der gewählten Methode (Fall 1) wäre Index A sowohl in Bezug auf die Wirtschaftskraft des Landes repräsentativ, weil er 62,6 Prozent des BIP-Landes und 78,3 Prozent seines Börsenwertes (auch Marktkapitalisierung genannt) abbildet (62,6: 80).

Der Indexanbieter hatte mit seinem Konzept Glück gehabt: Es ist ihm gelungen, einen repräsentativen Index zu konstruieren. Verhielten sich die BIP-Beiträge der Brachen umgekehrt (Branche A und B erwirtschafteten jeweils zehn, Branchen C und D jeweils 30 BIP-Einheiten), wäre der Index nicht repräsentativ. Er würde in diesem Fall nur 27,8 Prozent der Wirtschaftskraft und 34,8 Prozent (27,8: 80) des Börsenwertes der Aktien des Landes umfassen. Die entsprechenden Zahlen sind in Tab. 4.1 in Klammern dargestellt (Fall 2).

Um in diesem Fall den Index wieder repräsentativ zu machen, wird die Indexgesellschaft vorschlagen, die Mitgliederzahl im Index zu erhöhen, die Auswahl an anderen Kriterien zu knüpfen oder eine andere Methode der Indexgewichtung zu wählen. Bei flexiblen Konstruktionsmethoden sind viele Lösungen möglich. Die Indexkonstruktion verkompliziert sich zusätzlich, wenn Unternehmen aus Regelgründen nicht in den Index aufgenommen werden dürfen, wie zum Beispiel, wenn es nur stimmrechtlose Aktien an die Börse gebracht hat oder einen zu hohen Festanteil besitzt (auf die Definitionen wird später eingegangen).

Wie wurde der Aktienindex A (Fall 1) konstruiert?
Die Indexgesellschaft schlug ein einfaches Verfahren vor: Jedes an die Börse eingeführte Unternehmen sollte zehn Millionen Aktien herausgeben. Bei bekannter Marktkapitalisierung der jeweiligen Unternehmen, die ihrem BIP-Beitrag entsprach,

Tab. 4.1 Ermittlung der Marktkapitalisierungen in einem fiktiven Aktienindex

BIP-Beitrag nicht börsennotierte Unternehmen 20	BIP-Beitrag börsenotierte Unternehmen 80	Branche A. 30 2 Groß-Konzerne je Konzern 15	Branche B. 30 2 Groß-Konzerne je Konzern 15	Branche C. 10 100 Klein-Unternehmen je Unternehmen 0,1	Branche D. 10 100 Klein-Unternehmen je Unternehmen 0,1
Marktkapitalisierung der Branchen		30	30	10	10
Marktkapitalisierung gesamt	80				
Marktkapitalisierung 30 Indexunternehmen		30 (10) 2 Konzerne	30 (10) 2 Konzerne	1,3 (3,9) 13 Unternehmen	1,3 (3,9) 13 Unternehmen
gesamt	62,6 (27,8)				
Anzahl der Index-Gesellschaften	30				

Tab. 4.2 Konstruktion eines fiktiven Aktienindexes auf der Basis der Marktkapitalisierung (A)

Aktien	Marktkapitalisierung in Mrd. Euro	Stückzahl Aktien in Mio.	Emissionspreis in Euro	Indexgewicht in Punkten[a]
4 Konzerne	60	40	–	6.000
je Konzern	15	10	1500	–
26 Kleinunternehmen	2,6	260	–	260
je Unternehmen	0,1	10	10	–
Indexwert A	–	–	–	6.260

[a] 10 Millionen Marktkapitalisierung entspricht 1 Indexpunkt

konnten automatisch die Emissionskurse je Aktie festgelegt werden. Sie beliefen sich auf 1.500 Euro bei den vier Konzernen und auf zehn Euro bei den 26 Kleinunternehmen. Weiterhin sollten zehn Millionen Euro Marktkapitalisierung des Indexes einem Indexpunkt entsprechen. Aufbauend auf diesen Annahmen startete der Index A mit 6.260 Punkten, was in Tab. 4.2 gezeigt ist. Allein 6.000 Punkte des Starwertes entfielen hier auf die vier Konzerne. Gemessen am Indexgewicht war ihr Anteil mit 95,8 Prozent (6.000:6.260) extrem hoch.

Hierzu ein Hinweis: In der Anlagepraxis werden die Emissionspreise häufig anhand des sogenannten Fair Value, das die Unternehmensbewertung anhand diskontierter Cash-Flow-Ströme wiedergibt, oder anhand eines durchschnittlichen

Tab. 4.3 Konstruktion eines fiktiven Aktienindexes auf der Basis einer mit Umsatzfaktoren korrigierten Marktkapitalisierung (B)

Aktien	Marktkapitalisierung in Mrd. Euro	Stückzahl Aktien in Mio.	Emissionspreis in Euro	Indexgewicht (verändert) in Punkten[a]		
				Marktkapitalisierung	Umsatzfaktor	Indexgewicht
4 Konzerne	60	40	–	6.000	0,7	4.200
je Konzern	15	10	1500	–	–	–
26 Kleinunternehmen	2,6	260	–	260	1,5	390
je Unternehmen	0,1	10	10	–	–	–
Indexwert B	–	–	–	–	–	4.590

[a] 10 Millionen Marktkapitalisierung entspricht 1 Indexpunkt

Kurs-Gewinn-Verhältnisses von Aktien einer Vergleichsgruppe (sogenannte Peer Group) ermittelt.

Um dieses extreme Übergewicht der Großunternehmen zu reduzieren, wurde die Methode der Gewichtsfestlegung geändert (Beispiel 5).

Beispiel 5

Im Handelsverlauf der nachfolgenden Börsenjahre wurde festgestellt, dass die Aktienumsätze bei den Konzernen mehr als zwei Mal niedriger als bei den Kleinunternehmen ausfielen. Die Börsenaufsicht des Landes kam zu der Auffassung, dass dieser Umstand neben der Marktkapitalisierung im Index berücksichtigt werden muss, sollte das Börsenbarometer nicht den Anspruch der Repräsentativität verlieren. Daraufhin entwickelte die Indexgesellschaft einen alternativen Aktienindex B, in dem das Indexgewicht der Konzerne und der Kleinunternehmen sich neu aus der Multiplikation der Marktkapitalisierung mit dem jeweiligen Umsatzfaktor zusammensetzte. Für die Konzerne wurde ein Umsatzfaktor von 0,7 und für die Kleinunternehmen von 1,5 errechnet. Aufgrund vorgenannter Methodenveränderung ergab sich für den neuen Aktienindex B, der parallel neben seinem Vorgänger weiter veröffentlicht wurde, ein Startwert von 4.590 Punkten (Tab. 4.3).

Wie leicht nachzurechnen war, reduzierte sich in der neuen Indexkonstruktion das Gewicht der Konzerne zunächst leicht von 95,8 Prozent auf 91,5 Prozent (4.200: 4.590). Um die Dominanz dieser Gruppe zu reduzieren, wurden für einen späteren Zeitpunkt weitere Gewichtsanpassungen beabsichtigt.

Konsequenzen für die Anleger Anleger, die in Indexprodukte beider Varianten A und B investierten, stellten mit Erstaunen fest, dass sich bei einer identischen Zusammensetzung und gleich hohen Kursveränderungen der Indexaktien nicht nur die absoluten, sondern auch die prozentualen Wertveränderungen beider Indizes unterschiedlich entwickelten.

Tab. 4.4 Unterschiedliche Wertentwicklungen von Index A und B bei gleich hohen Veränderungen der Aktienkurse

Aktien	Index A			Index B		
	Indexgewicht in Punkten (Startwert)	Kursveränderung der Aktien	Indexgewicht nach Kursveränderung	Indexgewicht in Punkten (Startwert)	Kursveränderung der Aktien	Indexgewicht nach Kursveränderung
4 Konzerne	6.000	10 %	6.600	4.200	10 %	4.620
26 Kleinunternehmen	260	−20 %	208	390	−20 %	312
Indexwert	6.260	–	6.808	4.590	–	4.934
Indexveränderung in %	–		8,75 %	–		7,49 %

Eine Kurssteigerung bei den Konzernaktien um zehn Prozent bei einem gleichzeitigem Kursrückgang des Aktienkurses von Kleinunternehmen um 20 Prozent hatte beim Index A einen Anstieg von 8,75 Prozent auf 6.808 Punkte zur Folge, während beim Index B die Steigerung nur mit 7,49 Prozent auf 4.934 Punkte ausfiel. Kenner der Problematik erklärten diese Diskrepanz mit dem höheren Indexgewicht der Großunternehmen im Index A. Die Frage, welcher Aktienindex für das Land X „repräsentativer" war, blieb ungeklärt (Tab. 4.4).

Zusammenfassung Die Beispiele 4 und 5 liefern wichtige Erkenntnisse über die Konstruktion (die „technische Seite") von Aktienindizes. Um deren Bedeutung im Gesamtkomplex der Börse und der globalen „Indexwelt" richtig einzuschätzen, ist auf folgende Punkte zu achten.

1. Leitindizes für den Aktienmarkt können repräsentativ in Bezug auf die Volkswirtschaft oder den Aktienmarkt eines Landes sein. Im ersten Fall sollten sie mindestens die Hälfte der am BIP-Beitrag gemessenen Wirtschaftskraft, im zweiten mindestens die Hälfte der Börsenwerte aller am Aktienmarkt gehandelten Unternehmen abbilden.
2. Die Frage, ob ein Aktienindex in Bezug auf die Volkswirtschaft „repräsentativ" sein muss, ist umstritten und hängt von den Finanzierungsgewohnheiten des Landes ab. Finanzieren sich die Unternehmen vornehmlich über Bankkredite oder aus erwirtschafteten Gewinnen (europäische Länder) und nicht über die Börse (angelsächsische Länder), wird der Aktienmarkt eher eine untergeordnete Rolle spielen. Vor diesem Hintergrund hinkt der Vergleich, dass der DAX für die deutsche Volkswirtschaft weniger „repräsentativ" sei als der S&P 500 für die USA.
3. Die Indexkonstruktion spiegelt sich generell in der Beantwortung von folgenden Fragen wider:
   - Wie viele Werte soll der Index enthalten?

- Nach welchen Kriterien werden die Indexaktien aus dem abgegrenzten Universum börsennotierter Aktien ausgesucht, damit sie ihr „Ziel" erreichen?
- Wie werden die Indexgewichte der Einzelgesellschaften festgelegt?
- Wie lautet die Indexformel, die zu numerischen Indexwerten führt?

4. Die Kriterien für die Bildung der Indexgewichte sind vielfältig. Neben der Größe (dem Börsenwert) eines Indexmitgliedes können auch die Handelsaktivitäten bei der Indexaktie herangezogen werden. Häufig kommt noch die Ertragskraft hinzu. In den Index gelangen dann kleine, ertragsschwache Unternehmen mit wenigen Handelsaktivitäten in deren Aktien.

5. Im Börsenalltag wird oft unkritisch behauptet, gestiegene (gefallene) Kurse von „Schwergewichten", sprich Unternehmen mit hohem Börsenwert, haben automatisch eine Indexsteigerung (Indexrückgang) zur Folge. Die Aussage ist unzutreffend, wenn diese Schwergewichte ein niedriges Indexgewicht aufweisen.

6. Von den Gewichtungskriterien sind die Indexaufnahmekriterien zu unterscheiden. Sie können gleich sein, müssen es aber nicht. In den DAX kommen Kandidaten mit der größten Marktkapitalisierung und den höchsten Handelsumsätzen ihrer Aktien. Gewichtet werden sie aber nur nach der Marktkapitalisierung ihres Streubesitzes.

7. Weil es keine verbindlichen Regeln gibt, wie ein „repräsentativer" Index letztendlich aussehen soll, werden hierfür konkurrierende Aktienindizes nach verschiedenen Methoden konstruiert. Zwei (mehrere) „repräsentative" Indizes, die die gleichen Werte enthalten, aber unterschiedlich gebaut sind, werden sich unterschiedlich entwickeln. Im Beispiel 5 stieg bei gleichen Kursänderungen der Aktien der Index A um 8,75 Prozent, Index B dagegen nur um 7,49 Prozent. Es kann sogar zu der paradoxen Situation kommen, dass ein Barometer steigt, das andere gleichzeitig fällt. In Kap. 7 wird dieser Sachverhalt am Beispiel des russischen Aktienmarktes veranschaulicht.

8. Der Verbleib der Mitglieder in einem Index ist nicht von Dauer. Der nächste Anpassungstermin folgt in der Regel nach einem Jahr, wie auch beim DAX. Dagegen wurde der Dow Jones seit 2009 nicht mehr verändert. Nach dieser Zeitspanne machen die veränderten Marktkapitalisierungen und Indexgewichte in der Regel eine Neuaufnahme und/oder Gewichtsänderung notwendig. Die Indexanpassung ist ein gewöhnlicher routinemäßiger Alltagsvorgang an den Kapitalmärkten und keine wirkliche Methodenänderung.

9. Eine echte Methodenänderung liegt dagegen vor, wenn eines der Konstruktionselemente des Indexes, so die Kriterien der Indexaufnahme, der Gewichtsbestimmung sowie die Indexformel geändert wird.

▶ **Fazit** Ein aussagekräftiger Aktienindex muss die „Ziele" erreichen, welche ihm gestellt wurden. Die wichtigsten Aktienindizes eines Landes sind die sogenannten Leitindizes. Ein Leitindex sollte liquide (hohe Umsätze in Indexaktien), nachbildbar (alle Indexaktien können von institutionellen Anlegern gekauft werden) vergleichbar (Methodenkonstanz in der Indexkonstruktion) und repräsentativ (in Bezug auf den Aktienmarkt und/oder die Volkswirtschaft) sein. Während die ersten drei Postulate selbsterklärend sind, gibt es gravierende

Meinungsverschiedenheiten, was „repräsentativ" bedeuten soll. Weiterhin ist zu beachten, dass während die Liquidität und die Eignung zur Nachbildung vom Markt vorgegebene Daten bilden und sich des Einflusses des Indexbetreibers entziehen, die Postulate Methodenkonstanz und Repräsentativität stark von den Prioritäten und der „Indexpolitik" des Indexanbieters abhängig sind.

4.2   Bedeutung der Aktienindizes für Anleger, Unternehmen und Börse

Nutzen für den Anleger Anleger profitieren von Aktienindizes auf vielfache Weise. Aus der langen Liste der Vorteile sollen hier sieben Beispiele beschrieben werden. Andererseits weisen die Börsenbarometer Schwächen auf. Auf die Nachteile, Missbräuche und Irritationen im Umgang mit Indizes in der Anlagepraxis wird in Kap. 7 näher eingegangen.

1. Benchmark – ein Anlageerfolg(-misserfolg) will relativiert werden
   Diese Thematik wurde bereits einige Male angesprochen. Die Benchmark (meistens ist es ein anderer Index) stellt die Messlatte dar, mit der der Anlageerfolg verglichen werden soll. Dieses Postulat ist selbsterklärend. Mit den Vergleichen steht und fällt das ganze kurz- und langfristige Entlohnungssystem der Börsenprofis (Analysten, Fondsmanager, Vermögensverwalter). Aber auch ein Privatanleger braucht eine Benchmark. Welche Tricks hier gerade die Profis benutzen, um günstiger dazustehen, wird ebenfalls in Kap. 7 erläutert.

2. Der Vorteil einer Streuung oder mehr Sicherheit für die „Anlagescheuen"
   Viele Aktionäre waren schon oft sehr verärgert, weil sie gerade in der Hausse auf die „falschen" Aktien gesetzt haben. Jedermann verdiente rundherum, nur sie nicht, obwohl sie am Aktienmarkt investiert haben. Das kann wehtun. Auch in einer Hausse gibt es Aktien, die diesen Trend nicht nachvollziehen. So verhält es sich seit der Dekade von 2003 bis 2012 generell mit den Telekomaktien. Wie weiß man aber im Voraus, welche Aktien auch in einer Hausse nicht „laufen" werden? Viele der enttäuschten Anleger werden sich selbst versprochen haben, beim nächsten Mal ein solches Desaster zu vermeiden, niemals mehr in Einzelaktien, sondern allein in den breiten Markt zu investieren und ein Indexprodukt zu kaufen. So werden sie wenigstens den Marktdurchschnitt und nicht (wie in den Vorjahren) das Ende der Renditeskala erreichen.
   Umgekehrtes kann in der Baisse vorkommen. Hier verlieren häufig überproportional die Anleger mit ihren Einzeltiteln, wohingegen der Gesamtmarkt geringere Verluste aufweist. Auch sehnen sich Anleger nach einem Anlageprodukt, das nicht schlechter abschneidet als der Marktdurchschnitt.
   In beiden Fällen wären Anleger mit Indexanlagen zunächst besser bedient. Diese Anlagearten sind jedoch leider kein Perpetuum Mobile und weisen wiederum spezifische Vor- und Nachteile auf, die in Kap. 6 beschrieben werden.

So selbstverständlich die beschriebenen Fälle klingen, sie stellen nur die halbe Wahrheit dar. Denn der Anleger hat von vornherein sehr wohl anhand des sogenannten Beta-Faktors unter den Indexaktien solche auszusuchen, die sich gewöhnlich besser als der Index (interessant in der Hausse) oder schlechter als der Index (in der Baisse vorzuziehen) entwickeln. Auf Beta-Faktoren bauen viele Anlagestrategien auf.

3. Zugang zu den Blue Chips eines fremden Landes
   Anleger, die für den Aktienmarkt eines bestimmten Landes positiv gestimmt sind, aber nicht über ausreichende Informationen zu seinen Einzeltiteln verfügen, „kaufen den ganzen Index" (eine Indexanlage) oder alternativ seine fünf bis zehn größten Werte, die sogenannten Blue Chips. Sie sparen dabei Zeit für mühsames Einzelstudium (nicht immer liegt zudem zu den Auslandsmärkten genügend Informationsmaterial vor) und können sicher sein, dass die global agierenden Fondsmanager in ihrer Länderstrategie sehr ähnlich vorgehen werden. Die Kenntnis der in Frage kommenden Landesindizes hilft darüber hinaus auch bei der direkten Aktienanlage in einer fremden Region. Dazu zwei praktische Beispiele:

Beispiel 6

Wer nach dem Tiefpunkt der Aktienmarktkrise Ende 2008/Anfang 2009 an die Renaissance der „BRIC-Story" glaubte, sich aber nur direkt und nicht über die Zertifikate in den drei wichtigsten Einzelaktien der Region (Brasilien, Russland, Indien und China) engagieren wollte, ging wie folgt vor: Er rief im Internet die Seiten der Direktbanken auf und fand auf den repräsentativen Seiten die Länderindizes mit ihren drei größten Titeln. Der BRIC-Liebhaber wird sich noch vorsichtshalber über die fundamentale Verfassung seiner Aktien (KGV-Bewertung usw.) ein Bild gemacht haben. Danach prüfte er wahrscheinlich, ob an den deutschen Börsen in diesen Auslandsaktien (XETRA Frankfurt, Stuttgart oder Berlin) genügend Umsatz generiert wurde oder ob er die Käufe aus Liquiditätsgründen an die großen Weltbörsen (New York, London, Hongkong) verlegen musste. Die höheren Gebühren dürfte er mit Hilfe der satten Kurssteigerungen wettgemacht haben. So kam er an seine BRIC-Aktien. Ohne die Kenntnis der Länderindizes Bovespa (Brasilien), RTX (Russland), Sensex 30 (Indien) und CSI 300 (China) hätte er danach lange suchen müssen.

Beispiel 7

Für den, der die Indexmaterie beherrscht, sind Indizes nützliche Informationsquellen nicht nur über fremde Märkte, wie eben die BRIC-Staaten, sondern auch über Einzeltitel in unbekannten heimischen Zukunftsbranchen. Die Informationssuche beginnt dann mit der Analyse eines repräsentativen Branchenindexes. So geht sowohl ein Privatanleger vor, der glaubt, dass die Konjunktur in Japan bald anspringt, als auch derjenige, der auf die deutsche Bauwirtschaft setzt. Wenn sich der Japan-Fan eingehend informiert hat, muss er nicht mehr auf den ganzen Nikkei 225 setzen, sondern konzentriert sein Investment auf die drei besten Automobiltitel.

Genauso geht der Bauwirtschaft-Intimus vor. Beide Anleger haben etwas gemeinsam: Sie haben den Weg vom Indexstudium zur Einzelanlage gefunden!

4. Genereller Zugang zu attraktiven fernen oder engen inländischen Aktienmärkten
   Es gibt Situationen, in denen der direkte Zugang zu einem attraktiven fernen Aktienmarkt rechtlich nicht möglich oder nicht sinnvoll ist. Einige Emerging Markets sind
   heute noch nicht willens oder wegen mangelnder Börseninfrastruktur noch nicht reif,
   einen freien Kapitalverkehr zuzulassen. Dann können sich Ausländer nur über eine
   indirekte Anlage, zum Beispiel Fonds, engagieren. Als Musterbeispiel für solche Restriktionen dienten die sogenannten H-Aktien in China, die ursprünglich nur chinesischen Investoren oder ausländischen Fonds vorbehalten waren.
   Um an den dynamischen Entwicklungen teilzuhaben, braucht der Anleger häufig
   kein direktes Engagement. Kommt eine Technologie „in Mode" (Solartechnologie,
   Nanotechnologie), gibt es aber andererseits in diesem Segment an der Börse keine
   oder nur kleine liquiditätsschwache Player, werden Banken versuchen, eigene Aktienindizes zu kreieren, zum Beispiel einen Solar- oder Nano-Index. Diese Vorgehensweise galt ebenso für enge Märkte wie für die Hedgefonds-Indizes, als lange Zeit eine
   direkte Beteiligung der Privatanleger an Hedgefonds nicht möglich war.
   So verlockend die Engagements in solchen „Trends" klingen mögen, so hat der
   Börsenneuling auf diesem unbekannten Terrain Vorsicht walten zu lassen. Die
   Gefahr, dass er von unseriösen Börsenbriefen und aufgeregten Anlegermagazinen
   gerade auf dem Höhepunkt der Hausse zum Aktienkauf verführt wird, ist groß. Mit
   dem Erwerb eines Indexproduktes wird er diesem Risiko grundsätzlich nicht ganz
   entgehen können, das Risiko durch Streuung aber minimieren.

5. Beta-starke Aktien oder ein wenig mehr Nervenkitzel für „die Mutigen"
   Anhand der Beta-Faktoren, die von den Indexanbietern regelmäßig veröffentlicht werden, können im DAX Titel gefunden werden, bei denen eine überproportionale Veränderung zum Index erwartet werden kann. Ein Beta von 1,70 bei Deutsche Bank (Stand
   21.12.2012) besagt, dass falls der DAX um zehn Prozent ansteigen (fallen) würde, die
   Kursveränderung beim deutschen Bankenprimus +17,0 Prozent (−17,0 Prozent) betragen müsste. Umgekehrt verhält es sich bei FMC, die mit einem Beta von 0,38 quasi
   „DAX-immun" ist. Die FMC-Aktie steigt (fällt) dann nur um 3,8 Prozent. Aktien mit
   einem hohen Beta sind etwas für starke, die mit einem niedrigen Beta für schwache
   Nerven.
   Hier gibt es allerdings einen Haken. Beta-Werte basieren auf Vergangenheitswer-
   ten und sind sehr schwankungsfreudig, sodass sie keine Garantie für ein ähnliches
   Verhalten in der Zukunft liefern. Nichtsdestotrotz können in einem Index sowohl die
   schwachen als auch die starken Nerven die für sich passenden Aktien finden. Denn
   anhand von Zeitreihen und der Korrelation kann die Stabilität eines Beta-Wertes
   geprüft werden. Die Höhe der Korrelation (Korrelationskoeffizient R) gibt uns einen
   Hinweis, wie „wahrscheinlich" der Eintritt des Betas in der Zukunft ist. Bei hoher
   Korrelation ist die Wahrscheinlichkeit ebenfalls höher und umgekehrt.

Risikofreudige Anleger sollten daher unter den Aktien mit etwa gleich hohem Beta das mit der höchsten Korrelation wählen:

	Beta	Korrelation
Aktie A	1,40	0,66
Aktie B	1,37	0,91
Aktie C	1,38	0,59

Der vorsichtige unter den risikofreudigen Anlegern wird die Aktie B wählen. Sein Beta ist nur unwesentlich kleiner als bei A und C, dafür aber signifikant „sicherer". Auf weitere Besonderheiten der Beta-Faktoren in der Anlagepraxis wird in Kap. 6 eingegangen.

6. Aktie schlägt Rente – ein Phänomen, das an der Indexgrafik gut zu veranschaulichen ist
Aktienindizes können Anlegern, die sich auf der Suche nach überproportionalen Renditen befinden, nützliche „Aufklärungsdienste" liefern. Sie können demonstrieren, welche Anlagen langfristig bessere Renditen als Aktien abgeworfen hatten.

Bei Renditevergleichen mit anderen Anlageklassen wirken grafische Darstellungen sehr überzeugend. So kann am Beispiel des Vergleiches des DAX mit dem Rentenindex REX gezeigt werden, dass Aktienanlagen langfristig besser als die Rentenanlagen abschneiden. Auf die genaue Beschreibung dieser Ableitung wird sich an späterer Stelle konzentriert.

7. Nachholbedarf einiger „zurückgebliebener" Märkte gegenüber den Hauptmärkten
Im Börsenalltag lässt sich häufig eine abweichende Kursentwicklung von zwei (mehreren) Indizes beobachten, deren abgebildete Märkte eigentlich voneinander abhängen müssten. So wäre zu erwarten, dass die Technologieindizes in den USA (Nasdaq) und die Technologieindizes in den westlichen Industriestaaten (TechDAX in Deutschland) parallel verlaufen. Wenn das nicht der Fall ist, kommt es früher oder später zu einer Angleichung. Das besagt die Korrelation zwischen diesen beiden Indizes, die in Kap. 9 genauer beschrieben wird.

In welche Richtung diese Angleichung gehen soll oder, mit anderen Worten, wer von wem abhängig ist, kann die Korrelationsanalyse nicht beantworten. Dennoch ist die sogenannte „Nachholpotenzial-Theorie" eine bekannte Anlagestrategie. Ein Anleger, der eine derartige Anomalie in eine Strategie umsetzen will, könnte folgende These aufstellen: Aufgrund der Tatsache, dass es über- und untergeordnete Aktienmärkte gibt, ist zu erwarten, dass die untergeordneten Märkte sich den übergeordneten anpassen. Wer zählt aber zu den übergeordneten Märkten? Diese werden in den USA zu suchen sein, was durch die extreme Abhängigkeit der globalen Aktienmärkte von den US-Börsen immer wieder bestätigt wird. Niemand wird heute ernsthaft behaupten wollen, dass sich die anderen Börsenplätze auf Dauer gegen die US-Märkte stemmen können. Die US-Dominanz bezieht sich allerdings nicht auf alle Branchen.

Die „Nachholpotenzial-Theorie" ist älteren Datums und kommt in unterschiedlichen Varianten vor. Aus der Sicht des deutschen Privatanlegers sind die folgenden wichtigen drei Aspekte zu nennen:

1. Der DAX passt sich an den Dow Jones an (oben erklärt).
2. Der MDAX passt sich dem DAX an. Erst läuft die 1. Liga und danach, wenn die Anleger hier die Gewinne mitgenommen haben, die 2. und die 3. Liga.
3. Die weltweiten Branchenindizes passen sich an den „Branchenführer" an; dieser muss nicht immer in den USA, sondern kann ebenfalls in der Eurozone (Automobilhersteller) oder in Asien (Speicherchips) liegen.

Ob diese Einzelthesen sinnvoll sind, ist nicht ausschlaggebend. Der Nutzen der Indizes liegt hier vielmehr darin, dass mit ihrer Hilfe das „Nachholpotenzial" identifiziert und errechnet werden kann. Denn erst die Vergleiche der Indexstände (was mit einem Blick auf die Grafiken schnell getan ist) erlauben es festzustellen, ob tatsächlich die Unterschiede bedeutsam sind.

Exkurs: Woher bezieht der Privatanleger Informationen über Indizes?

In der gegenwärtigen Internetära steht der Anleger vor dem Problem, nicht auf zu wenig, sondern eher auf zu viele Informationen über Indizes zurückgreifen zu können. Er wird dabei zwischen reinen Kursinformationen und Börsenmeldungen sowie den Materialien (Broschüren, Leitfäden), die von den vorgenannten „Indexkonstrukteuren" oder anderen professionellen Kapitalmarktstellen (zum Beispiel Banken-Research) zur Verfügung gestellt werden, zu unterscheiden haben.

- Direktbanken – vielfältiges Angebot an Kurs-, Chart- und Indexinformationen
  Viele Direktbanken (Beispiele: onvista, dab, comdirect, maxblue) liefern kostenlos laufende bzw. zeitverzögerte Kursinformationen zu einer Vielzahl von Indizes mitsamt Charts aller Laufzeiten. Vom Tages- bis zum 30-jährigen Chart lassen sich heute im Internet alle Varianten abfragen. In verkürzter Form sind Börsenkurse zudem im Wirtschaftsteil jeder Tageszeitung zu finden.
- Die Deutsche Börse AG publiziert sehr informatives Grundlagenwissen, nicht nur über Indizes. Für den Einsteiger erweisen sich besonders die verschiedenen Broschüren zu diesem Thema (Beispiel: „Die Indexwelt der Deutschen Börse") als sehr nützlich. Dagegen ist die Lektüre der „technischen" Details in den detailliert strukturierten Leitfäden zu verschiedenen Einzelindizes eher ein „Nachschlagewerk" für professionelle Börsianer. In der Flut von Einzelinformationen geht dort der ökonomische Hintergrund der Indizes verloren.
- Das Deutsche Aktieninstitut (DAI) – das DAX-Renditedreieck als eine Informationsgrube für alle Renditebedürfnisse
  Schließlich veröffentlicht das DAI jährlich in seinem DAX-Renditedreieck die Renditen für alle möglichen Laufzeiten (ganze Jahreszahlen) in der Periode von 1948 bis 2011. Zwar werden hier keine absoluten Zahlen präsentiert, diese ließen sich jedoch bei Bedarf errechnen. Das DAI-Dreieck liefert wegen der Rückrechnung der Zahlen bis zur DAX-Einführung am 01.07.1988 besonders wertvolle Informationen. Aufgrund der hohen Popularität hat das DAI inzwischen auch für den EuroStoxx50 für den Zeitraum 1988–2008 ein vergleichbares Renditedreieck ins Netz gestellt.

Nutzen für das Unternehmen Am Beispiel von Bertelsmann und Aldi in Deutschland wird ersichtlich, dass ein Unternehmen nicht unbedingt börsennotiert sein muss, um erfolgreich am Markt zu sein. Des Weiteren liefert Porsche ein Paradebeispiel, wie ein erfolgreicher aber eher „halbherzig" (nur mit Vorzugsaktien) notierter Wert ebenfalls kein Interesse haben muss, um in die großen Auswahlindizes zu gelangen. Andererseits erinnern sich viele Anleger noch an die Zeiten (2001/2002), als dem Finanzdienstleister MLP durch krampfhafte Versuche (nicht zuletzt durch massive Kurs- und „legale" Bilanzmanipulationen) ein kurzer DAX-Gastaufenthalt gelang. Sicherlich träumen viele MDAX-Werte einmal davon, in der ersten Liga spielen zu dürfen.

Oder ist es nur eine bloße Vermutung? Gibt es wirklich erkennbare Vor- und Nachteile für eine Indexaufnahme, oder ist der DAX-Status nur eine reine Prestigefrage?

Die Frage ist keineswegs mit „Ja" zu beantworten und soll an folgenden sieben Beispielen diskutiert werden, wobei die Vorteile überwiegen werden:

• Große Indexunternehmen können es leichter und vor allem „billiger" haben, über die Börse Eigenkapital zu holen, als Kredite bei den Banken aufzunehmen. Diese börseninduzierte Vergünstigung gilt sowohl für die Aktien als auch für die Anleihen der Konzerne. Nicht jedem Anleger ist bekannt, dass Banken sich selbst nicht nur über die Spareinlagen des Otto-Normal-Verbrauchers Geldmittel besorgen, sondern sich vornehmlich über die Herausgabe von Bankanleihen, sogenannte Bankschuldverschreibungen, refinanzieren. Wer in einem großen Index vertreten ist und zudem noch eine gute Bonitätsnote (Rating) hat, muss weniger Zinsen zahlen. So einfach ist es. Hier gilt die alte Devise „Sicherheit statt Dividende!" mehr denn je. Aber nicht nur Banken, sondern auch andere Indexunternehmen sind schlau und besorgen sich Geld über Anleihen, bei denen sie kein Mitspracherecht der Kapitalgeber (wie bei Aktien) in Kauf nehmen müssen. Diese Papiere sind durch das Medium Börsenindex populärer geworden und finden als liquide und sichere Werte schnell viele Zeichner.

• Es gilt zudem, dass häufig nur Börsenunternehmen überhaupt ein Rating haben können, weil die großen Ratingagenturen (S&P, Moody's, Fitch) in der Regel keine kleinen Unternehmen, die nicht in einem bekannten Index vertreten sind, beurteilen. Die meisten institutionellen Investoren wiederum wollen oder dürfen Aktien und Anleihen „nicht beurteilter" (nicht gerateter) Unternehmen kaufen.

• Außerdem orientieren sich viele Investmentfonds, die nicht selten mehrere Milliarden Euro oder US-Dollar Anlagevolumen bewegen, häufiger an diesen Indizes als an der Benchmark. Durch deren Kauf- und Verkaufsentscheidungen wird die Tendenz der Aktienkurse im Index noch verstärkt. So dürfen bestimmte große Fonds erst Aktien erwerben, wenn sie in die Leitindizes eines Landes aufgerückt sind. Zum Beispiel darf ein US-Fond keine Porsche-Aktien kaufen, obwohl dieser Sportwagenbauer sicherlich ein exzellentes Unternehmen darstellt.

• Es darf nicht übersehen werden, dass die Vorstandsgehälter eines durchschnittlichen DAX-Unternehmens um ein Mehrfaches höher sind als die eines MDAX-Unternehmens. Die MDAX-Vorstände haben demnach vitales Interesse daran, durch gute Unternehmensergebnisse und den damit verbundenen Kurssteigerungen in die erste Liga zu schlüpfen. Gleiche Prozedur gilt eine Klasse niedriger für die Unternehmen im SDAX oder dem TechDax. Das Aufnahmerezept in einen höheren Index ist denkbar einfach: Wer gut wirtschaftet oder genauer gesagt, wie auch immer zustande gekommene bessere Unternehmenszahlen aufweist, hat bessere Aufnahmechancen, wer schlecht wirtschaftet, läuft Gefahr rauszufliegen!

- Schließlich ist die Indexzugehörigkeit für viele Firmenlenker häufig eine Frage der Existenz. Aufkäufer und andere „feindliche Übernehmer" (jedem Anleger dürften in diesem Zusammenhang Hedgefonds und Private-Equity-Firmen bekannt sein) haben es unverhältnismäßig schwerer, ein Unternehmen unter ihre Kontrolle zu bringen, wenn es eine breit gestreute Aktionärsstruktur mit vielen Kleinanlegern besitzt. In der Vergangenheit standen die Beispiele von Commerzbank, TUI oder der Deutschen Börse für Hedgefonds-Attacken Pate. Wenn ein Unternehmen erst einmal die Selbständigkeit verliert, wird in der Regel der alte Vorstand ausgetauscht.
- Häufig werden nur Titel der 1. Aktienliga zur Notiz an Auslandsbörsen zugelassen, die ihrerseits einen Prestigegewinn und Refinanzierungserleichterungen bedeutete. Das muss langfristig nicht unbedingt ein Vorteil sein, wenn der Ausländer sich gleichzeitig der Rechtsprechung des Gastlandes unterwerfen muss. Der Rückzug enttäuschter Europäer von den US-Börsen belegt diesen Sachverhalt eindrucksvoll.
- Andererseits gilt der Grundsatz „Je bekannter und größer der Index umso strenger und detaillierter die Offenlegungspflichten". Das mag nicht alle Vorstände reizen, die sowohl vor den Aktionären, der Öffentlichkeit oder der Konkurrenz in ihren Zahlenwerken oder im Geschäftsgebaren etwas zu „verbergen" haben.
- Schließlich stehen die großen Indexwerte verstärkt im Rampenlicht der Fach- und Massenmedien. Untersuchungen belegen, dass die Fluktuation der Top-Manager bei den Unternehmen der großen Indizes höher ist als bei den kleinen.

Nutzen für die Börse Die Vorteile, die ein konkreter Börsenplatz aus den Indizes zieht, sind größtenteils selbsterklärend und können in wenigen Punkten zusammengefasst werden:

1. Die Unternehmen, die Mitglieder eines Indexes sind, erzeugen mehr Aufmerksamkeit und werden als Folge von der breiten Masse der Anleger stärker an der Börse „nachgefragt". Dies bedeutet für die gewinnorientierten Börsenplätze automatisch mehr Ertrag aus den gestiegenen Umsätzen. Inwiefern ein solcher Zugewinn aus dem reinen Austausch von Indexmitgliedern (die Deutsche Börse hat womöglich keinen direkten Vorteil, wenn im DAX Infineon durch MAN aus dem MDAX ersetzt wird) resultieren wird, bedarf im Einzelfall einer Überprüfung.
2. Indizes bilden die Basiswerte für unterschiedliche Arten von Indexanlagen. Diese Finanzprodukte (Futures, Optionen, Optionsscheine, Hebelzertifikate auf Indizes) nehmen einen zunehmenden Anteil am Handelsvolumen an den deutschen Börsen ein. An der Deutschen Börse in Frankfurt, den Plattformen, Scoatch, Eurex und XETRA machen die DAX-Derivate und die CFDs auf den DAX mittlerweile 20 Prozent der regulären Umsätze aus (Indexanlagen werden ausführlicher in Kap. 6 behandelt).
3. Große Landesbörsen sind in der Globalisierungsära selbst zu börsennotierten Finanzdienstleistern geworden. Die wichtigsten Börsenaktien sind die Titel Deutsche Börse

und Londoner LSE. Wenn im Zusammenhang mit dem Wertpapierhandel der Index-gesellschaften, so wie mit den vorgenannten Indexprodukten, gute oder schlechte Nachrichten entstehen, profitiert der Aktienkurs der konkreten Börsengesellschaft oder er wird benachteiligt. Auf wessen Parkett also „gute" Indizes gehandelt werden, zieht zusätzliche Käufer- und Verkäuferschichten an. Bislang zog in erster Linie die Börsengröße Investoren in Indexprodukten an, so an den umsatzstärksten Börsen London, New York, Tokio, Hongkong.

4. Erfolgreiche Börsen erweitern ihr entgeltliches Service-Angebot, indem sie selbst Indizes konstruieren und diese entgeltlich vertreiben. Auch die Deutsche Börse ist mit ihrem ständig erweiterten Angebot aus der „DAX-Familie" sehr aktiv und erfolgreich.

5. Häufig kommt es zu der paradoxen Situation, dass die meisten Aktien und Anlei-hen eines Landes nicht an der Heimatbörse, sondern an einer Auslandsbörse gehandelt werden. Diese Auslandsbörsen (etwa Wien als die erste Adresse für ost-europäische Aktien) kreieren daraufhin neue Indizes, die mit den Indizes der Hei-matbörse in Konkurrenz stehen. So gibt es für den russischen Aktienmarkt jeweils einen Index von den Börsen Moskau, Wien und London (weitere Russlandindizes sind im onvista-Indexsucher zu finden). Welcher nun als der „repräsentativste" Index angesehen werden kann, entscheidet nicht zuletzt der Handelsumsatz am betreffenden Platz.

Welche Verflechtungen es zwischen Finanzprodukten und den unterschiedlichen Bör-senakteuren an einem globalisierten Kapitalmarkt geben kann, wird in Abb. 4.1 exem-plarisch am Beispiel russischer Aktien und Indexprodukte anhand vieler russischer Aktienindizes demonstriert.

Bei den aufgezeigten Verflechtungen sind folgende Zusammenhänge von Bedeutung:

1. Russische Einzelaktien werden nicht allein in Moskau, sondern auch an anderen Börsen gehandelt. Es kommt vor, dass sich große Pakete der Einzelaktien im Aus-landbesitz (beim DAX ebenfalls) befinden oder in ausländischen Depotbanken depo-niert sind. In demokratischen Ländern ist das kein Problem. Anders verhält es sich in autokratischen Ländern wie Russland, weil der dortige Staat auf die Anteilscheine damit keinen Zugriff und kein Druckmittel auf die landeseigenen Konzerne hat, wenn diese eine nicht „politikfreundliche" Geschäftspolitik an den Tag legen. Aus diesem Grund erließen Russland und im noch größeren Maße China viele Kapital-verkehrskontrollen und gehen beim Erwerb von heimischen Aktien durch Ausländer restriktiv vor.

2. Die bekanntesten russischen Aktienindizes (diesem Kapitel) werden heute von aus-ländischen Indexanbietern kreiert. Diese Tatsache stellt für ein Land dieser Größe eher eine Ausnahme dar und mag ihre Ursache darin haben, dass sich eben im Ausland die bedeutendsten Aktienpakete befinden und die Umsätze an der Moskauer Börse mit hei-mischen Aktien zu gering sind. Das steuerpflichtige russische Kapital diktiert ohnehin via Zypern und Niederlande das Geschehen an der russischen Börse in Moskau.

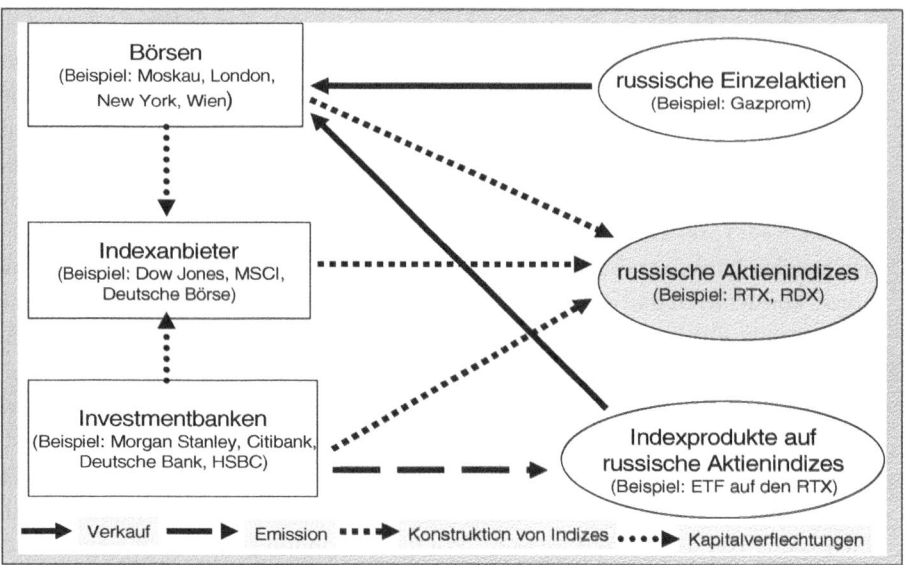

Abb. 4.1 Aktienindizes und das Börsenumfeld (Beispiel russische Aktien)

3. Wegen der staatlichen Mehrheitsanteile an den bedeutsamsten Rohstoffkonzernen und Schlüsselunternehmen können die Zypern-Aktivitäten jedoch keinen Durchbruch bei den Eigentumsverhältnissen erzwingen. Grundsätzlich kann jeder Indexanbieter einen ausländischen Aktienindex konstruieren. Ob er zum Leitindex wird, hängt von seiner Kapitalmarktposition ab. Im globalen Maßstab federführend sind hierbei angelsächsischen Adressen (vgl. Liste am Ende des Buches).

4. Zu den wichtigsten Indexanbietern zählen neben den klassischen Indexgesellschaften (Beispiel: Dow Jones Company) die internationalen Investmentbanken (Beispiel: Morgan Stanley) und die Börsengesellschaften selbst (Beispiel: Deutsche Börse). Die Letztgenannten bieten neben dem Betreiben des eigentlichen Handelsplatzes einen vielfältigen Informations- und sonstigen Service rund um die Börse an (Indexangebot, Vermögens- und Depotverwaltung, Research).

5. Schließlich sind Indexprodukte Wertpapiere, deren Emission mit Blick auf die Haftungsfrage nur Adressen mit sogenanntem Emissionsrecht (dazu zählen Banken, insbesondere die Investmentbanken) vorbehalten ist. Ein Aktienindex selbst ist als abstrakte Anlage nicht „kaufbar", anders als seine Mitglieder, die einzelnen Indexaktien. Ein Anleger der angibt, er hätte den Index oder den Markt „gekauft", hat genau genommen nur in ein Indexprodukt investiert.

6. Nicht selten werden von den Investmentbanken Indizes kreiert, weil sie zu diesem passende Indexprodukte „des Hauses" verkaufen wollen. Die Deutsche Börse ist dagegen keine Bank und besitzt kein Emissionsrecht, obwohl sie tausende von Indizes hergestellt hat. Mit dem Verkauf von Indexprodukten erzielen Banken hohe

Provisionseinnahmen. Mit der Lizenzvergabe für die Nutzung eines Indexes durch Dritte wird dagegen wesentlich weniger Geld verdient.

7. Der Privatanleger muss vor allem wissen, welche Aktienindizes für den russischen Aktienmarkt repräsentativ und welche Indexprodukte für ihn geeignet sind. Während die erste Frage noch relativ einfach zu beantworten ist, wird es bei der Produktwahl schon schwieriger. Denn es gibt allein mehrere hundert Indexprodukte auf den bekanntesten Index RTX, die von einem Dutzend Investmentbanken angeboten werden. Die Mehrzahl von ihnen sind zwar umsatzschwache („tote") oder ungünstig bewertete Anlageprodukte („zu teuer"). Dennoch ist der „Produktionsaufwand" solcher Emissionen sehr gering.

▶   **Fazit** Aktienindizes stiften zahlreichen Kapitalmarktakteuren einen nachweislichen Nutzen. Hauptnutznießer sind die Anleger, die börsennotierten Unternehmen und die Börsen selbst. Während die Anleger aus den Indizes vor allem Information für ihre Anlageideen schöpfen, die Unternehmen durch Notierung in Top-Indizes bekannt werden und billigere Gelder über die Börse aufnehmen können, profitieren Börsen, an denen Unternehmen bekannter Indizes gehandelt werden, von den Handelsprovisionen. Damit ein unbekannter Aktienindex die Chance erhält „berühmt" zu werden, reicht es nicht aus, dass er mehrere benutzerfreundliche Kriterien (Aufnahme der „richtigen" Mitglieder eines Marktes, verständliche Konstruktion, dauerhafte Datenpflege) erfüllt. In erster Linie wird es auf die Bedeutung des Indexanbieters ankommen. Wenn mehrere bekannte Adressen um die vorderen „Indexplätze" konkurrieren, dann entscheiden grundsätzlich praktische Gesichtspunkte. Gewinnen wird in der Regel das Börsenbarometer, das die Finanzprodukte eines wirtschaftlich starken Landes abbildet und dessen Aktien oder Indexprodukte an den weltgrößten Börsenplätzen (New York, London, Hongkong, Singapur, Frankfurt) notiert sind.

4.3   Verbreitung von Aktienindizes

Die Aktienindizes sind bekanntlich die wichtigsten Indizes der Kapitalmärkte. Um das Konzept eines Aktienindizes so einfach wie möglich zu beschreiben, soll die Parallele zwischen dem Deutschen Aktien Index (DAX) und dem von Frau und Herrn Schulz am Anfang des Buches entworfenen Preisindizes der Lebenshaltung für einen Drei-Personen-Haushalt mit mittlerem Einkommen dargestellt werden (Tab. 4.5).

Benutzte Indexkriterien in diesem Buch Eine Vorstellung der wichtigsten Aktienindizes der Welt dürfte ein schwieriges Unterfangen werden. Weil es wahrscheinlich mehrere hunderttausend Aktienindizes gibt (allein die Deutsche Börse und ihre Tochter Stoxx veröffentlichen 8.400 Börsenbarometer), müssen spezielle Auswahlkriterien

Tab. 4.5 Messvorgänge von Preisveränderungen in einem Warenkorb und von Kursveränderungen in einem Aktienindex (DAX)

Wer führt die Messung durch?	Familie Schulz	Deutsche Börse
Welche Veränderungen sollen gemessen werden?	Preisveränderungen	Aktienkursveränderungen
Welche Grundgesamtheit (GG) lieg vor?	Warenkorb von Gütern täglichen Gebrauchs	der deutsche Aktienmarkt (Großunternehmen)
Wie viele Einheiten der GG werden gemessen?	30 Waren und Dienstleistungen	30 größte Aktien (Blue Chips)
Die wichtigsten Gruppen	Nahrung 40 %, Getränke 25 %, Miete 20 %, Kleidung 15 %	Sektoren: Chemie (22 %), Elektro (13 %)
Wie werden die Gewichte festgelegt?	Wertanteil am Warenkorb von 30 Gütern	Börsenkapitalisierungen der Einzelunternehmen
Wie heißt das verwendete Meßkonzept?	Preisindex der Lebenshaltung eines 3-Personen- Haushalts mit mittlerem Einkommen	DAX-Aktienindex (als Performance und Kursindex)
Wert des Index am 01.01.2012 und 31.12.2012	100,0/102,9	5898/7612

gefunden werden, deren Anzahl sich wiederum leicht auf zwei Dutzend beläuft. Jeder Indexsuchende hat hier wirklich die Qual der Wahl.

Es wäre phantasielos und für den Leser langweilig, die Seiten dieses Buches einfach mit hunderten von Indizes zu füllen. Wer mehr über die enorme Breite des Indexuniversums erfahren will, der sei auf den 720 Seiten starken „Leitfaden der Commerzbank: Handbuch der Indizes. Ihr Leitfaden für erfolgreiche Indexinvestments", hingewiesen. Der interessierte Leser kann darüber hinaus die jeweiligen Details über die Indizes den Webseiten der Leitbörsen einzelner Länder oder der einzelnen Indexgesellschaften entnehmen. Weil diese Darstellungen im Regelfall eine englische Version enthalten, gibt es hier auch keine Sprachbarrieren.

Die in diesem Buch vorgestellten Indizes enthalten einen Grunddaten-Teil und eine Kurzbeschreibung. Der Grunddaten-Teil besteht aus der Tabelle mit Kerninformationen und einem aktuellem Chartbild. In der Kurzbeschreibung werden die Besonderheiten jedes Indexes vorgestellt.

Grunddaten: Tabelle und Chartbild Die Angaben in Tabellenform (Indexname, Anbieter, Startzeitpunkt, größte Werte und Branchen, Anzahl der Werte und die Region) sind selbsterklärend. Sie sollen dem Anleger neben der Identifizierung des Indexes (eine eindeutige Identifizierung erfolgt über die Wertpapierkennnummer WKN, das sogenannte Code oder Kürzel) einen Überblick verschaffen, welcher Markt durch den Index abgebildet wird und wie tief.

Je nach Datenverfügbarkeit präsentieren die Charts mindestens einen fünfjährigen Kursverlauf. Ein Chart kann sehr informativ sein: Wie bei Neueinstellungen in einem

Unternehmen macht sich der Personalchef ein erstes Bild über den Kandidaten nicht allein anhand seiner Grunddaten (Ausbildung, Lebenslauf, Berufserfahrung), sondern auch mit Hilfe des Fotos. Das „Foto eines Indexes" ist eben sein Chart.

Die Nennung der Stände auf der Werteachse des Indexcharts erfolgt in absoluten Zahlen. Denn dem Anleger sagt eine Zahl 7.612 Punkte DAX-Stand am 31.12.2012 mehr als zum Beispiel eine relative prozentuale Darstellung von 568,67 Prozent mit der Zusatzerläuterung 01.01.1988 = 100 Prozent. Im diesem Fall würde es bedeuten, dass der DAX seit diesem Zeitpunkt um 568,67 Prozent gestiegen ist und bei 7.612 steht.

Die Quellen der Chartbilder sind die Portale der Direktbanken onvista, comdirect und maxblue.

Kurzbeschreibung (das Indexporträt) der Einzelindizes In diesem Teil wird auf die Besonderheiten des jeweiligen Indexes und/oder der Indexfamilie hingewiesen, die in gewissem Grade ein „Eigenleben" führen. Zu einer Indexfamilie zählen mehrere Indizes eines Indexanbieters für denselben Markt oder mehrere verwandte Markttypen. So wird von der DAX-Familie (Anbieter Deutsche Börse) für den deutschen Aktienmarkt oder der MSCI-Familie (Anbieter Morgan Stanley, daher der Name MSCI = Morgan Stanley Country Index) für die einzelne Länder gesprochen.

Es lohnt sich, auf die Facetten dieses „Eigenlebens" hinzuweisen. Das lockert die trockene Indexmaterie ein wenig auf, wenngleich sich die Einzeldarstellungen auf wenige Kernsätze beschränken müssen.

Die wichtigsten Charakteristika eines Indexes werden mit folgenden Fragen beantwortet:

1. Handelt es sich um einen Kurs-, einen Performance- oder um einen preisgewichteten Index?
   Auf die „technische" Beschreibung dieser Begriffe wird in Kap. 8 eingegangen. Vorab soll festgehalten werden, dass im Unterschied zum Performanceindex der Kursindex keine Dividenden und andere Zahlungen berücksichtigt und im preisgewichteten Index die prozentualen Gewichte der Indexmitglieder dem summierten Kurs der Indexmitglieder entsprechen.
2. Wie groß ist die Index- und/oder die Marktkapitalisierung des Indexes?
   Die Indexkapitalisierung eines Börsenunternehmens oder eines Indexes wird als der Gesamtwert aller an der Börse gehandelten Aktien definiert. Weil sich ein Teil der Aktien in festen Händen befindet (Festbesitz) und an der Börse nicht gehandelt wird, ist der Gesamtwert des Börsenunternehmens (die sogenannte Marktkapitalisierung) immer höher. So betrug die Börsenkapitalisierung von BMW am 05.01.2013 insgesamt 23,21 Milliarden Euro, weil sich 50 Prozent + eine Aktie in Festbesitz Familie Quant) befinden.
3. Welche Anleger (institutionelle Anleger, global investierende Fonds, Spezialfonds, Privatanleger) investieren vornehmlich in seine Indexprodukte?
4. Gibt es andere Indizes in der gleichen oder in anderen Indexfamilien, die die Region oder den konkreten Markt besser „repräsentieren"? Sind die bekanntesten Indizes

eines Landes auch die „repräsentativsten" (Beispiel: Dow Jones Industrial versus S&P 500 in den USA?)

Angesichts der Vielzahl von Besonderheiten und Merkmalen, die jeden einzelnen Index-typ auszeichnen, müssen bei einem Kurzporträt einige Fragenkomplexe unbeantwortet bleiben.

1. Die Kurs- und Handelshistorie (historische Höchst- und Tiefstkurse, Zeiten extrem hoher oder niedriger Handelsumsätze in Indexwerten, die die besondere Wirtschafts-lage des betreffen Landes widerspiegeln)
2. Methodenumstellungen (neue Berechnungsmethoden, neue Formeln)
3. Aufnahmemodus in den Index (Wie oft und nach welchen Kriterien werden neue Einzelwerte in den Index aufgenommen und/oder alte ausgetauscht?)
4. Hinweise auf die Handelsaktivitäten in den Aktien und Indexanlagen der betref-fenden Indizes. Diese Angaben könnten sowohl in Angaben über die Stückzahl der gehandelten Aktien als auch in Wertvolumina (Kurs mal Menge gehandelter Aktien) ausgedrückt werden. So sehr diese Zahlen analytisch wertvoll sein mögen, werden sie leider nicht von allen Börsen veröffentlicht. Auch hängen die Handelsaktivitäten nicht nur von der Attraktivität eines bestimmten Börsenbarometers, sondern auch von der allgemeinen Börsentendenz ab. In Haussezeiten werden große Stückzahlen und hohe Volumina umgesetzt. In Baissezeiten ist es umgekehrt.

4.3.1 Weltindizes

Einen aussagekräftigen Welt-Aktienindex zu konstruieren, wirft die gleichen Probleme auf wie die Berechnung einer Welt-Inflationsrate. Den Konstrukteuren stehen hier grundsätzlich zwei Verfahren zur Verfügung: Entweder werden die wichtigsten Län-derindizes zu einem Supra-Index zusammengeschnürt und gewichtet, oder die größten Weltkonzerne werden in einen neuen Index aufgenommen.

Beim zweiten Verfahren, das in der Praxis häufiger vorkommt, könnte es allerdings passieren, dass ein Land unbeabsichtigt ein Übergewicht erlangt, wenn es die meisten Schwergewichte stellt. Spiegeln die Großen aber tatsächlich die „Welttendenz" an den Aktienmärkten wider? Ein fairer Ausweis dürfte nur dann gegeben sein, wenn der Welt-index eine große Tiefe besitzt, das heißt eine sehr große Anzahl von Einzeltiteln enthält. Dann bekommen auch „Mittelgewichte" aus Ländern mit hoher Börsenkapitalisierung die Chance, in einem solchen Weltindex vertreten zu sein.

Ein echter Welt-Aktienindex müsste alle weltweit notierten Aktien umfassen, auch wohl die kleinste in Uganda notierte Aktiengesellschaft. Eines solchen Index gibt es nicht, wenngleich im heutigen Computer-Zeitalter sich rein technisch ein solches Baro-meter konstruieren ließe. Der heute „größte" Aktienindex der Welt, der unten beschrie-bene MSCI All Country World Investable Index, beinhaltet 8.500 Aktien und deckt mit

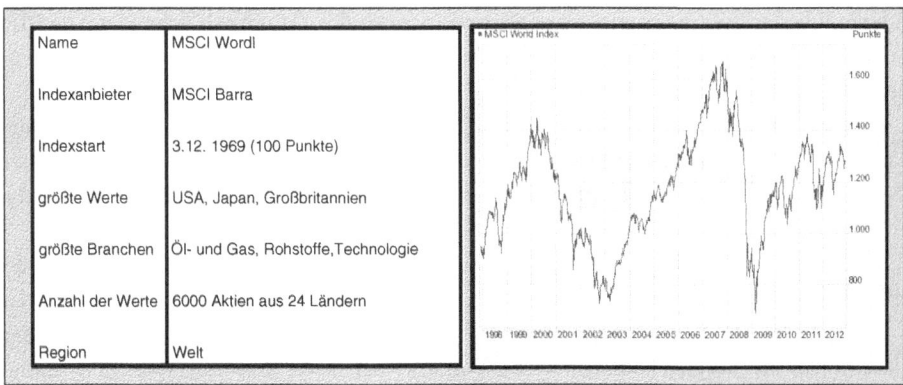

Abb. 4.2 Grunddaten des MSCI Word

seiner Marktkapitalisierung rund 55 bis 60 Prozent der Marktkapitalisierung des weltweiten Aktienmarktes ab.

Egal für welche Methode sich die Indexbetreiber entscheiden würden, in beiden Fällen wird ihn noch zusätzlich die Währungskomponente stören. Denn wie nicht schwer
zu erraten ist, werden die Weltindizes in US-Dollar berechnet, der zuletzt gegenüber
anderen Währungen (Euro) eine schwache Tendenz zeigte.

4.3.1.1 MSCI World: Der Gigant
Kurzbeschreibung Der MSCI World Index umfasst mehr als 6.000 Aktien aus 23 entwickelten Ländern und wird von der Investmentbank Morgan Stanley (ab 2004 mit Barra)
angeboten. Die Marktkapitalisierung betrug per 31.03.2012 etwa 24 Billionen US-Dollar
bei einer Marktkapitalisierung der globalen Aktienmärkte von etwa 51 Billionen US-Dollar. Damit ist zwar ein sehr großer Teil der Aktienwelt abgedeckt, einige große Länder
wie China finden aber keinen Eingang in den Index. Um diese Lücke zu schließen, hat
MSCI zwei weitere Weltindizes entwickelt (Abb. 4.2).

Die 25 größten Emerging Markets (inklusive der BRIC-Länder) werden im MSCI Emer-
ging Markets Index berücksichtigt. Ein Index, der die entwickelten Länder, die Emerging
Markets und die kleineren Konzerne umfasst, ist der MSCI All Country World Investable
Index, der 8.500 Unternehmen aus 45 Ländern enthält und der größte weltweit bekannte
Aktienindex überhaupt ist. Er deckt mit einer Marktkapitalisierung von 28,6 Milliarden
US-Dollar (31.03.2012) etwa 55 Prozent der globalen Aktienmarktkapitalisierung ab.

US-Konzerne machen im MSCI World Index fast 53 Prozent (im MSCI All Country
World Investable Index immer noch 46 Prozent) aus, was die Bedeutung der größten
Volkswirtschaft der Welt, die je nach Berechnungsmethode 20 Prozent bis 25 Prozent
des BIP-Welt erwirtschaftet, dennoch zu stark nach oben verzerrt.

Anders dürften die Relationen ausfallen, wenn nicht die Einkommensgröße BIP, sondern eine Vermögensgröße (zum Beispiel das Eigenkapital und die stillen Reserven der

Indexmitglieder) herangezogen wäre, was an mangelnder Datenbasis scheitert. Die BIP-Zahlen werden dagegen von den internationalen Finanzinstitutionen (Weltbank, IWF) regelmäßig für alle Länder der Erde veröffentlicht.

Nach Branchen gegliedert fällt die Aufteilung im MSCI World gleichmäßiger aus. Nach dem Zusammenbruch des Finanzsektors konnten nach 2009 die Industrieaktien (Technologie, Telekommunikation, Bau- und Maschinenbau, Chemie) im Index den ersten Platz einnehmen.

Eine weitere Schwäche neben der Konzentration auf US-Werte des Indexes liegt in der fehlenden Berücksichtigung von Dividenden, was ein generelles Manko aller Kursindizes ist.

Trotz dieser Mängel dient der MSCI World Index den meisten global investierenden Aktienfonds als Vergleichsmaßstab (Benchmark) bei ihren Renditevergleichen. Einige Fondsmanager bezeichnen ihn dennoch mittlerweile als Anachronismus und weichen auf den breiteren MSCI All Country World Investable Index aus, vor allem weil die Börsen der Entwicklungsländer sich zuletzt dynamischer als die der Industrieländer entwickelt haben und das an der Volatilität (Begriffserläuterung folgt in Kap. 8) gemessene Risiko in beiden Indizes etwa gleich ist. Allerdings ist auch der Ausweichindex ein Kursindex, der keine Dividenden berücksichtigt.

4.3.1.2 Dow Jones Global Titans 50: Der Globalisierer

Kurzbeschreibung Der Dow Jones Global Titan 50 Index gehört zur Dow-Jones-Indexfamilie und umfasst die 50 größten börsennotierten Unternehmen der Welt. Bei der Auswahl finden alle im Dow Jones World Index (ein anderer Weltaktien-Index der Dow-ones-Familie) gelisteten Aktiengesellschaften und die 50 größten Unternehmen nach Marktkapitalisierung, die nicht Bestandteil des Indexes sind, Berücksichtigung. Die endgültige Rangfolge der Indexmitglieder ergibt sich aus den Kriterien: Marktkapitalisierung (60 Prozent), Umsatz (20 Prozent) und Nettogewinn (20 Prozent). Vereinfacht ausgedrückt, könnte der Dow Jones Global Titans 50 als der „Globalisierungsindex" bezeichnet werden (Abb. 4.3).

Die Bedeutung der US-Konzerne ist auch in diesem Index mit über 30 Aktien von 50 insgesamt und 60 Prozent an seiner Marktkapitalisierung von rund 7,5 Billionen US-Dollar (Ende 2012) erdrückend. Unter den zehn größten Titeln sind neben den US-Konzernen nur Nestle aus der Schweiz (Platz 3) und Royal Dutch Shell aus Großbritannien/Holland (Platz 9) vertreten. Die BRIC-Staaten stellen zwei Werte: Gazprom (Russland) auf Platz 27 und Petrobras (Brasilien) auf Platz 43. Wegen der Abstellung der Aufnahmekriterien Umsatz und Gewinn (zusammen 40 Prozent) fand kein chinesisches Unternehmen Eingang in den Dow Jones Global Titan 50. Die deutsche Siemens nahm mit einem Gewicht von 1,36 Prozent Platz 26 ein.

Ansonsten ist die Konzentration auf einzelne Titel als ausgewogen zu betrachten. Der Leader Exxon im Dow Jones World Index weist eine Gewichtung von 5,9 Prozent aus, der 50. Wert von immerhin noch 1,07 Prozent. Das ist eine gleichmäßigere Verteilung als im DAX.

Weitere Global Titans Indizes der Dow Jones-Familie sind der Dow Jones Sector Titans, ein Index, der nach Sektoren und der Dow Jones Country Titans, der nach verschiedenen Ländern aufgeschlüsselt ist.

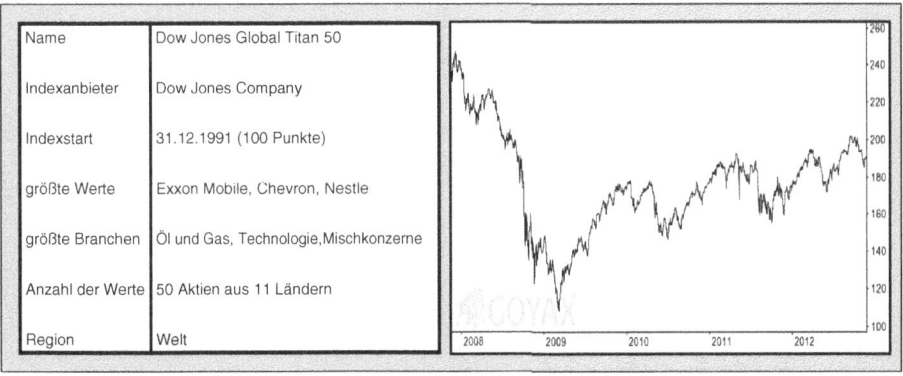

Name	Dow Jones Global Titan 50
Indexanbieter	Dow Jones Company
Indexstart	31.12.1991 (100 Punkte)
größte Werte	Exxon Mobile, Chevron, Nestle
größte Branchen	Öl und Gas, Technologie,Mischkonzerne
Anzahl der Werte	50 Aktien aus 11 Ländern
Region	Welt

Abb. 4.3 Grunddaten des Dow Jones Global Titans 50

Einerseits ist mit Blick auf die bessere Abbildung des Welt-Aktienmarktes der Dow Jones Global Titan 50 dem vorher beschriebenen MSCI World vorzuziehen. Andererseits ist seine Marktkapitalisierung etwa vier Mal kleiner und deckt damit nur ein Siebtel des globalen Aktienmarktes ab.

4.3.2 USA

4.3.2.1 Dow Jones Industrial Average (DJIA): Der Nestor
Kurzbeschreibung

Historie Der Dow Jones Industrial Average (auch kurz Dow Jones genannt) ist der wichtigste und älteste heute noch bestehende Aktienindex Nordamerikas. Der Kursindex wurde von Charles Henry Dow (1851–1902), dem Gründer des Wall Street Journals und der Firma Dow Jones, und dem Statistiker Edward David Jones (1856–1920) ins Leben gerufen. Weil dieser Index der Nestor nicht nur aller Aktien-, sondern auch Kapitalmarktindizes schlechthin ist, sollte ihm an dieser Stelle mehr Aufmerksamkeit geschenkt werden (Abb. 4.4).

Der Dow Jones Index wurde erstmals am 26. Mai 1896 veröffentlicht. Er bestand damals aus nur zwölf Aktien. Von diesen ursprünglichen Werten befindet sich heute nur noch General Electric im Index, allerdings mit einer Unterbrechung von 1898 bis 1907. Heute setzt sich der Index aus 30 US-Unternehmen zusammen. Die ersten Aktien im Dow Jones Index waren die Titel der zwölf wichtigsten Industrieunternehmen. Ab 1916 repräsentierte er 20 und ab 1928 dann so viel wie heute, nämlich 30 Werte. Die Zusammensetzung des Indexes wurde im Laufe seiner Geschichte 48 Mal verändert, also im Durchschnitt etwa alle zwei Jahre. Die bekannteste Firma aus der ersten Zusammensetzung 1896 ist wohl die United States Rubber Company, welche sich 1961 in Uniroyal umbenannte und 1986 von Michelin aufgekauft wurde. Die Reifen von Uniroyal befahren noch heute viele Straßen (Abb. 4.5).

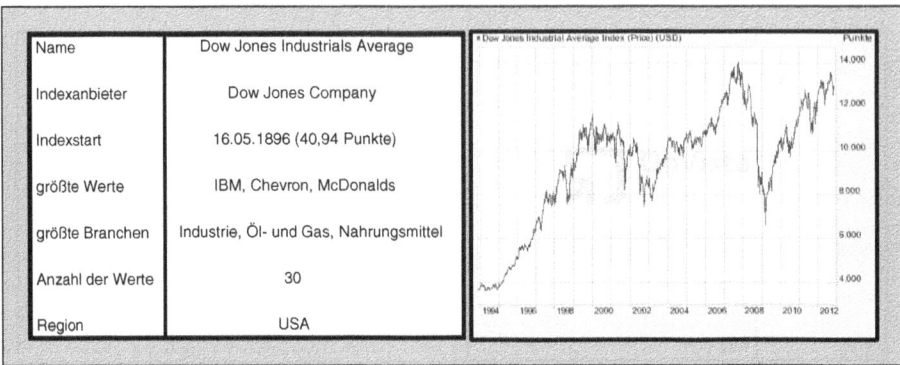

Name	Dow Jones Industrials Average
Indexanbieter	Dow Jones Company
Indexstart	16.05.1896 (40,94 Punkte)
größte Werte	IBM, Chevron, McDonalds
größte Branchen	Industrie, Öl- und Gas, Nahrungsmittel
Anzahl der Werte	30
Region	USA

Abb. 4.4 Grunddaten des Dow Jones Industrial Average (DJIA)

Die ersten 12 Dow-Jones-Aktien...	...und was aus ihnen wurde
American Cotton Oil Company	...heute Teil von Unilever
American Sugar Company	...heute Teil der Amstar Holdings
American Tobacco Company	...existierte bis 1911
Chicago Gas Company	...1897 von Peoples Energy Corp. übernommen
Distilling & Cattle Feeding Company	...heute Teil von Millennium Chemicals
General Electric	...noch immer Dow Jones-Wert
Laclede Gas Light Company	...heißt heute The Laclede Group
National Lead Company	...heißt heute NL Industries
North American Company	...existierte bis in die 1940er Jahre
Tennessee Coal, Iron and Railroad Company	...wurde 1907 von U.S. Steel gekauft
U.S. Leather Company	...1952 aufgelöst
U.S. Rubber Company	...wurde 1990 von Michelin aufgekauft

Abb. 4.5 Was wurde aus den zwölf ersten Dow Jones Aktien?

Der Zeitfaktor: Wie aus 2,76 mehr als 14.578 wird!

Der erste Dow-Jones-Wert von 40,9 Punkten war die Summe der Kurse der vorgenannten zwölf Aktien am 16.05.1896 geteilt durch zwölf. Erst nach 76 Jahren überschritt
er die magische Marke von 1.000 Punkten. Der Höchststand des Indexes betrug über
15.710 Punkte am 18. September 2013.

Die bewegende Kurshistorie des Indexes wurde in verschiedenen Top- und Flop-Lis-
ten in Tages-, Wochen-, Monats- und Jahresvergleichen festgehalten. Wer in der jüngsten Vergangenheit über nervenraubende Turbulenzen geklagt hatte, der soll beruhigt
werden, dass wir heute eher in „ruhigen" Zeiten leben. Auf Tagesbasis gerechnet verlor
der Index am 19.10.1987 gut 22,6 Prozent. Der beste Tagesgewinn liegt schon etwas län-
ger zurück. Am 15.03.1933, in dem Jahr als die große Depression (1929–1933) zu Ende
ging, konnten Anleger an einem Tag 15,8 Prozent gewinnen.

Noch eine Kuriosität am Rande wird die Herzen der Börsenhistoriker und Statistiker
höher schlagen lassen: Durch Verkettung verschiedener Methoden, die hier nicht besonders interessieren dürften, lässt sich der Index auf Monatsbasis bis auf das Jahr 1789

zurückrechnen. Danach wies er im Startjahr 1789 den Wert von gerade 2,76 Punkten aus. Wer nachrechnen möchte, kann für den Zeitraum von 1789 bis 2007 eine jährliche Steigerungsrate von knapp 3,9 Prozent ermitteln. Dies scheint eine Zahl zu sein, die irgendwo in der Nähe der jährlichen BIP-Steigerung der vergangenen zweihundert Jahre liegen dürfte.

Die Eröffnung der ältesten US-Börse, der New York Stock Exchange wird auf den 17.05.1792 datiert. In Deutschland wurde die Augsburger Börse 1540 gegründet, die älteste Börse der Welt im belgischen Brügge sogar schon 1531. Auch der DAX wurde bis 1937 zurückgerechnet und sein Startwert auf 56,69 Punkte festgelegt. Auch hier lässt sich mit dem Taschenrechner bereits für einen Zeitraum von 75 Jahren eine durchschnittliche Wachstumsrate von 6,7 Prozent errechnen.

Des Rätsels Lösung für die doch beachtliche Differenz der durchschnittlichen jährlichen Veränderungsraten zwischen dem Dow Jones und dem DAX wird in zwei Punkten gründen: Zum einen werden im DAX (Performanceindex) anders als im Dow Jones (Kursindex) die Dividenden berücksichtigt, zum anderen waren die Inflationsraten ab 1937 mit Sicherheit viel höher als im Zeitraum von 1789 bis 1937. Da die Aktie als Sachinvestition mit Risikocharakter langfristig die Inflationsrate mindestens ausgleichen wird, sind die Steigerungen der Kurs- und Indexveränderungen in letzten Dekaden höher ausgefallen.

Berechnung Der Dow Jones Industrial ist streng genommen kein Index, sondern ein Kursdurchschnitt (Average = Durchschnitt). Er wird (genauso wie der Nikkei 225) als (unechter) Kursindex bezeichnet, ist aber faktisch ein preisgewichteter Index. Er wird im Unterschied zu vielen Industrieländern nach der Formel: Summe der Aktienkurse dividiert durch 30 (= Anzahl der Aktien im Index) berechnet. Der Indexstand wird ausschließlich aufgrund der Aktienkurse ermittelt und nur um Erträge aus Bezugsrechten und Sonderzahlungen durch den Einbau eines Divisors bereinigt. Die Anzahl der Aktien im Streubesitz und die Marktkapitalisierungen werden nicht berücksichtigt. Bei Aktiensplits, Gratisaktien und Aktienzusammenlegungen wird der Dow Jones Index durch Korrekturfaktoren ebenfalls bereinigt.

Es erscheint wichtig, an dieser Stelle auf den Unterschied zwischen einem Kursindex, dem Performanceindex und einem preisgewichteten Index hinzuweisen:

- Zur Erinnerung: In einem (echten) Kurs- und Performanceindex besitzen die Indexmitglieder Gewichte, die zwischen zwei Anpassungsterminen unverändert bleiben und sich zum Beispiel an der Indexkapitalisierung oder Börsenkapitalisierung des Einzeltitels orientieren. Im Kursindex werden im Unterschied zum Performanceindex die Dividenden in der Kursänderung nicht berücksichtigt.
- Bei einem preisgewichteten Index wird die Gewichtung nicht aufgrund der Indexkapitalisierung für eine Periode zwischen zwei Anpassungen festgelegt, sondern anhand des jeweiligen Aktienkurses im Index und sie verändert sich täglich.

Das Beispiel in Tab. 4.6 und 4.7 zeigt die Unterschiede bei der Berechnung der drei Indexvarianten.

Tab. 4.6 Ermittlung der Indexwerte in einem preisgewichteten Index, einem Kursindex und einem Performanceindex

Aktie	Aktienkurs in Euro	Indexgewicht im preisgewichtetem Index in % und absolut	Aktienstückzahl in Mio./Dividende in Euro	Marktkapitalisierung (Dividendensumme) in Mio. Euro	Indexgewicht Kursindex in % und absolut[b]	Indexgewicht Performanceindex in % und absolut[c]
A	2	2 (2)	35/0	70 (0)	32,2/70	32,1/70
B	23	23 (23)	3/1	69 (3)	32,3/69	33/72
C	75	75 (75)	1/3	75 (3)	35/75	34,9/78
preisgewichteter Index[a]	–	100	–	–	–	–
Kursindex[b]	–	–	–	–	214	–
Performance-Index[c]	–	–	–	–	–	220

[a] Indexformel: 1 Euro Kurs = 1 Indexpunkt
[b] Indexformel: 1 Mio. Euro Marktkapitalisierung = 1 Indexpunkt
[c] Indexformel: 1 Mio. Euro Marktkapitalisierung + Dividendensumme = 1 Indexpunkt

Tab. 4.7 Index- und Aktienkursveränderungen in einem preisgewichteten Index, einem Kursindex und in einem Performanceindex

Aktie	Aktienkurs in Euro	Indexgewicht im preisgewichtetem Index in % und absolut	Aktienstückzahl in Mio./Dividende in Euro	Marktkapitalisierung (Dividendensumme) in Mio. Euro	Indexgewicht Kursindex in % und absolut[b]	Indexgewicht Performanceindex in % und absolut[c]
A	3	3,1 (3)	35/0	105 (0)	41,3/105	40,4/105
B	28	29,2 (28)	3/1	84 (3)	33,1/84	33,5/87
C	65	67,7 (65)	1/3	65 (3)	25,6/65	26,1/68
preisgewichteter Index[a]	–	96	–	–	–	–
Veränderung in %	–	–4	–	–	–	–
Kursindex[b]	–	–	–	–	254	–
Veränderung in %	–	–	–	–	18,7	–
Performance-Index[c]	–	–	–	–	–	260
Veränderung in %	–	–	–	–	–	18,2

[a] Indexformel: 1 Euro Kurs = 1 Indexpunkt
[b] Indexformel: 1 Mio. Euro Marktkapitalisierung = 1 Indexpunkt
[c] Indexformel: 1 Mio. Euro Marktkapitalisierung + Dividendensumme = 1 Indexpunkt

Steigen in der Vergleichsperiode die Aktienkurse bei A von zwei auf drei Euro und bei B von 23 auf 28 Euro bei einem gleichzeitigem Kursrückgang bei C von 75 auf 65 Euro ergeben sich je nach Indextyp Veränderungsraten von −4,0 Prozent (preisgewichteter Index), 18,2 Prozent (echter Kursindex) und +18,7 Prozent (Performanceindex). Zwischen diesen Zahlen liegen Welten, die zu extrem unterschiedlichen Aussagen über die Markttendenz führen. Während der preisgewichtete Kursindex eine Börsenschwäche signalisiert, würden die Nutzer des Kurs- und Performanceindizes von einer Hausse sprechen.

Ein weiteres Beispiel verdeutlicht die Berechnung des Dow Jones in der Börsenpraxis:

Angenommen, der Kurs von Walmart liegt bei 300 US-Dollar und der Dow Jones bei 9.000 Punkten. Damit hat der Wert zum Startzeitpunkt ein Gewicht von drei Prozent. Macht der Kurs am nächsten Handelstag jetzt einen Sprung auf 400 US-Dollar und die 29 anderen Aktien im Dow Jones bleiben unverändert, so steigt der Index auf 9.100 Punkte, also um etwa 1,1 Prozent. Das Gewicht von Walmart steigt auf etwa 4,4 Prozent (400:9.100). Mit anderen Worten: Allein die Kurshöhe eines unbedeutenden Mitglieds beeinflusst bei einem preisgewichteten Index das Indexgewicht!

Der Nachteil dieser Methode ist klar. Denn eine zum Beispiel fünfprozentige Veränderung der Walmart-Aktie beeinflusst den Dow Jones zehnmal so stark wie eine fünfprozentige Veränderung im Wert der IBM-Aktie, die nur 30 US-Dollar und nicht 300 US-Dollar kostet. Es interessiert auch nicht, welche Indexkapitalisierung Walmart und IBM haben oder wie viele Aktien von beiden Titeln gehandelt wurden.

Würde der Dow Jones so wie der DAX als Performanceindex gerechnet werden, stünde er bei seinem historischen Hoch am 12.09.2012 bei 25.179,0 Punkten, also fast doppelt so hoch wie tatsächlich (12,622 Punkte) an diesem Handelstag. Würde der DAX nach der Dow-Jones-Methode gerechnet, hätten wir am 27.11.2012 nicht einen Stand von 7.335, sondern von 13.426 Punkten.

Im Resultat klaffen die die Marktkapitalisierungen eines Dow-Jones-Mitglieds und dessen Gewichtung im Index krass auseinander (Tab. 4.8). Giganten wie Microsoft und General Electric nehmen im Dow Jones nur die letzten Plätze ein. Während IBM am 26.09.2012 ein Gewichtsanteil von 11,7 Prozent (Aktienkurs 192,10 US-Dollar) hatte, kam der Indexletzte Bank of America nur auf 0,5 Prozent (Aktienkurs 8,34 US-Dollar).

Der Dow Jones weist noch eine nachteilige Besonderheit gegenüber anderen bekannten Indizes auf. Es bestehen keine festen Aufnahmekriterien. Die Mitglieder, die eine führende Rolle in ihrem Sektor erfüllen müssen, werden nur alle paar Jahre ausgewechselt. Die letzte Anpassung liegt vier Jahre zurück. Anders als im DAX stehen die Aufstiegs- und Abstiegskandidaten demnach keineswegs fest. So ist etwa das wertvollste Unternehmen der USA, Apple, nicht im Index gelistet, während einige Unternehmen, deren Börsenwert weit unterhalb der 30 größten in den USA liegt, im Dow Jones auftauchen, so etwa Alcoa.

Vielmehr orientiert sich die Zusammensetzung auch teilweise an der Historie, so dass mehrheitlich relativ alte, traditionsreiche Firmen, die sich über Jahrzehnte am Markt behaupten konnten, dabei sind. Zuletzt gab es Irritationen wegen der

Tab. 4.8 Marktkapitalisierung und Indexgewicht ausgewählter Dow Jones-Indexmitglieder (Börsenzeitung)

Unternehmen	Marktkapitalisierung in Mrd. USD (am 26.9.2012)	Platz	Gewicht im Dow Jones in % (am 26.9.2012)	Platz
Exxon	313	1.	5,2	5.
Wall Mart	182	2.	4,3	8.
Microsoft	179	3.	1,7	23.
General Electric	170	4.	1,3	26.
IBM	169	5.	11,7	1.
Chevron	159	6.	6,7	2.

Übernahmegerüchte des Wall-Street-Journal durch die Murdoch-Gruppe. Dieser Eigentümerwechsel hätte Auswirkungen auf den Dow Jones.

Es gibt noch drei weitere Kritikpunkte:

- Länderspezifisch ist der Dow Jones schon lange nicht mehr. Die US-Konzerne wie Microsoft, Intel, McDonald's & Co. sind globale Unternehmen, die oft einen Großteil ihres Geldes außerhalb Nordamerikas verdienen. Übrigens trifft dieser Einwand in abgeschwächter Form auch auf den DAX zu.
- Der zweite Kritikpunkt resultiert aus den Handelsusancen: Die Eröffnungspreise der zu Grunde liegenden Aktien eines Tages sind nicht alle für den ersten Indexwert verfügbar, da deren Handel zu verschiedenen Zeiten beginnt. Daher muss für den Indexeröffnungswert teilweise der Schlusskurs des Vortages herangezogen werden, was aussagekräftige Sprünge erschwert.
- Schließlich kann der Handel in den Indexwerten ausgesetzt werden. Bei einer außergewöhnlichen Volatilität des Dow-Jones-Indexes wurde von der US-amerikanischen Börsenaufsicht United States Securities and Exchange Commission (SEC) beschlossen, die New York Stock Exchange (NYSE) nach einem Rückgang des Indexes von über 350 Punkten für eine halbe Stunde und von mehr als 550 Punkten für eine Stunde zu schließen. Am 27.10.1997 wurde der Handel an der Börse nach einem Rückgang der Kurse um 554,26 Punkte zum ersten Mal in der Geschichte unterbrochen.

Anlagerelevanz des Dow Jones Analysten in ihren Studien und Bankberater beim Verkauf ihrer Produkte zeigen gern auf die Langzeitentwicklungen von bekannten Börsenindizes, wie dem Dow Jones. Zwar bildet dieser die US-Wirtschaft nach, aber nicht „tief" genug; er ist nach den vorherigen Definitionen nicht „repräsentativ". Der Nestor wird primär wegen seiner Popularität (schließlich läuft eine Dow Jones Aktie jeden Tag weltweit über Millionen von Tickern und Videotextseiten) als Basiswert für die weltweiten Indexanlagen genommen. Denn bei der Marktkapitalisierung der 5.000 gelisteten US-Aktiengesellschaften wird er eindeutig im Rang dem marktbreiten S&P 500 nachstehen.

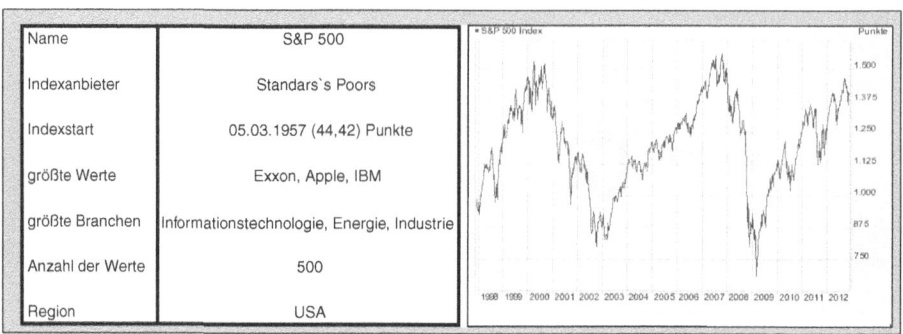

Name	S&P 500
Indexanbieter	Standars`s Poors
Indexstart	05.03.1957 (44,42) Punkte
größte Werte	Exxon, Apple, IBM
größte Branchen	Informationstechnologie, Energie, Industrie
Anzahl der Werte	500
Region	USA

Abb. 4.6 Grunddaten des S&P 500

4.3.2.2 S&P 500: Der Repräsentant der US-Wirtschaft

Kurzbeschreibung Der von der Ratingagentur Standard & Poor's entwickelte S&P 500 ist
der breiteste US-Index, da er 500 größte ansässige Unternehmen umfasst. Neben der bekannten Kurs- und Performanceversion, wird er auch als Short- oder Volatilitätsindex (Definitionen erfolgen in Kap. 8) entwickelt. Ähnlich wie der Dow Jones wurde auch der S&P 500 bis
ins Jahr 1800 zurückgerechnet, wo er damals mit 2,74 Punkten startete. Die jährliche Steigerungsrate liegt damit bei knapp 3,0 Prozent. Das ist fast ein Prozent weniger als beim Dow
Jones und lässt sich gut mit seiner Marktbreite erklären. Das beste (1862) und schlechteste
Börsenjahr (1931) dieses Indexes fallen in die diese „Rückrechnungszeit" (Abb. 4.6).

Im Unterschied zum Dow Jones können hierin Änderungen monatlich und häufiger
erfolgen. Die Wahl wird von einem unabhängigen achtköpfigen Expertengremium vorgenommen. Dennoch sind die Aufnahmekriterien sehr streng. 400 der 500 Titel müssen
der Industrie angehören, jeweils 40 zählen zu den Versorgern und Finanztiteln und die
restlichen 20 zum Verkehrssektor. Diese Vorgaben führen dazu, dass Industrietitel im
S&P 500 überrepräsentiert sind. Zudem wird ein Streubesitz von mindestens 50 Prozent
sowie vier Quartale nacheinander positive Ertragszahlen (?) als Voraussetzung verlangt.
Wegen seiner Breite deckt der Index 75 bis 80 Prozent des US-Aktienmarktes ab.

Der Indexanbieter S&P 500 liefert neben der umfangreichen Kurshistorie weitere
wertvolle Informationen für die Anlage und Analyse sowohl für die individuellen Indexgesellschaften als auch für Indexdurchschnitt. Zu nennen sind hier das Kurs-Gewinn-
Verhältnis (KGV) auf der Basis der ausgewiesenen Gewinne (Reported Earnings), die
Dividenden und Dividendenrenditen und die Handelsumsätze. Im Zeitraum von 1871
bis 1990 betrug der langfristige KGV-Durchschnitt 13,46 und von 1991 bis 2011 lag er
bei 26,42. Daraus wird ersichtlich, dass in den letzten 20 Jahren der breite US-Aktienmarkt doppelt so „teuer" war wie in den davor liegenden 120 Jahren.

Wegen der genannten Breite wird der S&P 500 dem Dow Jones bei der Abbildung
des US-Aktienmarktes eindeutig vorgezogen. Unabhängig von den vielen Unterschieden
entwickeln sich die beiden Indizes fast parallel. Weil der S&P 500 aufgrund seiner Masse
im Vergleich zum Dow Jones etwas „schwerfällig" wirkt, sollte er in seiner Entwicklung

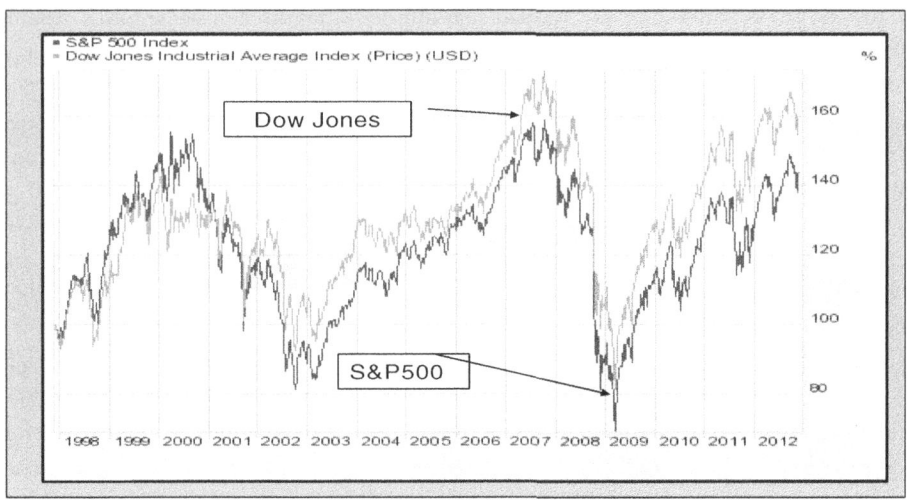

Abb. 4.7 Dow Jones versus S&P 500 in den Jahren 1997 bis 2012

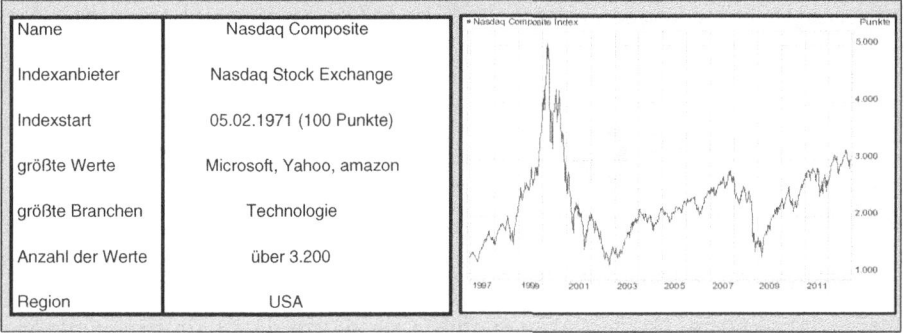

Abb. 4.8 Grunddaten des Nasdaq Composite

etwas hinterher hinken (Abb. 4.7). Dennoch ist dieser Vorsprung, wie grundsätzlich in der Indexwelt, keine Einbahnstraße: Im Mehrjahresvergleich gibt es Perioden, in denen wiederum der S&P 500 die „Nase vorn" hatte.

4.3.2.3 Nasdaq Composite: Der Technologieindex

Kurzbeschreibung Der Index ist so alt wie die Nasdaq Stock Exchange, die erste Computer-Börse der Welt. Der Name ist ein Akronym für National Association of Securities Dealers Automated Quotations. Weil damals vor 42 Jahren niemand den atemberaubenden Siegeszug der elektronischen Informationssysteme voraussehen konnte, fand die Nasdaq zunächst wenig Beachtung. Seit 1999 ist sie die größte amerikanische Börse, in der die mehr als die Hälfte der US-amerikanischen Aktiengesellschaften gelistet sind (Abb. 4.8).

2007 wurde bekannt, dass die Nasdaq sich mit der schwedischen Börse OMX zusammenschließen wird. Seit der Fusion, die am 27.02.2008 abgeschlossen war, heißt das Unternehmen NASDAQ OMX Group und weist eine Marktkapitalisierung ihrer Mitglieder von rund 7,1 Milliarden US-Dollar aus. Die Übernahme der London Stock Exchange (LSE) scheiterte dagegen im Jahre 2006 am Widerstand des Managements der Londoner Börse. Die Nasdaq besitzt Filialen in Kanada und Japan.

Die Umsatzdimension der Nasdaq verdeutlicht folgender Vergleich: Während die deutsche XETRA (Handelsplattform der Deutschen Börse) an Spitzentagen 400 bis 500 Millionen Aktien umsetzt, wurden an der Nasdaq am Rekordtag, den 26.06.2009 über 5,2 Milliarden Aktien gehandelt.

Der Index Nasdaq Composite ist ein All-Share-Konstrukt, das heißt, er umfasst alle 3.200 an der Nasdaq notierten Unternehmen. Er ist zudem ein Exklusivindex: Wer hier gelistet ist, darf nicht in einem anderen Index enthalten sein und an keiner anderen Börse der Welt notiert sein. Umgekehrt dürfen hier auch internationale Technologietitel (darunter auch wenige deutsche Titel) notiert sein.

In den Haussezeiten war die US-Notiz für die europäischen und deutschen Konzerne mit einem Prestigegewinn verbunden. Viele Aspiranten (so auch die Deutsche Bank und Daimler) stellten sogar ihre internationale Rechnungslegung von IFRS auf US-GAAP um, um den SEC-Anforderungen für eine Notierung zu genügen. Nach dem Platzen der Blasen in den Jahren 2000 und 2008 verwandelte sich der US-Bonus in einen US-Malus. Die gleichen Konzerne traten massiv den US-Exodus an. Ironischerweise hinderte sie jetzt die gleiche US-Börsenaufsicht (SEC) stark an der Einstellung des Listing (Delisting), wie vorher bei dessen Aufnahme. Kritiker vertreten die Auffassung, hinter diesem Verhalten stecken US-Wirtschaftlobbyisten. Denn US-gelistete Unternehmen ließen sich einfacher in den USA verklagen.

Der Nasdaq Composite wurde bis 1938 zurückgerechnet und wies für dieses Jahr einen Startwert von 6,09 Punkten aus. Das ergibt eine jährliche Steigerungsrate von 8,8 Prozent, die damit signifikant höher als die von S&P 500 (3,0 Prozent) und Dow Jones (3,9 Prozent) ist. Das liegt nicht nur allein daran, dass die 74 Rückrechnungsjahre „inflationsreicher" waren, sondern vielmehr an der höheren Risikoprämie, die die Investoren von Technologieaktien verlangen.

Eine etwas engere Auswahl der US- und internationalen Technologiewerte enthält der Nasdaq 500 und der Nasdaq100.

Nach einer alten Börsenweisheit gelten der Nasdaq Composite und der Dow Jones Utility Average (Versorger-Subindex von Dow Jones) mit seinen Versorgeraktien als gute Frühindikatoren für die bevorstehende Trendumkehr. Notieren beide auf einem 18-Wochen-Tief, ist meist weltweit mit fallenden Aktienkursen zu rechnen. Notieren sie beide auf einem 13-Wochen-Hoch, ist ein Aufwärtstrend zu erwarten. Empirisch ist diese Aussage nicht belegt.

4.3.2.4 Andere US-Aktienindizes

Die USA sind bekanntlich als das Mutterland des Marktkapitalismus führend und das nicht nur bei der Kreation neuer Finanzprodukte, Researchmethoden, Ratingkonzepte und Börsenregeln, sondern ebenso bei den Novitäten im Bereich der Kapitalmarktindizes, hier insbesondere der Aktienindizes. Vor diesem Hintergrund soll der Leser zusätzlich auf zwei weniger bekannte Indizes aufmerksam gemacht werden, die nicht der Dow-Jones- oder der S&P-Familie angehören.

Wilshire 5000   Der Wilshire 5000 (offiziell Wilshire 5000 Total Market Index) ist ein 1974 entworfener Aktienindex, in dem alle börsennotierten Unternehmen mit Hauptsitz in den USA gelistet sind. Er wird ganz ähnlich wie der Dow Jones konstruiert. Zudem besteht ebenfalls eine Lizenzvereinbarung mit der Dow Jones Index Company. Am 09.10.2007 markierte der Dow Jones Wilshire 5000 mit einem Schlussstand von 15.806,69 Punkten ein Allzeithoch.

Russel 3000   In dem Index, der 1984 entwickelt und bis 1978 zurückgerechnet wurde, sind die 3.000 Unternehmen mit der höchsten Marktkapitalisierung in den USA gelistet. Der Russell 3000 steht in Konkurrenz zum Wilshire 5000-Index des Verlagshauses Dow Jones. Auch er ist ein preisgewichteter Kursindex.

4.3.3   Japan

4.3.3.1   Nikkei 225: Asiens Nr.1

Kurzbeschreibung   Der Nikkei 225 ist sowohl Japans als auch Asiens bekanntester Aktienindex und wird seit 1971 (täglich von der Wirtschaftszeitung Nihon Keizai Shimbun berechnet und während seiner Handelszeit minütlich angezeigt. Der Index wurde bis 1914 (damaliger Startwert 21,12 Punkte) zurückgerechnet, was eine jährliche Steigerungsrate von 6,2 Prozent impliziert (Stand: Dezember 2012). Bis 1989, als das Barometer mit 38.957 sein Allzeithoch notierte, waren es noch gewaltige 10,7 Prozent – ein absoluter Rekord unter den Börsen der großen Industrienationen. Zur Erinnerung: Der S&P 500 brachte es in einem vergleichbaren Langfristvergleich lediglich auf 3,0 Prozent (Abb. 4.9).

Der krasse Rückgang der Wachstumsdynamik japanischer Börsen spiegelt den Niedergang der vormaligen Wirtschaftmacht wider, die nunmehr von China überholt wurde. Wie bei den meisten OECD-Ländern spielt hierbei der Demografiefaktor (schrumpfende und alternde Bevölkerung) eine entscheidende Rolle.

Der Kursindex Nikkei 225 berechnet sich aus 225 Aktien, die alle im ersten Handelsabschnitt der Tokioter Börse gehandelt werden müssen. Er wird nach der Dow-Jones-Methode ohne Dividenden, Bezugsrechte und Sonderzahlungen berechnet, was bedeutet, dass er ein preisgewichteter Kursindex ist. Die Nominierung erfolgt mit dem in Japan üblichen Nennwert von 50 Yen. Aktien mit anderen Nennwerten und gesplittete Aktien werden entsprechend umgerechnet.

Der Nikkei 225 wird aus der Addition der Kurswerte ermittelt und mit einem Divisor korrigiert. Diese Berechnungsmethode führt (wie beim Dow Jones) zu einer Überbetonung von Aktien mit einem zahlenmäßig hohen Kurswert. Korrekturfaktoren sollen zwar die größten Verzerrungen glätten. Trotzdem besitzen Unternehmen aus den Bereichen

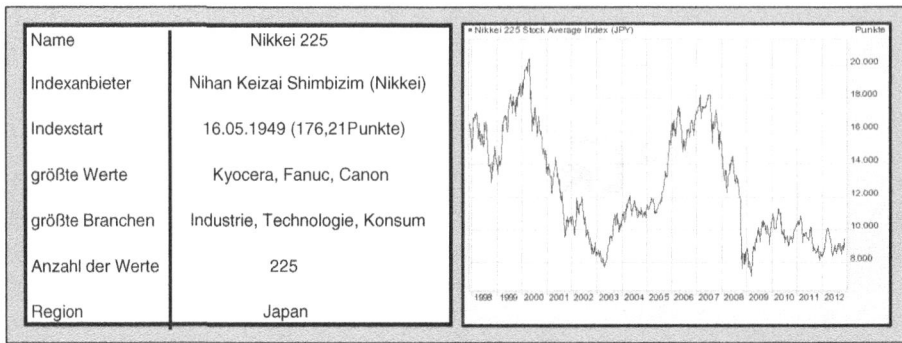

Name	Nikkei 225
Indexanbieter	Nihan Keizai Shimbizim (Nikkei)
Indexstart	16.05.1949 (176,21 Punkte)
größte Werte	Kyocera, Fanuc, Canon
größte Branchen	Industrie, Technologie, Konsum
Anzahl der Werte	225
Region	Japan

Abb. 4.9 Grunddaten des Nikkei 225

Informationstechnik und Telekommunikation, die das moderne Japan repräsentieren, wegen der niedrigen Kurse nur eine geringe Gewichtung. Zu den Schwergewichten gehören dagegen (eben aufgrund eines optisch hohen Kurses) zahlreiche Industrieunternehmen. Anders als in den Leitindizes anderer großer Industrienationen dominieren im Nikkei 225 somit die Industriekonzerne. Elektronik-, Transport, Technologie- und Konsumaktien machen 80 Prozent des Indexes aus.

Die Zusammensetzung des Indexes wird jährlich von Akademikern und Börsenfachleuten überprüft, um den Wandel der Marktumgebung zu reflektieren. Bis zu sechs der 225 Titel können im Handelsjahr ausgetauscht werden, wenn die Unternehmen gewisse Anforderungen nicht mehr erfüllen. Dazu zählen „weiche Faktoren". Ausgetauscht werden Unternehmen, die korrupt geworden, von anderen Unternehmen übernommen oder in den zweiten Handelsabschnitt der Tokioter Börse gewechselt sind.

Die in Tokio gehandelten Papiere werden in 36 Sektoren eingeteilt, aus denen eine hinreichend große Anzahl im Nikkei-Index vertreten sein soll. Als Nikkei wird die gesamte Indexfamilie an der Tokioter Börse bezeichnet. Der Nikkei 225 ist der bekannteste davon.

In den Jahren der Stagnation der Kapitalmärkte nach dem Ende der Bubble-Economy 1990 war der umfangreichere Japan-Index TOPIX aussagekräftiger. Denn der damalige Nikkei-Index bestand vornehmlich aus Unternehmen, deren Aktien von anderen Holdings zu strategischen Beteiligungszwecken statt zu Anlagezwecken gehortet wurden und praktisch nicht am Markt verfügbar waren. Somit erfüllte er nicht das Kriterium der Liquidität.

Für Investoren hat der Nikkei 225 einen vergleichbaren Stellenwert wie der Dow Jones. Zwar weist der Index zahlreiche Mängel und Schwächen auf, nichtsdestotrotz wird er in den Finanzprodukten, die den japanischen Aktienmarkt abbilden, am häufigsten verwendet.

4.3.3.2 TOPIX: Das eigentliche japanische Börsenbarometer

Kurzbeschreibung Der TOPIX spielt erst seit dem Aktiencrash 1989/1990 eine wichtigere Rolle als der Nikkei 225. Wer auf Japans Aktienmarkt ins Detail gehen will, wählt den TOPIX, wer einen allgemeinen Überblick braucht, wählt den Nikkei 225. Heute ist

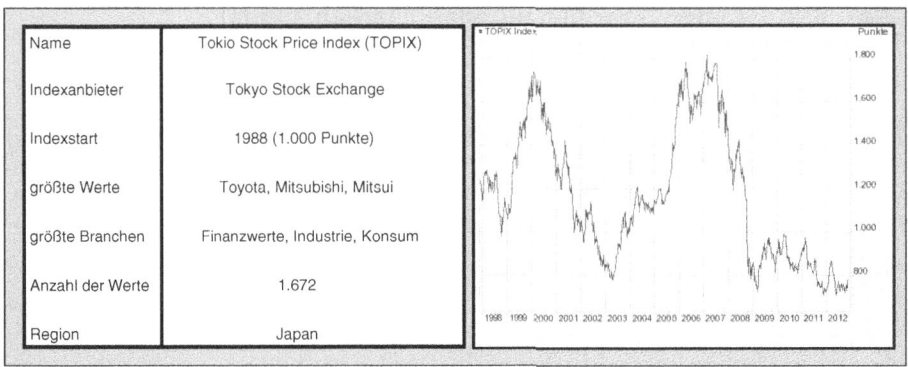

Name	Tokio Stock Price Index (TOPIX)
Indexanbieter	Tokyo Stock Exchange
Indexstart	1988 (1.000 Punkte)
größte Werte	Toyota, Mitsubishi, Mitsui
größte Branchen	Finanzwerte, Industrie, Konsum
Anzahl der Werte	1.672
Region	Japan

Abb. 4.10 Grunddaten des Tokio Stock Price Index (TOPIX)

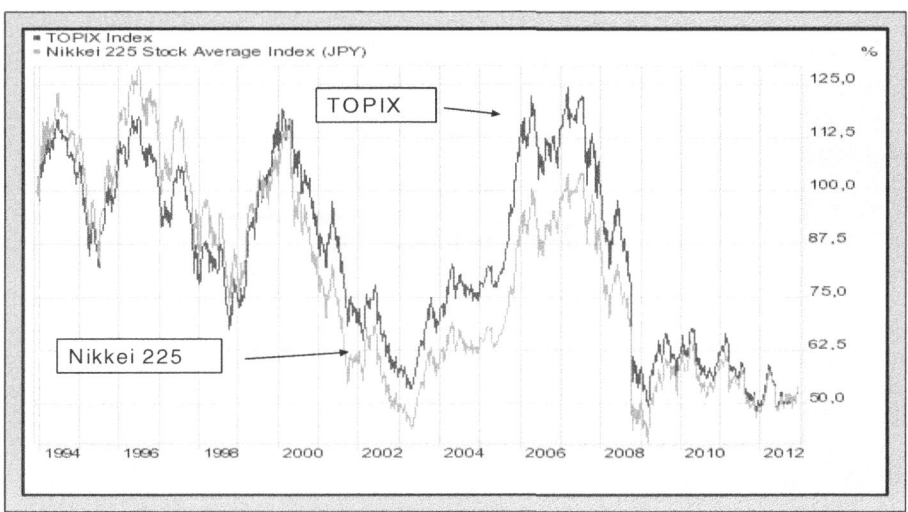

Abb. 4.11 Kursentwicklung Nikkei 225 versus TOPIX

der TOPIX aufgrund seiner Größe und Berechnungsmethode zwar der aussagekräftigere
Index, dennoch konnte er sich gegenüber dem Nikkei 225 als meist wahrgenommener
Index nicht durchsetzen (Abb. 4.10).

Der TOPIX ist ein echter Kursindex, der rund 1.700 Werte enthält. Er wird zweimal
im Jahr überprüft. Die Gewichtung richtet sich nach der Marktkapitalisierung und dem
Streubesitz. Im Unterschied zum medienlastigen Nikkei 225 dominieren in TOPIX neben
den Auto- auch Japans größte Finanzwerte (Abb. 4.11).

Im Fall Japans fällt auf, dass das bekannte Börsenbarometer (Nikkei 225) sich nach
einer Crash-Situation langsamer erholte als der breite TOPIX. In den meisten Industriestaaten war die Situation umgekehrt.

4.3.4   BRIC-Staaten (Brasilien, Russland, Indien, China)

4.3.4.1 Brasilien
Bovespa: Nr. 1 in Lateinamerika
Kurzbeschreibung Der brasilianische Leitindex Bovespa (Abkürzung: Bolsa de valores de
Sao Paulo) repräsentiert mindestens 80 Prozent der Börsenumsätze und 70 Prozent der
Marktkapitalisierung der in Sao Paulo gehandelten etwa 400 Werte des größten latein-
amerikanischen Landes. Die Anzahl der Titel im Index, die klassische Aufnahmekrite-
rien (Marktkapitalisierung, Liquidität) erfüllen müssen, schwankt beständig und bewegt
sich zwischen 50 und 70 Unternehmen (per 31.03.2012: 57 Unternehmen). Der Bovespa-
Index ist ein Performanceindex, das heißt, Dividenden und andere Ausschüttungen
(Zuteilung junger Aktien, Bezugsrechte) werden so behandelt, als ob sie wieder in Indexaktien angelegt werden (Abb. 4.12).

Aufgrund der trotz Finanzkrise immer noch beachtlichen Wachstumsstärke Brasiliens
ist der Bovespa sehr rohstofflastig. Sektoren der Old Economy, wie Stahl (Titel: Usimi-
nas 4,1 Prozent Indexanteil, Gerdau S.A. 3,8 Prozent), Energie- und Rohstoffe (Petrobras
15,7 Prozent), Bergbau (Vale 14,9 Prozent) und Versorger geben hier „den Ton" an.

Exkurs: Bovespa und Inflation
Bei Aktienindizes von Ländern, die in nicht konvertiblen Währungen notiert werden, hat der
Anleger darauf zu achten, ob der Index in der lokalen oder in einer der „harten" Weltwährungen
(US-Dollar, Euro, britisches Pfund, Yen oder Schweizer Franken) berechnet wird. Die nachfolgen-
den Ausführungen zum brasilianischen Real gelten grundsätzlich für alle „Weichwährungsländer".

Wegen der extrem hohen Inflationsraten (Rekordjahr 1990. 6.832 Prozent) musste der Punk-
wert des Bovespa während seiner 40-jährigen Geschichte elf Mal herabgesetzt (denominiert) werden. Anderenfalls würde der absolute Indexwert heute im Vergleich zu 1968 etwa 200 Mal und im
Vergleich zu 1991 etwa 60 Mal höher ausfallen. Um die Hyperinflation zu bereinigen, wird der
Index zudem neben der Real-Notierung parallel in US-Dollar angegeben.

Wer die jährliche Steigerungsrate am brasilianischen Aktienmarkt seit 1991 in realen Werten
errechnen will, muss folgendermaßen vorgehen:

- Bovespa-Wert am 30.11.2012: 57.456 Punkte
- dividiert durch Faktor 60 = 957,6 Punkte (Denominierung)
- Startwert 1991 = 1,02 Punkte
- Steigerung seit 1991 bis 2011 etwa 41 Prozent p. a. bzw. 17 Prozent seit 1998, dem Schlussjahr
  der erfolgreichen Wirtschaftreform.

In US-Dollar ist die Rechnung einfacher. Hier erweist sich eine Rückrechnung bis 1968 als sinnvoll. Bei einem Startwert von 5.134 Punkten im Jahr 1998 errechnen sich per Ende 2011 Steigerungsraten von knapp 13,2 Prozent pro Jahr. Mit diesen Zahlen wird der Status Brasiliens als
aufstrebender Emerging Market eindrucksvoll belegt.

Den in US-Dollar kalkulierenden ausländischen Bovespa-Investor interessiert die brasilianische Inflationsrate und der Real-Kurs nicht. Mit seiner US-Dollar-Rendite von 13,2 Prozent pro
Jahr hätte er eine im Vergleich zum heimischen US-Aktienmarkt ein wesentlich besseres Anlageergebnis erzielt. Wenn er stattdessen auf die Real-Variante gesetzt hätte, wäre seine Rendite niedriger. Er hätte seit 1998 zwar nominal 17 Prozent pro Jahr erzielt. Gleichzeitig hat sich aber der

Name	Bovespa
Indexanbieter	Bolsa de Valores, Sao Paulo
Indexstart	02.01.1968 (100 Punkte)
größte Werte	Petrobras, Vale, Itau Unibanco
größte Branchen	ÖL und Gas, Bergbau, Rohstoffe, Finanzen
Anzahl der Werte	57
Region	Brasilien

Abb. 4.12 Grunddaten des Bovespa

Real-Wechselkurs und damit seine Rendite auf 8,5 Prozent halbiert. Bei allen Anlagen in Fremd-
währung (aus der Sicht des EU-Anlegers auch in US-Dollar und Yen) ist der Wechselkurs zu
berücksichtigen.

4.3.4.2 Russland

RTS: Der russische Index unter den russischen Aktienindizes

Kurzbeschreibung Der RTS-Index (Russian Trading System Index) ist ein russischer
Aktienindex, der die 50 größten Unternehmen an der Börse Moskau RTS umfasst. RTS
ist die Handelsplattform mit dem zweithöchsten Umsatzvolumen in Russland (Abb.
4.13). Während hier die Quotierungen in Rubel und US-Dollar erfolgen und die Anzahl
der gelisteten Unternehmen höher ist, verfügt die Moskauer Interbanken-Devisenbörse
MICEX (Moscow Interbank Currency Exchange), an der die Aktien in Rubel notiert
sind, über höhere Tageshandelsvolumina. Im Unterschied zu den anderen BRIC-Ländern sind Klein- und Privatanleger in Aktien in Russland quasi unbekannt.

Der RTS-Index gilt international als die Benchmark für den russischen Wertpapierhandel, obwohl es viele alternative russische Aktienindizes (RTX, RDX, RDXExtended)
gibt (vgl. Exkurs), die ebenfalls als „repräsentativ" angesehen werden könnten. Technisch gesehen ist er ein Kursindex, der nach der Marktkapitalisierung auf Streubesitz-
Basis gewichtet wird. Um Klumpenbildung einzelner Unternehmen zu vermeiden,
wurde eine Obergrenze von 15 Prozent der Indexgewichtung je Unternehmen eingeführt. Da gerade der Energiebereich in Russland großes Wachstum erfahren hat, sind
dennoch über 50 Prozent des Indexes durch Energiegesellschaften belegt.

Allen voran haben die Unternehmen Gazprom und Lukoil Anteile von jeweils 15 Prozent (26.09.2012). Mit Abstand folgen die Finanzbranche (Sberbank) und die Metallin-
dustrie (MNC Norilsk Nickel). Der kleinste Wert im Index, die V.Bank, hat gerade ein
Gewicht von 0,15 Prozent. Die Konzentration ist damit extrem.

Im Zeitraum von 1995 bis 2012 konnte der RTS-Index im Jahresdurchschnitt auf Rubel-
Basis gut 17 Prozent zulegen und ab der Währungskrise im Jahr 1998 um zehn Prozent.
Weil jedoch der Rubelkurs seit 1998 infolge von mehreren Abwertungen gegenüber dem

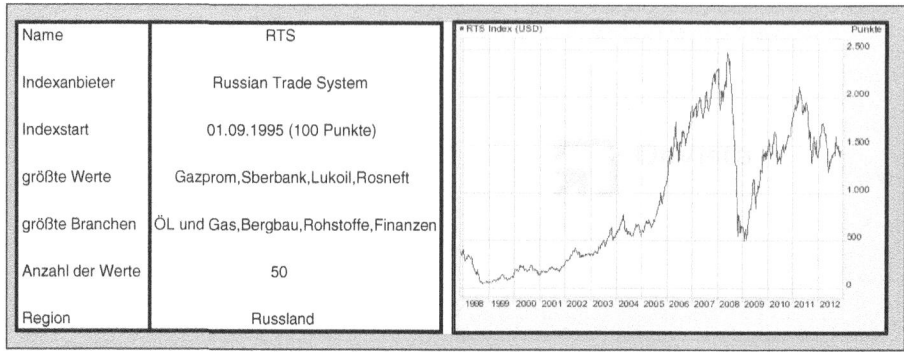

Name	RTS
Indexanbieter	Russian Trade System
Indexstart	01.09.1995 (100 Punkte)
größte Werte	Gazprom,Sberbank,Lukoil,Rosneft
größte Branchen	ÖL und Gas,Bergbau,Rohstoffe,Finanzen
Anzahl der Werte	50
Region	Russland

Abb. 4.13 Grunddaten des RTS

Euro gleichzeitig um etwa 3,5 Prozent jährlich nachgab, wäre die Nettorendite für einen in Euro kalkulierenden Investor mit 6,5 Prozent nicht mehr so spektakulär.

Exkurs: Russische Aktienindizes

Am Beispiel Russlands kann veranschaulicht werden, wie mehrere Indizes von verschiedenen Indexanbietern als „repräsentativ" gelten können. Häufig hat das betreffende Land keinen Einfluss darauf, dass die im Ausland konstruierten Indizes höhere Beachtung finden als die einheimischen Konstrukte. Grund dafür sind oft die höheren Aktienumsätze an ausländischen Handelsplätzen.

1. Der von der Wiener Börse entwickelte Russian Traded Index RTX umfasst Gesellschaften, die ihren Sitz in Russland haben und dort in Moskau an der RTS notiert sind. Der Kursindex wird in der Euro-, US-Dollar- und Rubel-Variante veröffentlicht und besitzt eine Kappungsgrenze von 20 Prozent je Aktie. Eine Überprüfung des RTX findet halbjährlich statt. Die Anzahl der Titel ist offiziell nicht limitiert. Die Konzentration auf wenige Schwergewichte ist dennoch massiv. Bei nur 13 Werten machen die fünf Schwergewichte etwa 80 Prozent der Börsenkapitalisierung des russischen Aktienmarktes aus. Die größten Indexgewichte sind Lukoil und Sberbank, die mit 20 Prozent Gewichtanteil an der Kappungsgrenze liegen. Neben der Hauptvariante gibt es den RTXMid, der die zehn mittelgroßen russischen Aktiengesellschaften enthält. Seine Marktkapitalisierung ist etwa zehn Mal kleiner als die des Hauptindexes. Der größte Wert Mobile Telesystems liegt mit 25 Prozent Gewichtsanteil an der Kappungsgrenze in diesem Segment.
2. Der zweite von der Wiener Börse entwickelte russische Aktienindex Russian Depository Index RDX ist dagegen ein Performanceindex (Total Return Index) und besteht aus Hinterlegungsscheinen ADR (American Depositary Receipt), die an der Londoner Börse LSE gehandelt werden. Er wird in Euro und US-Dollar notiert und besitzt ebenfalls eine Kappungsgrenze bei 25 Prozent je Aktie. Seine Zusammensetzung wird vierteljährlich überprüft, was bei der geringen Werteauswahl wenig sinnvoll erscheint. Die Marktkapitalisierung ähnelt der des RTX und liegt je nach Börsenphase (Stand: Dezember 2012) zwischen 130 und 140 Milliarden Euro.
3. Schließlich wird von der Wiener Börse der RTX veröffentlicht, der eine von 15 auf 18 Werte erweiterte Version des klassischen RTX darstellt. Trotz einer größeren Anzahl der Werte liegt die Börsenkapitalisierung wegen einer anderen Gewichtungsformel (nur Streubesitz) bei knapp 100 Milliarden Euro. Die Staatskonzerne Lukoil und Gazprom verlieren hierdurch mit einem Gewichtsanteil von etwa 10 Prozent die Vorreiterrolle gegenüber Rosneft (13 Prozent).

4. Auch die Deutsche Börse AG Frankfurt hat einen russischen Aktienindex entwickelt, den DAXglobal Russia Index, den es in 23 (!) Varianten in Euro und britischen Pfund gibt. Der Performanceindex in Euro umfasst die 26 in XETRA und an der Börse Frankfurt notierten russischen Aktien. Der Index ist wenig populär, nur bei der Hälfte der Indexgesellschaften findet in Deutschland ein effektiver Handel statt. Demzufolge ist die Zahl der Indexprodukte (Derivate, Hebelprodukte, ETFs, Fonds) ebenfalls symbolisch und der Handel darin noch umsatzärmer als in den Indexaktien. Dieser Zustand wirft notgedrungen folgende Frage auf: Warum macht sich ein angesehener Börsenanbieter diesen Aufwand und produziert eine Vielzahl solcher „toten" Indizes? Folgende Antwort dürfte überzeugen: Die Konstruktion von Indizes und ihre Pflege sind in der heutigen computerisierten Welt für einen professionellen Anbieter keine kostspieligen Angelegenheiten mehr. Je mehr Indizes einer Familie entworfen werden desto höher die Wahrscheinlichkeit, dass eine Variante auf besonderes Nutzerinteresse stößt. So wie in einem Verlag mit Bestseller gutes Geld verdient werden kann, kann ein Indexrenner durch Lizenzen zum Verkaufsschlager werden. Welche Variante allerdings zum Publikumsliebling wird, lässt sich im Voraus nicht bestimmen. Mengenanbieter liegen hier auf der sicheren Seite.

Ganz analog verfahren die Emittenten mit Derivaten. Trotz der Marktpflege durch den sogenannten Market Maker finden nur zehn Prozent aller Erstemissionen vernünftigen Absatz. Der Rest sind mehr oder weniger umsatzlose Finanzprodukte.

4.3.4.3 China

Hang Seng: Tradition hat Vorrang

Kurzbeschreibung Für die Volksrepublik China sind eigentlich die unten dargestellten Aktienindizes CSI 300 (Shanghai Composite Index) und SSE (Shanghai Stock Exchange Composite) repräsentativer. Wenn wir vom Börsenboom im Reich der Mitte lesen, wird immer Bezug auf diese beiden Barometer genommen. Da es aber für Ausländer, die in chinesische Aktien investieren wollen, noch einige Restriktionen gibt, kann ein deutscher Anleger ersatzweise auf den bekannten Hang Seng-Index (HSI) zurückgreifen, der bereits 1969 ins Leben gerufen wurde und bis 1964 (Startkurs 100 Punkte) zurückgerechnet wird. Der Kursindex wird in Hongkong Dollar notiert, der seit 1983 mit einem festen Wechselkurs an den US-Dollar gekoppelt ist. Der Hongkong Dollar ist neben dem Rimimbi die Zweitwährung in der VR China und wird außer in den Sonderwirtschaftszonen Hongkong und Macao auch in der angrenzenden Provinz Quangdong als Zahlungsmittel akzeptiert (Abb. 4.14).

Der Hang Seng deckt 45 Hongkonger Unternehmen ab, die etwa 70 Prozent der Marktkapitalisierung der dortigen Aktienbörse ausmachen. Der Traditionsindex gehört immer noch zur globalen „Aktienindexelite", obwohl die ehemalige britische Kronkolonie Hongkong 1997 an China zurückgegeben worden und mittlerweile wirtschaftlich voll mit dem Mutterland integriert ist. Wenn dieser Index zwar nicht die eigentliche chinesische Wirtschaft abbildet, so ist doch der Gleichlauf von CSI und HSI sehr auffällig. Dem ausländischen China-Investor „entgeht" wegen dieses Gleichlaufs nicht viel.

Der Indexanbieter, die HSI Services Limited, bringt neben den Hang Seng andere Indizes der gleichen Familie heraus, wie beispielsweise den Hang Seng China AH Index, den Hang Seng China Enterprises Index, den Hang Seng China H-Financials Index, den Hang Seng Composite Index, den Hang Seng Freefloat Index, den Hang Seng HK Mid-Cap Index und den Hang Seng Total Return Index.

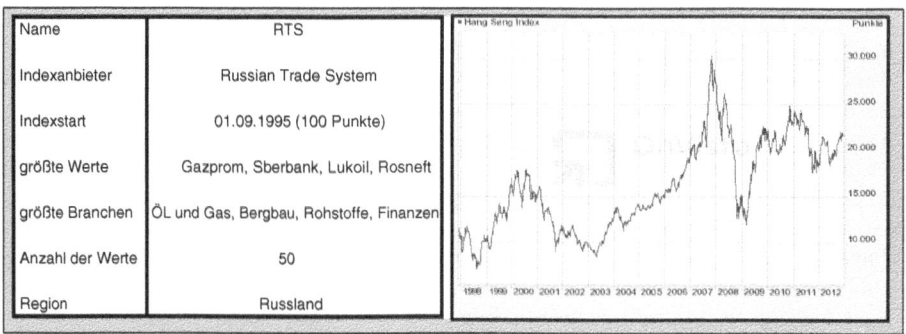

Name	RTS
Indexanbieter	Russian Trade System
Indexstart	01.09.1995 (100 Punkte)
größte Werte	Gazprom, Sberbank, Lukoil, Rosneft
größte Branchen	ÖL und Gas, Bergbau, Rohstoffe, Finanzen
Anzahl der Werte	50
Region	Russland

Abb. 4.14 Grunddaten des Hang Seng

CSI 300 Der „rotchinesische" CSI 300 ist ein mit dem Streubesitz kapitalgewichteter Aktienindex. Er beinhaltet die 300 größten festlandchinesischen Aktien, also Unternehmen, die in Shanghai oder Shenzhen gelistet sind (sogenannte A-Shares). Er besitzt zehn Subindizes und wird seit August 2008 von der China Securities Index Company Ltd. mit einem Startwert von 1.000 Indexpunkten berechnet und bis zum 31.12.2004 zurückgerechnet. Die größten Branchen sind Finanzen (37 Prozent), Industrie (16 Prozent) und Rohstoffe (14 Prozent). Die größten Einzelunternehmen sind der Versicherungskonzern Ping An Insurance, die Großbanken CITIC Group und China Merchants Bank.

Für die Indexaufnahme müssen laut offiziellem Regelement gewisse Anforderungen erfüllt sein:

- Listing von mindestens drei Monaten an den Börsen Shanghai oder Shenzhen und ein tägliches Handelsvolumen, das nicht unter den TOP 300 aller A-Shares liegt
- keine auffällige Volatilität des Kursverlaufs oder ein anderer Verdacht auf Kursmanipulation
- Zugehörigkeit zu den TOP 300 A-Shares nach Marktkapitalisierung
- Zugehörigkeit zu den liquidesten 50 Prozent aller A-Shares

Eine indirekte Investition in den CSI 300 ist über den WISE CSI 300 China Tracker ETF, der als Instrument für die Investition in die chinesischen A-Shares dient, auch für deutsche Privatinvestoren möglich.

SSE Composite Der SSE Composite Index ist ein Kursindex, in dem alle Aktiengesellschaften der Shanghai Stock Exchange (ohne die Börse in Shenzen, wie beim breiteren CSI 300) gelistet sind. Der Indexstand wird nur um Erträge aus Bezugsrechten und Sonderzahlungen bereinigt, ist also eine Zwischenvariante zwischen einem Kurs- und einem Performanceindex. Die Gewichtung erfolgt nach der Marktkapitalisierung der gelisteten Unternehmen. Kapitalmaßnahmen wie Aktiensplits haben keinen verzerrenden Einfluss auf den Index.

Im SSE Composite Index sind A- und B-Aktien gelistet. Eine A-Aktie bezieht sich auf die Aktie eines Unternehmens, die in Rimimbi, der Währung der Volksrepublik China, gehandelt wird. Ursprünglich konnten diese Aktien nur von chinesischen Staatsbürgern erworben werden. Seit 2002 sind sie auch für institutionelle ausländische Investoren zugänglich. Eine B-Aktie bezieht sich auf die Aktie eines Unternehmens, die in ausländischer Währung gehandelt wird. Der Nennwert von B-Aktien ist in Rimimbi festgesetzt.

In Shanghai werden die B-Aktien dagegen in US-Dollar gehandelt. B-Aktien sind im Gegensatz zu A-Aktien nur für ausländische Investoren verfügbar, sowic seit 2001 für chinesische Staatsbürger mit Auslandskonten, was vor allem Auslandschinesen betrifft. Eine Gesellschaft kann sowohl A- als auch B-Aktien ausgeben. Da jedoch Arbitragegeschäfte zwischen den Aktienarten nicht erlaubt sind, kann sich der Wert der beiden Aktien zum Teil deutlich unterscheiden.

Neben den A- und B-Aktien gibt es noch die H-Aktien, die für einen Ausländer bei einem Engagement in chinesische Unternehmen am besten geeignet sind. Dabei steht das „H" für Hongkong. Diese Unternehmen haben zwar ihren Sitz in China, aber die insgesamt rund 200 Aktien dürfen von Festland-Chinesen nicht gekauft werden. Durch das Listing in Hongkong werden diese Aktien in Hongkong-Dollar notiert.

4.3.4.4 Indien

Sensex 30: Global wenig beachtet

Kurzbeschreibung Der BSE Sensex (Bombay Stock Exchange Sensitivity Index; einfach Sensex 30) ist der an der Bombay Stock Exchange (BSE) bekannteste Aktienindex in Indien. Indien hat mit seinen 23 Regionalbörsen unter den Emerging Markets einen hoch entwickelten Aktienmarkt. Der Index hat 30 Mitglieder, repräsentiert allerdings nur 40 Prozent der Marktkapitalisierung der in Rupien gehandelten 3.500 Aktiengesellschaften. Zu den Indexschwergewichten gehören mehrere Dienstleistungsunternehmen (Telekommunikation, Immobilien, Banken, Informationstechnik), was den Ruf des Landes als „das Büro der Welt" widerspiegelt. Technisch gesehen ist der Index ein Kursindex, der nach der Marktkapitalisierung auf Streubesitz-Basis gewichtet wird (Abb. 4.15).

Breiter als der Sensex ist der S&P CNX Nifty, welcher 50 Werte umfasst, jedoch nicht so bekannt ist wie Sensex. Er umfasst immerhin 63 Prozent der Marktkapitalisierung aller indischen Aktiengesellschaften. Das auffällig unterentwickelte „Indexwesen" in einem Land mit aus der englischen Kolonialzeit herrührenden großen Aktientradition verwundert etwas und mag der Grund dafür sein, dass Indien unter den BRIC-Ländern derzeit das geringste Interesse als „Anlegerland" hervorruft. Ein zweiter Grund ist die Dauerschwäche der indischen Rupie, die für Direktinvestments eine Minirendite zur Folge hätte.

Exkurs: Mehr Anlagerendite mit BRIC-Aktienindizes

Wie kann der Anleger an den Wirtschaften der BRIC-Länder mitverdienen?

Der Begriff BRIC steht für die Anfangsbuchstaben von Brasilien, Russland, Indien und China. Diese vier aufstrebenden Länder (Emerging Markets) dürften bald als Einheit zur dominierenden globalen Wirtschaftsmacht aufsteigen. In den vier Ländern leben zwar heute über 40 Prozent der Erdbevölkerung, ihr Anteil am globalen BIP (Bruttoinlandsprodukt) beträgt aber erst 20 Prozent. Andererseits zeichnen sich die BRIC-Länder durch ein extrem hohes Wachstum von (je nach Jahr) über acht Prozent aus. Laut Prognosen soll allein China im Jahr 2020 die USA, die heute noch 25 Prozent des globalen BIP vereinen, als führende Weltwirtschaftsmacht ablösen.

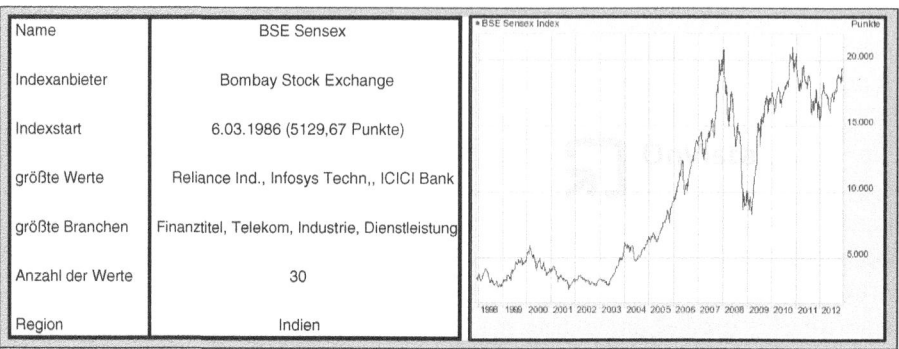

Name	BSE Sensex
Indexanbieter	Bombay Stock Exchange
Indexstart	6.03.1986 (5129,67 Punkte)
größte Werte	Reliance Ind., Infosys Techn,, ICICI Bank
größte Branchen	Finanztitel, Telekom, Industrie, Dienstleistung
Anzahl der Werte	30
Region	Indien

Abb. 4.15 Grunddaten des BSE Sensex

Weil Direktinvestitionen in Einzelunternehmen der Region oder in die einzelnen BRIC-Länder zu umständlich sind, bietet sich eine Indexanlage förmlich an. Von den zahlreichen BRIC-Indizes ist besonders der S&P bric 40 von Standard & Poor's, der die 40 größten und liquidesten Aktien aus diesen Staaten enthält, der interessanteste.

Die Deutsche Börse ist erwartungsgemäß mit im Spiel und beschreibt ihren für die BRIC-Region den DAXglobalBRIC entworfenen, Performanceindex, der in Euro notiert, wie folgt:

„Vier Emerging Markets auf einmal im Visier

- kombiniert Brasilien, Russland, Indien und China (BRIC), die interessantesten Schwellenländer in einem Index
- enthält die 40 größten Unternehmen dieser Länder (interessante Informationsquelle für Direktinvestments)
- macht durch die Zusammensetzung aus ADRs/GDRs für Brasilien, Russland und Indien sowie H-Shares und Redchips für China, die Abbildung dieses Indexes für Investoren einfach"

Seit 2011 ist das BRIC-Quartett mit Südafrika zur BRICS-Gruppe herangewachsen. Für die Anlagewelt bedeutet dieser Zuwachs eine Bereicherung. Denn das rohstoffreiche Land am Kap ist nicht nur das wirtschaftlich, sondern auch das kapitalmarktstärkste Land des schwarzen Kontinents mit einer hoch entwickelten Aktienkultur (Stichwort: Gold- und Minenaktien).

4.3.5   Eurozone und Europa

Einführung Wird Europa als Wirtschaftsraum gesehen, lassen sich die europäischen Indizes generell in drei Blöcke unterteilen: Eurozone (1), Eurozone + Großbritannien, Schweiz, Island, Norwegen (2), sowie Osteuropa (3). Für die Kategorien (1) und (2) haben die Indexgesellschaften Dow Jones und Stoxx verschiedene Indizes entwickelt, die in der breiten Fassung 600 und in der engeren Fassung (sogenannte Blue Chips) 50 Titel umfassen. Daher sind in Europa die vier wichtigsten Indizes der DJ Euro Stoxx, der DJ Euro Stoxx 50, der DJ Stoxx 50 und der DJ Stoxx 600 (Abb. 4.16). Zudem gibt es zahlreiche daraus abgeleitete Branchenindizes und Themenindizes.

Der Anleger hat buchstäblich die Qual der Wahl, wenn er bei seinen europäischen Aktieninvestments in die „Tiefe" gehen möchte, zumal er von der Indexkonstruktion

Index	enge Version (50 Titel)	breite Version (bis 600 Titel)
nur Eurozone	DJ Euro Stoxx50	DJ Euro Stoxx Large (bis 200)
Eurozone + Schweiz + Großbritannien	DJ Stoxx50	DJ Stoxx 600

Abb. 4.16 Gesamteuropäische Aktienindizes

und den ökonomischen Aussagen nicht viel Neues erfährt. Ein unbestrittener Vorteil für den wirtschaftlich interessierten Anleger besteht jedoch darin, dass er in den „50er Versionen" viele europäische informationsfreudige Großkonzerne erkennt, über dessen Wirtschaftslage und Geschäftsmodell er sich ein Bild machen kann. Das Studium von Indizes trägt damit in hohem Maße zur Erweiterung seines Börsenwissens bei.

Wegen seiner Bedeutung soll sich die Vorstellung der europäischen Indizes auf den DJ Euro Stoxx 50 beschränken. Die anderen „gesamteuropäischen" Indizes, wie der DJ Stoxx 600 sind wegen der Einbeziehung der klassischen „Aktienländer" Schweiz und Großbritannien und seiner enormen Breite zwar viel größer und detaillierter, aber nichtsdestotrotz keineswegs populärer. Sie werden in den Indexanlagen weniger beachtet. Dies ist kaum verwunderlich. Selbst ein Börsenprofi wird sich 600 Titel kaum merken können.

Zudem werden die führenden Aktienindizes der Schweiz SMI und Großbritanniens FTSE 100 im Rahmen der einzelnen Länderindizes der westeuropäischen Staaten getrennt behandelt. Viel Information geht dem Anleger also nicht verloren.

4.3.5.1 DJ Euro Stoxx 50: Index für die Eurozone

Kurzbeschreibung Der Euro Stoxx 50 ist der wichtigste Index für die Eurozone und enthält alle Länder, die den Euro eingeführt haben. Sein Start wird zwar offiziell auf den 26.02.1998 datiert (zehn Monate vor der Einführung des Euro als Buchwährung), seine Wurzel geht jedoch auf den 31.12.1991 zurück. Damals wurde er im Rahmen eines Joint Ventures als Gemeinschaftsprodukt von der Deutschen Börse zusammen mit der Gruppe Dow Jones und der Schweizer Börse SWX ins Leben gerufen. Darüber hinaus wird er bis 1986 zurückgerechnet (Abb. 4.17).

Weil nicht alle Euro-Länder (zum Beispiel das kleine Slowenien oder die baltischen Länder) entsprechend große Blue Chips vorweisen können, sind nur zehn von den 27 Euro-Ländern im Index vertreten. Den größten Anteil halten Frankreich und Deutschland. Von den größten deutschen Konzernen sind wiederum BASF, Siemens und Bayer Indexmitglieder. Branchenbezogen gesehen, sticht die infolge der Finanzkrise drastisch gesunkene Bedeutung der Finanztitel mit 20 Prozent Indexanteil nach gut 30 Prozent vor drei Jahren hervor. Heute sind alle wichtigen volkswirtschaftlichen Branchen im Index etwa gleichstark vertreten.

Was auch die Gründe dafür sein mögen, hat der DJ EuroStoxx 50 im Unterschied zum DAX seit der Dotcom-Krise in 1999 nicht annähernd an seine historischen

Name	DJ Stoxx 50
Indexanbieter	STOXX Limited
Indexstart	31.12.1991 (1.000 Punkte)
größte Werte	Total, Sanofi-Aventis, Siemens, BASF
größte Branchen	Chemie, Telekommunikation, Gesundheit
Anzahl der Werte	50
Region	Eurozone

Abb. 4.17 Grunddaten des DJ Euro Stoxx 50

Höchststände angedockt. Das Gefälle zu seinem historischen Höchststand von 5.500 Punkten beträgt gut 40 Prozent.

Die jährliche Neuwahl in den DJ Euro Stoxx 50 erfolgt aus einer Vorauswahl von 60 Kandidaten (die alle im Mammut-Index DJ Euro Stoxx 600 zu finden sind), welche die größte Indexkapitalisierung nach Streubesitz haben. Die Gewichtung der Titel wird einmal im Quartal überprüft.

Der Index wird als Kurs- und Performanceversion in Euro und in US-Dollar ermittelt. In der Öffentlichkeit findet die Kursversion auf Dollarbasis größere Beachtung, weil hier direkte Vergleiche zum Dow Jones gezogen werden können. Während der Kursindex alle 15 Sekunden ermittelt wird, wird der Performanceindex einmal am Ende des Tages neu berechnet.

Per Jahresultimo 2012 generierte der DJ EuroStoxx 50 eine Marktkapitalisierung von 1.940 Milliarden Euro, das ist etwa das 2,5-Fache des DAX.

4.3.5.2 Westeuropa (wichtigste Länder außer Deutschland) auf einen Blick

Jedes Land besitzt einen Leitindex, der jeweils auf eine mehr oder weniger lange Tradition zurückblicken kann. Der FTSE 100 für Großbritannien, der SMI für die Schweiz oder der CAC 40 für Frankreich sind Beispiele für diese Vielfalt. Wenn man die Indizes vergleicht, lassen sich Aussagen über die Marktentwicklung in den jeweiligen Ländern gewinnen. Man darf jedoch nicht außer Acht lassen, dass die Konstruktionen der Indizes voneinander abweichen können und sich deshalb nur ein gewisser Wertentwicklungstrend ablesen lässt.

Abbildung 4.18 hebt die wichtigsten Eigenschaften der einzelnen Leitindizes hervor. Die Inhalte stellen eine Momentaufnahme (Ende 2012) dar. Denn auch die Indexwelt Europas ist ständigen Methodenveränderungen unterworfen. Dennoch darf an dieser Stelle die These riskiert werden, dass die Traditionsnamen der Indizes unverändert bleiben werden, weil die Anleger sich an diese gewöhnt haben.

Land	Index	Kurzbeschreibung
Belgien	Allgemeiner Index	> berücksichtigt alle in Belgien gehandelten Aktien > Gewichtung erfolgt nach der Börsenkapitalisierung
Dänemark	Kopbenhavns Fondsbors Index (KFX)	> umfasst 20 Aktien > wird minütlich berechnet > Gewichtung nach Börsenumsatz und Börsenkapitalisierung
Finnland	Kansallis Osake Pankki + Helsinki Stock Exchange Index (KOP Hex)	> berücksichtigt alle an der finnischen Börse gehandelten Aktien > Gewichtung nach der Börsenkapitalisierung
Frankreich	Cotation-Assistée-en-Continue-40-Index (CAC 40)	> umfasst die 40 umsatzstärksten französischen Unternehmen
Großbritannien	Financial Times + London Stock Exchange Index (FTSE 100)	> umfasst die 100 größten Aktiengesellschaften Großbritanniens > wird minütlich berechnet > Gewichtung nach der Börsenkapitalisierung
Niederlande	Amsterdamer Stock Exchange Index (AEX)	> umfasst die 25 bedeutendsten holländischen Unternehmen > Gewichtung nach der Börsenkapitalisierung
Italien	Banca Commerciale Italiana Index (BCI)	> umfasst alle in Mailand börsennotierten Unternehmen > wird einmal täglich berechnet > Gewichtung nach der Börsenkapitalisierung
Schweiz	Swiss Market Index (SMI)	> umfasst die an der Börse Zürich, Basel und Genf gehandelten Aktien > Berechnung nach Börsenkapitalisierung
Spanien	Iberian Exchange (IBEX)	> umfasst die 35 bedeutendsten spanischen Unternehmen > Gewichtung nach der Börsenkapitalisierung und Free Float
Österreich	Austrian Traded Index (ATX)	> umfasst die 20 bedeutendsten österreichischen Unternehmen > Gewichtung nach der Börsenkapitalisierung und Free Float

Abb. 4.18 Wichtigste Aktienindizes der Eurozone (*Quelle* TM Börsenverlag)

4.3.6 Deutscher Aktienindex (DAX) und DAX-Familie

4.3.6.1 DAX: Nr. 1 in Deutschland

Zusammensetzung Die Aktien im DAX sind nach der Indexkapitalisierung (Aktienanzahl multipliziert mit Aktienkurs) und nach dem Anteil der frei handelbaren Aktien an der Gesamtaktienanzahl (Free Float oder Streubesitz) gewichtet. Der Kurs- und Performanceindex setzt sich aus 30 großen deutschen Standardwerten zusammen, die besondere Voraussetzungen, wie zum Beispiel hoher Börsenumsatz, hohe Börsenkapitalisierung und früh verfügbare Eröffnungskurse, aufweisen müssen. Außerdem spiegelt er durch die letzte Aufnahme von Heidelberger Zement im Jahr 2011 die Branchenstruktur der deutschen Volkswirtschaft weitgehend wider.

Das Barometer repräsentiert ca. 60 Prozent der gesamten Börsenkapitalisierung inländischer börsennotierter Unternehmen, über 75 Prozent der im Streubesitz befindlichen Marktkapitalisierung und über 80 Prozent der Börsenumsätze in deutschen Aktien. Damit erfüllt er das Kriterium der „Repräsentativität" in jeder Hinsicht. In Abb. 4.19 werden die an ihrem Börsenwert (Anzahl der Aktien x Tageskurs) gemessenen drei größten und drei kleinsten DAX-Werte per 24.12.2012 dargestellt.

Historie: Aus Hardy-Index und BZ-Index wurde am 31.12.1987 der DAX

Der DAX wurde am 23.06.1988 an der Frankfurter Wertpapierbörse im elektronischen XETRA-Handel eingeführt und zum Jahresende 1987 auf 1.000 Punkte gesetzt. Er wird seit dem 01.01.2006 jede Sekunde aktualisiert (vorher alle 15 Sekunden). Liegt in diesem Zeitintervall für einzelne Werte keine Kursveränderung vor, dann geht der zuletzt ermittelte Kurs in die Berechnung ein. Der Handel an einer der sieben deutschen Regionalbörsen könnte kurzfristig andere DAX-Werte ergeben. Längerfristig ist diese

Unternehmen	Marktkapitalisierung (Mrd. Euro)	Anteil am Dax in %
größte Titel		
SAP	74,1	9,6
Siemens	72,7	9,4
BASF	65,4	8,4
kleinste Titel		
Lanxess	5,6	0,7
Merck	6,5	0,8
Lufthansa	6,6	0,8

Abb. 4.19 Größte und kleinste DAX-Mitglieder nach der Marktkapitalisierung per 24.12.2012 (Börsenzeitung)

Abweichung jedoch in Zeiten der elektronischen Börsen und dem damit verbundenen Wegfall der Arbitragemöglichkeiten nicht denkbar.

Um dem Deutschen Aktienindex eine Vergangenheit zu geben, wurde er mit dem Index der Börsen-Zeitung, der seit 1981 vier Mal börsentäglich berechnet wurde, verknüpft, der wiederum aus dem seit 1959 berechneten Hardy-Index hervorging. Im Endeffekt ist das Börsenbarometer ein Gemeinschaftsprodukt der Arbeitsgemeinschaft der Deutschen Wertpapierbörsen, der Frankfurter Wertpapierbörse und der Börsen-Zeitung. Zunächst war der DAX nicht als Konkurrenz, sondern als Ergänzung zu den anderen etablierten deutschen Aktienindizes gedacht. Inzwischen hat er diese an Bekanntheit hinter sich gelassen und ist als Leitindex für den deutschen Aktienmarkt national und international etabliert.

Die Verknüpfung der oben genannten drei Indizes war nur möglich, weil ihr Aufbau und ihre Konzeption sehr ähnlich waren. Beim DAX wie auch beim Index der Börsen-Zeitung werden Kapitalveränderungen und Dividendenzahlungen berücksichtigt und sind somit Performanceindizes. Eine weitere Gemeinsamkeit findet man in der Zusammensetzung der Indizes, nämlich eine überschaubare Auswahl (30) der größten deutschen Standardwerte.

Die Zusammensetzung kann sich einmal im Jahr ändern Die Prozedur der Indexzusammensetzung wird detaillierter in Kap. 8 beschrieben. Vorab ist festzuhalten, dass der Vorgang sehr stark dem Auf- und Absteigen in der 1. Bundesliga ähnelt und zum Ziel hat, hier die größte und börsenwichtigste Aktiengesellschaft, dort den besten Verein zu ermitteln. Es gibt jedoch einen kleinen Unterschied: Im DAX muss es nicht unbedingt einen Absteiger geben, wenn die neuen Kandidaten die Aufnahmekriterien (Börsenkapitalisierung, Börsenumsätze) nicht erfüllen. Anders als in der 1. Bundesliga fällt der Jahresletzte also nicht automatisch raus.

Eine Steigerung von fünf Prozent bei Siemens hat eine deutlich stärkere Wirkung als bei Lanxess Da die Unternehmen nach der Marktkapitalisierung und Streubesitz im Index gewichtet sind und es hier starke Abweichungen gibt, führt eine Kurssteigerung von beispielsweise fünf Prozent bei einer hoch gewichteten Siemens oder SAP zu einem

Anstieg des DAX von knapp 0,5 Prozent. Bei den gleichen Rahmenbedingungen wird eine Fünf-Prozent-Steigerung bei Infineon oder Lanxess nur zu einem zehn Mal geringeren „Anspringen" des Börsenbarometers führen. Zum Vergleich betrug die Marktkapitalisierung von Siemens (Anzahl der Aktien multipliziert mit dem Kurs) Ende 2012 etwa 69,3 Milliarden Euro und der Anteil der frei handelbaren Aktien 94 Prozent. Bei Lanxess waren es im Gegenzug 5,4 Milliarden Euro und ein Free Float von 50 Prozent.

Fonds können ohne Restriktionen den DAX nachbilden Aufgrund der Tatsache, dass die Höchstgewichtung im DAX auf zehn Prozent gekappt wurde, ist es möglich, dass in Deutschland zum Vertrieb zugelassene Investmentfonds den DAX nachbilden. Diese Fonds dürfen nämlich diesen Höchstanteil des Fondsvermögens in einem Einzelwert anlegen. Zu Zeiten des New-Economy-Booms war dies nicht möglich. Indexstärkste Aktie mit einer Gewichtung von rund 14 Prozent (damals gab es die Kappung im Index auf zehn Prozent noch nicht) war zeitweise die Deutsche Telekom. Da Fonds nur zu maximal zehn Prozent investiert sein durften, war ein Fonds, der den DAX als Benchmark hatte, seinerzeit zwangsläufig schlechter, da er nicht in vollem Umfang von der damals sehr erfolgreichen Kurssteigerung der Telekom-Aktie profitieren konnte.

Von der Bedeutung des DAX für die Fondswirtschaft zeugen folgende Zahlen (Stand Mitte 2012):

- der größte ETF in Europa, gemessen am Fondsvolumen, basiert auf dem DAX. Zwei der fünf größten europäischen ETFs mit einem Gesamtvolumen von über 23 Milliarden Euro basieren ebenfalls auf dem DAX.
- Mit 20 Millionen Futures-Kontrakten und 33 Millionen Optionskontrakten im ersten Halbjahr 2011 gehört der DAX weltweit zu den Top-Zehn-Index-Futures und den meistgehandelten Indexoptionen an der Börse Eurex (Handelsplattform der Deutschen Börse und größte Börsenterminbörse der Welt)
- Bis September 2012 hatten über 28.500 strukturierte Produkte den DAX als Basiswert. Wie viele davon einen effektiven Handel aufwiesen, mag dahingestellt sein.

4.3.6.2 Weitere Indizes der Deutschen Börse in der Indexfamilie DAX Deutsche Indizes

1. MDAX als zweitbedeutendster Index Deutschlands
Ein weiterer deutscher Index ist seit Anfang 1996 der sogenannte Mid-Cap-Index (MDAX), in den die Wertentwicklungen von 50 mittelgroßen Unternehmen einfließen. Diese 50 Unternehmen folgen unmittelbar hinsichtlich Marktkapitalisierung und Umsatz den 30 DAX Werten. Er bildet also die Entwicklung des deutschen Aktienmarktes ohne die Blue Chips ab. Er wird als Performanceindex und auch als Kursindex berechnet. Seine Zusammensetzung wird zweimal im Jahr (März und September) sowie in besonderen Fällen, zum Beispiel bei Fusionen und größeren Neuemissionen, aktualisiert. Während die Marktkapitalisierung der DAX-Titel (Stand: 29.12.2012) rund 774 Milliarden Euro betrug, wiesen die Titel der 2. Liga ein Wertvolumen von 160 Milliarden Euro aus.

2. Der CDAX bildet den größten Teil des deutschen Aktienmarktes ab

In den Composite DAX (CDAX, von composite = zusammengesetzt, hier: aus der DAX-Familie) fließen die Werte des Prime Standards und des General Standards ein. Beide Handelsplattformen sind Teile des regulierten Marktes. Der Prime Standard hat die höchsten Transparenzstandards der Deutschen Börse, der Handel in diesem Segment ist gleichzeitig die Voraussetzung für eine Aufnahme in die Indizes DAX, MDAX, TecDAX und SDAX.

Daneben gibt es den Entry Standard (vormals geregelter Freiverkehr), der nicht ein amtliches, sondern ein privatrechtliches Börsensegment darstellt. Der Entry Standard, dessen Zielgruppe branchenübergreifend 179 kleine und mittelgroße Unternehmen sind, stellt einerseits einen zusätzlichen Weg zur Eigenkapitalbeschaffung dar und ist andererseits als sogenannter Exitkanal (Verkaufsplattform) für den Private-Equity-Bereich gedacht. Auf Investorenseite zielt der Entry Standard wegen seiner im Vergleich zu Prime (353) und General Standard (242 Gesellschaften) deutlich geringeren Transparenzanforderungen in erster Linie auf professionelle Investoren.

Da die beiden Segmente, Prime und General Standard de facto den gesamten deutschen Aktienmarkt umfassen, sind sie gut für umfassende Analysezwecke auf CDAX-Ebene geeignet. Der CDAX wird in 18 Branchenindizes unterteilt, die als Benchmarks herangezogen werden. Der Index wird minütlich errechnet, die Branchenindizes täglich zum Börsenschluss. Die Basis wurde am 31.12.1987 auf 100 festgesetzt. Aus einer Anzahl von 595 Gesellschaften lassen sich überhaupt erst sinnvolle Brancheindizes bilden, wenngleich hier die Gefahr der Konzentration der Indexkapitalisierung auf wenige Schwergewichte dennoch gegeben ist.

3. SDAX und TechDAX

Wer eine Vorliebe für deutsche „Spezialitäten" hat, sei es aus dem Bereich kleine Unternehmen oder Technologieunternehmen, der konzentriert sein Augenmerk auf den SDAX (100 Indexmitglieder mit einer Marktkapitalisierung von 22 Milliarden Euro) oder den TechDAX (30 bis 35 Indexmitglieder und 25 Milliarden Euro Marktkapitalisierung).

Der TechDAX ist Nachfolger des durch Insidergeschäfte und Bilanzfälschungen in Verruf geratenen Nemax50, des einstmals wichtigsten Barometers am Neuen Markt. Zwar mögen die Kurschancen bei Einzeltiteln aus diesem Bereich höher sein als bei den größeren Indizes. Dennoch hat der Anleger hier auf die geringere Liquidität (sie führt oft zu Kursverzerrungen) und die eingeschränkte Informationsbasis zu achten. Es bietet sich eindeutig an, eine indirekte Anlage in SDAX- und TechDAX-Indexprodukten zu wählen.

Ein kurzer Blick auf die Grafiken der historischen Wertentwicklung des DAX30, MDAX, SDAX und TechDAX (Abb. 4.20) lässt merkliche Renditeunterschiede bei einzelnen Indizes erkennen. In Fachkreisen sind mehrheitlich folgende Begründungen für diese Diskrepanz anzutreffen:

1. Beim MDAX, dem Spitzenreiter, der im Performancevergleich mit 10,8 Prozent pro Jahr abschloss, dürfte die Solidität (KGV-Bewertung), die Finanzkraft (Eigenkapitalausstattung) und die Exportorientierung der Indexmitglieder für die überproportionale

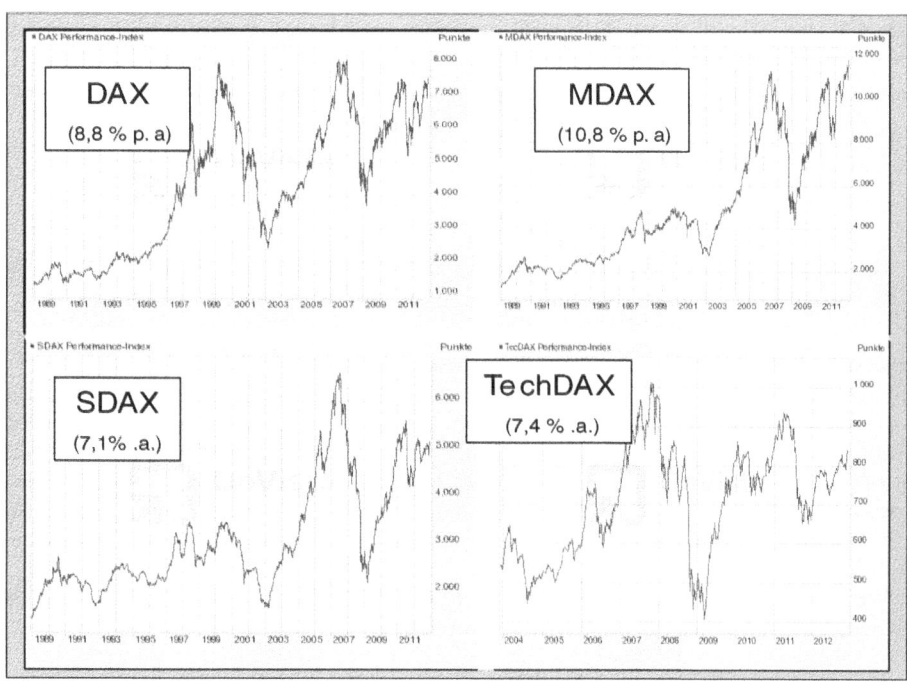

Abb. 4.20 Kursentwicklung von DAX, MDAX, SDAX 1988–2012 und TechDAX 2003–2012 (in Punkten)

Kursentwicklung gesprochen haben. In der Kursentwicklung spiegelt sich die These wider, dass der Mittelstand und die „Old Economy" und nicht die Großkonzerne die eigentlichen Träger der deutschen Wirtschaft seien.

2. Die DAX-Entwicklung störten die wiederholenden Krisen der Finanztitel und die hohen aber nicht immer berechenbaren Engagements der ausländischen Investoren. Dennoch schloss der DAX im vorgestellten Langzeitvergleich deutlich besser ab als der DJEuroStoxx50. Das lag zudem an den hohen Dividendenzahlungen der Indexmitglieder. Die 8,8-prozentige Wertveränderung besteht aus 5,3 Prozent (durchschnittliche) jährlicher Kurssteigerung und 3,5 Prozent durchschnittlicher (jährlicher) Dividendenzahlung. Als Kursindex würde der DAX also mit 5,3 Prozent Jahresrate deutlich schlechter abschneiden als der Dow Jones, der 8,0 Prozent pro Jahr vorlegen könnte. Das US-Börsenbarometer schneidet zudem mit 10,8 Prozent pro Jahr auch als Performanceindex besser ab als der DAX ab (Tab. 4.9).

3. Der SDAX und der TechDAX enthalten dagegen Unternehmen, die wenig liquide sind und bei denen ein Spezialwissen über die Geschäftsmodelle und Sonderkonjunkturen notwendig ist. Darüber hinaus ist das Research-Material zu diesen Titeln rar und das Anlegermisstrauen hinsichtlich des Wahrheitsgehaltes von schwer nachprüfbaren Unternehmensstudien groß. Selbst wenn einige „Spezialisten" temporäre Hochkonjunkturen erleben, gibt es gleichzeitig andere Titel die immer wieder fast einen Totalverlust erleiden. Im Mittel gleichen sich zwar die Effekte dann weitgehend aus, die Indizes

Tab. 4.9 Durchschnittliche jährliche Steigerungsraten beim DAX und Dow Jones im Zeitraum 1988–2012 als Performanceindex und Kursindex

Index	Performanceindex (mit Dividenden) (%)	Kursindex (ohne Dividenden) (%)
DAX30	8,8	5,3
Dow Jones	10,8	8,0

entwickeln sich aber unterproportional. Es kann gezeigt werden, dass die Kursschwankungen in beiden Indizes ebenfalls stärker ausfallen als beim DAX oder MDAX.

Exkurs: Das Indexuniversum der Deutschen Börse und Stoxx

Mit der oben vorgenommenen Vorstellung der Indizes ist das Universum der Börsenbarometer der Deutschen Börse AG keineswegs ausgeschöpft. Im Gegenteil: Zusammen mit der Stoxx-Indexgesellschaft, dem Partner von der Schweizerischen Effektenbörse SMI, veröffentlichen die Frankfurter eine Rekordzahl von 8.600 verschiedenen Indizes, die in DAX-Indizes (etwa 3.500) und Stoxx-Indizes unterteilt sind. Die DAX-Indizes sind auf 138 Seiten in deutscher Sprache nach etwa acht Hauptsuchkriterien und 30 Unterkriterien gegliedert und können kostenlos abgerufen werden (Abb. 4.21).

Wie wird diese Datenfülle von den Anlegern beurteilt? Welchen Nutzen stiftet dieser „Indexdschungel"? Die Antworten fallen durchaus kontrovers aus:

1. Das anspruchsvoll aufgebaute Indexuniversum (jeder Index besitzt neben der Grafik ein Kurzporträt) erlaubt Spezialisten (Analysten, Anlageberatern, Brokern, Asset Managern, professionellen Anlegern) die ausgewählten Indexprodukte als Vergleichsmaßstäbe einzusetzen.
2. Viele Indizes besitzen eine hohe Research-Relevanz, indem sie bei der Identifikation zahlreicher wenig bekannter Investmentthemen hilfreich sind. Ein Beispiel hierfür ist der DAXplus Family 30 Index (PR), der die 30 größten deutschen und internationalen Familienunternehmen umfasst oder der ÖkoDAX (PR) EUR, welcher die zehn wichtigsten deutschen Unternehmen im Bereich erneuerbare Energien abbildet. Häufig erfährt der Leser erst durch solchen Seitenabruf, welche Unternehmen solchen Spezialkriterien entsprechen.
3. Der fortgeschrittene Anleger erhält weiterhin durch das Studium der Dividenden- und IPO (Neuemissionen)-Indizes viele praktische anlagerelevante Informationen. Auf die unten genannten Strategieindizes wird im Folgekapitel detaillierter eingegangen. Zusammenfassend kann festgehalten werden: Nutzer, die genau „wissen, was sie suchen", liefert das Indexuniversum eine unbestritten wertvolle Informationsquelle.
4. Andererseits steht der Börsenneuling, der die Frage „Wo könnte ich in diesem Indexdschungel sinnvoll investieren?" beantwortet haben möchte, etwas ratlos vor der Datenvielfalt. Vor allem bekommt er keinen Hinweis darauf, wie „populär" die einzelnen Indizes sind, insbesondere welche dazugehörigen Indexprodukte sie besitzen und wie umsatzstark diese sind. Für viele illiquide, im Börsenjargon als „tot" bezeichnete Anlageprodukte gibt es häufig keine Nachfrage. Ein Aussteigen aus dem Investment ist dann kaum oder nur unter Hinnahme großer Wertverluste möglich. Eine gute Ergänzung für diese Fragestellung bieten entsprechende Seiten der Direktbanken und das Börsenportal von TM Börsenverlag www.boerse.de.
5. Trotz der Informationsfülle deckt das Indexuniversum von Stoxx und Deutsche Börse nicht alle Kapitalanlagen ab. Dort wo es keine öffentliche Kursnotierungen gibt (Beispiele hierfür könnte der OTC-Handel, die geschlossenen Immobilien- und andere nicht notierte Fonds, Schiffs- und Filmbeteiligungen sein), gibt es auch keine Indizes. Der deutsche Durchschnittsanleger, welcher seit Jahrzehnten mit Vorliebe in privat genutzte Immobilien investiert, kann ebenso wenig auf entsprechendes Trendmaterial zurückgreifen.

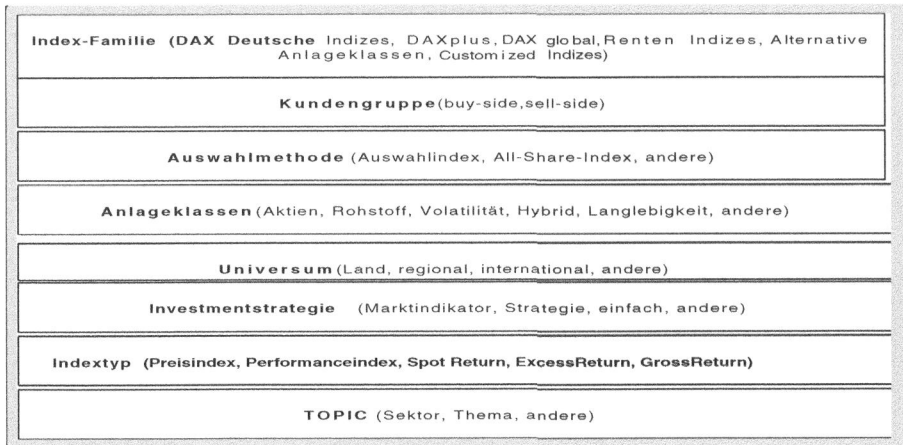

Index-Familie (DAX Deutsche Indizes, DAXplus, DAX global, Renten Indizes, Alternative Anlageklassen, Customized Indizes)

Kundengruppe (buy-side, sell-side)

Auswahlmethode (Auswahlindex, All-Share-Index, andere)

Anlageklassen (Aktien, Rohstoff, Volatilität, Hybrid, Langlebigkeit, andere)

Universum (Land, regional, international, andere)

Investmentstrategie   (Marktindikator, Strategie, einfach, andere)

Indextyp (Preisindex, Performanceindex, Spot Return, ExcessReturn, GrossReturn)

TOPIC (Sektor, Thema, andere)

Abb. 4.21 Haupt- und Nebenkriterien (in Klammern) der DAX-Familie im Indexfinder der Deutschen Börse

4.3.6.3 Indexlizenzen

Die Indizes der Deutschen Börse AG sind internationale Marken und eingetragene Warenzeichen. Sie dienen weltweit als Basis für eine große Anzahl von Finanzprodukten. Dabei handelt es sich um solche strukturierten Produkte wie ETFs, passiv gemanagte Indexfonds, Swaps, indexgebundene Notes, OTC-Optionen, Versicherungspolicen und weitere indexgebundene Finanzinstrumente, auf die zum Teil in Kap. 6 eingegangen wird. Das extreme Wachstum im Bereich der strukturierten Produkte hat zur weiten Verwendung und Verbreitung von Indizes beigetragen.

Diese Vorlage ist nicht kostenlos. Berechtigte Finanzunternehmen, die Finanzprodukte emittieren möchten, welche auf Deutsche Börse Indexkonzepten bzw. auf als Marken eingetragenen Indizes basieren, müssen einen Indexlizenzvertrag unterzeichnen. Auf Basis dieses Vertrages gewährt die Deutsche Börse AG das Recht, Finanzinstrumente, die auf lizensierbaren Indizes und Indexkonzepten basieren, herauszugeben, zu verteilen, eintragen zu lassen, zu handeln, zu bewerben sowie die betroffenen Marken zu verwenden. Nicht gewerbliche Nutzer dürfen die Indexnamen unter Angabe der Quelle kostenlos verwenden.

▶   **Fazit** Das Universum der weltweit veröffentlichten Aktienindizes dürfte in die
    Hunderttausende gehen. Ihre Notierungen können tagtäglich im Internet
    und/oder in der Fachpresse beobachtet werden. Jeder Index führt zwar ein
    gewisses Eigenleben und weist eine spezifische Historie auf. Auffällig ist den-
    noch, dass die meisten weltweiten Indextypen Kursindizes sind, die keine Divi-
    denden und andere Ausschüttungsteile berücksichtigen. Damit zeigen diese
    Messinstrumente die tatsächliche Rendite zu niedrig an. Der Privatanleger, der
    global streuen möchte, hat die Qual der Wahl, den „repräsentativen" Länder-
    oder Branchenindex zu finden. Er befindet sich auf der sicheren Seite, wenn

er dabei auf große traditionelle Indizes setzt. Wenn er dagegen im Aktienbereich ganz spezielle Anlagestrategien verfolgt, die nicht dem geografischen
oder sektoralen Kriterium folgen, dann sollte er die folgenden Abschnitte
studieren, in denen „Spezialitäten" vorgestellt werden. Hier kann es häufiger
vorkommen, dass die bekannten Anforderungen an einen aussagekräftigen
Index (Liquidität, Abbildbarkeit, Vergleichbarkeit und Repräsentativität) nicht
eingehalten werden. Solche Besonderheiten interessieren primär Fachfonds,
die in ihren Anlagestatuten derartige formale Kriterien zu beachten haben.

4.3.7   Strategieindizes im Aktienbereich (Beispiele)

Unter „Anlagestrategie" werden die unterschiedlichsten Konzepte verstanden. Ein Anleger, der glaubt, dass die Aktien des Automobilsektors steigen werden und er sie deswegen kauft, fährt bereits genauso eine „Strategie", wie derjenige, der davon überzeugt ist,
dass die Konsumtitel kurz vor dem Absturz stehen. In beiden Fällen stehen die Mus-
ter-Anleger vor dem Problem, die „richtigen" Sektoraktien in ihrem Depot zu haben,
wobei diese Aufgabe noch eine leichte war. Schwieriger wird es, wenn andere „Themen-
Aktien", wie zinssensible, exportabhängige, Olympia-Profiteure oder stark schwankende
Titel gesucht werden sollen.

Die Anleger können grundsätzlich auf verschiedene Strategieindizes zurückgreifen,
die von kompetenten Anbietern entwickelt wurden. Sobald derartige Indizes konstruiert wurden, treten in der Regel bald Anbieter von Indexprodukten (Emissionsbanken,
Fondsgesellschaften) auf den Plan, die in Folge entsprechende Produkte kreieren. Oft
wird erst ein Index „erfunden", damit der Produktabsatz gelingt.

Der geschilderte Zusammenhang sollte keineswegs vor einen negativen Hintergrund
gesehen werden. Es ist durchaus legitim auf ein fertiges Indexkonzept eines angesehenen
Anbieters zurückzugreifen, selbst wenn Lizenzen für die Namensnutzung gezahlt werden
müssen. Die Aufgabe des Anlegers wird darin zu bestehen haben, herauszuloten in welchen Börsenphasen diese spezifischen Strategien besonders erfolgversprechend sind.
Denn eines kann vorab gesagt werden: Eine Strategie, die immer erfolgreicher als der
Gesamtmarkt ist, also zum Beispiel immer den DAX „schlägt", muss erst erfunden werden.

Volatilitätsindizes VDAX   Liegen bestimmte Ziel-Kursmarken in einem Index weit vom
heutigen Niveau entfernt (zum Beispiel unter- bzw. oberhalb des DAX-Wertes von 7.500
Punkten am 06.12.2012; zum Beispiel bei 5.000 und 10.000 Punkten), so leuchtet ein, dass die
Wahrscheinlichkeit, diese Extrempunkte innerhalb eines bestimmten Zeitintervalls zu erreichen, mit steigender Schwankung der Börse und der verbleibenden Restlaufzeit zunimmt.

Steht der DAX bei 5.000 Punkten und schwankt er monatlich um den leicht anstei-
genden Trend um 500 Punkte, so ist die Wahrscheinlichkeit, dass er 8.000 Punkte
bis zum 31.12.2013 erreicht wesentlich höher, als wenn er diese Marke bis zum
30.06.2013 bei einer Schwankung von 200 Punkten erreichen soll. Diese grundlegende

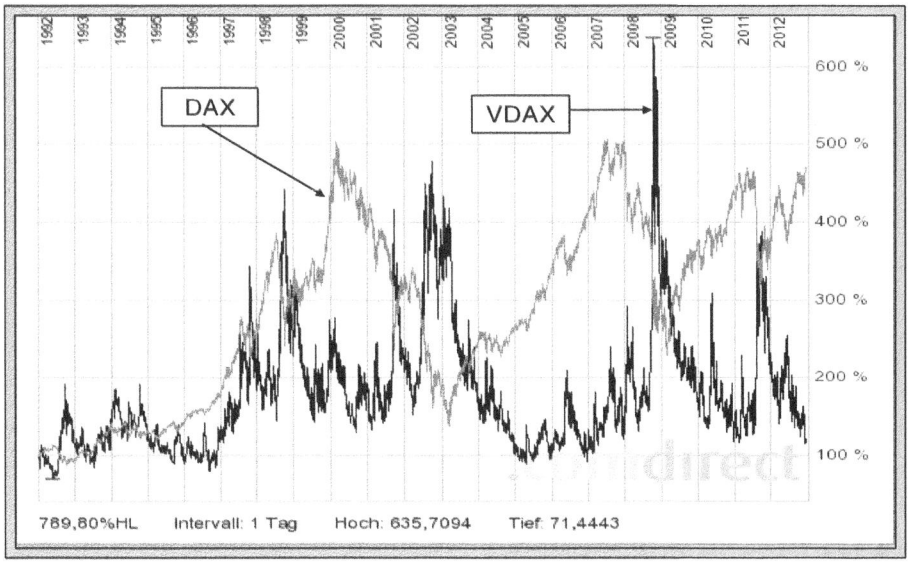

Abb. 4.22 DAX- und VDAX-Verlauf 1992–2012

Börsenerkenntnis haben sich die sogenannten Volatilitätsindizes zunutze gemacht. Sie messen Schwankungen, die die Nervosität des Marktes widerspiegelt.

Die bekanntesten Volatilitätsindizes der Deutschen Börse AG sind der VDAX und der VDAX-New, die zu der Gruppe der sogenannten Optionspreisindizes zählen. Der VDAX kann nach folgender Formel als zuverlässiger Frühindikator für die erwartete DAX-Spannweite dienen:

Formel 1:

$$\text{Veränderung DAX (in \%)} = \text{VDAX} * \sqrt{45/365}$$

Liegt der DAX bei 5.000 Punkten und der VDAX bei 30, ergibt sich für den DAX in den nächsten 45 Tagen ein Prognoseintervall zwischen 4.477 und 5.527 Punkten. Würde der VDAX auf 70 Punkte ansteigen, erweitert sich das Prognoseintervall auf die Spanne 3.780 bis 6.220.

In Krisenzeiten (so wie Ende 2008 die Stimmung am Markt extrem unsicher war) erreichte der VDAX Extremwerte, wie Abb. 4.22 belegt. Auf jeden Fall schwankte der Volatilitätsindex stärker als der DAX selbst. In solchen volatilen Zeiten sind Indexprodukte auf den VDAX sehr erfolgsversprechend.

Für Börsianer gilt zudem folgende Grundregel: Erreicht der VDAX Extremwerte, kündigt sich beim DAX eine Trendwende an. Somit kann der Anleger in zweifacher Hinsicht profitieren: einmal vom VDAX und ein anderes Mal vom DAX-Anlageprodukt. Grob gesehen wird der inverse Zusammenhang zwischen dem DAX und dem VDAX durch den weitgehend entgegengesetzten Verlauf beider Indizes bestätigt.

Abb. 4.23 DAX versus ShortDAX 2008–2012

ShortDAX Mit dem Ende Februar 2007 entwickelten ShortDAX, der ein Spiegelbild des „normalen" DAX darstellt, können Anleger von fallenden Aktienkursen profitieren. Verliert der DAX zum Beispiel fünf Prozent, muss der ShortDAX ceteris paribus um fünf Prozent steigen. In Abb. 4.23 wird die gegenläufige Tendenz beider Indizes verdeutlicht.

Indexanlagen auf den Short-DAX eignen sich also für Anleger, die von negativen Markterwartungen ausgehen. Wegen einer „technischen Besonderheit" (der Emittent eines Produktes auf den ShortDAX, den er mit sogenannten Leerverkäufen darstellt, erhält Zinsen von der Gegenpartei und gibt diesen Vorteil an den Anleger weiter) steigt der ShortDAX, wenn auch nur leicht, auch bei stagnierenden Märkten.

Diese Indexanlage ist keine Anlagebesonderheit. Denn an fallenden Börsentendenzen kann der Anleger ebenfalls mit einer Vielzahl anderer Anlageprodukte Geld verdienen. Als Beispiele wären hier die klassischen Put-Optionsscheine, Hebelprodukte oder gewisse Zertifikate zu nennen. Von der „Qual der Wahl" wird er also nicht befreit.

DAXPlusExportStrategy Deutschland gehört bekanntlich seit Jahrzehnten zu den führenden Exportnationen und war schon einige Male „Exportweltmeister". Zu den Exporttrennern unseres Landes zählen in erster Linie Autos, Maschinen und Erzeugnisse der chemischen Industrie. Damit Anleger an dieser Entwicklung teilnehmen können, hat die Deutsche Börse den DAXPlusExportStrategy entwickelt, einen Strategieindex mit Fokus auf die deutsche Exportbranche.

Der Exportindex, dessen Zusammensetzung einmal jährlich im Juni überprüft wird, enthält die zehn exportstärksten Unternehmen aus dem DAX und dem MDAX, gemessen an ihrem absoluten Exportvolumen. Die Indexwerte sind gleich gewichtet, jede Aktie hat demnach einen Anteil von zehn Prozent.

Abb. 4.24 DAXplus Export Strategy versus DAX 2003–2012

Erstaunlicherweise hat sich der Exportindex in der zehnjährigen Geschichte seines Bestehens immer besser als der DAX entwickelt (Abb. 4.24). 2007 und 2012 betrug der Vorsprung sogar 40 Prozent! Leider ist er in gewissen Zeiträumen ebenso stärker gefallen, eine Mehrrendite ergibt sich also nur bei einem richtigen Einstiegszeitpunkt. Denn von Ende 2007 bis Anfang 2009 ging er fast um 60 Prozent zurück, während der DAX lediglich 48 Prozent verlor.

Wann könnte es also für den Anleger besonders lukrativ sein, auf den DAXPlusExportStrategy zu setzen? Hier sind Volkswirte zu befragen. Grundsätzlich kann davon ausgegangen werden, dass der Exportsektor, ähnlich wie die sogenannten zyklischen Aktien, dem allgemeinen Konjunkturzyklus vorauseilt. Stehen also die konjunkturellen Zeichen auf Sturm, kann in den „Exportindex" investiert werden.

Darüber hinaus zeichnen sich zyklische Aktien durch ein hohes Beta aus, das heißt, im Vergleich zum DAX steigen und fallen sie überproportional.

Weitere Strategieindizes und sonstige Indizes der Deutschen Börse Die Deutsche Börse hat mit der Indexfamilie DAXPlus-Anlagestrategien noch weitere Indexkonstruktionen ins Leben gerufen, die hier nur kurz erwähnt werden können. Ihrer Konstruktion liegt immer die gleiche Absicht zugrunde: Mittels eines Spezialindizes Anlegern ein abgegrenztes Universum von „spezifischen" Aktien anhand zu geben, die als Thema für die Bildung von Indexprodukten eingesetzt werden. In der Regel werden sich diese Aktien durch einen anderen Kursverlauf als der „normale" DAX auszeichnen.

Zu den bekanntesten Strategieindizes zählen:

- DiVDAX auf dividendenstarke Titel.
- DAXplus Seasonal Strategy: Hier werden die Monate August und September ausge-
  klammert und im Index nur die Kurse der zehn übrigen Monate berücksichtigt.
- Insider Index: Hier werden nur Titel der von den Konzernmanagern (die laut Defini-
  tion als Geheimnisträger in ihren Unternehmen, also Insider, gelten) gekauften und verkauften Aktien ihrer eigenen Unternehmen berücksichtigt. Ob Manager verkaufen, weil
  sie schlechte Zahlen erwarten oder Mittel brauchen, das verrät der Index nicht.
- DAXplus Covered Call und DAXplus Protective Put: Es handelt sich hier um Indizes
  auf derivative Anlagestrategien.
- Markowitz-Indizes, zu denen die DAXplus Minimum Variance und DAXplusMaxi-
  mum Sharpe Ratio gehören, haben zum Ziel, ein risikominimiertes Portfolio zu konstruieren. Sie werden nach technischen Kriterien zusammengestellt.
- Leverage-Indizes, die an der Entwicklung eines Referenzindex geknüpft sind und
  seine Bewegung mit dem (positiven) Hebel abbilden.
- Risk Control-Indizes, die ein gemischtes Investment in den DAX und in den Geldmarkt darstellen.
- Longevity-Indizes, die auf Daten zur Lebenserwartung und Sterblichkeit aufbauen
  und für Lebensversicherer und Pensionsfonds wegen ihrer langfristigen Verpflichtun-
  gen interessant sind.

▶   **Fazit** Die kurze Auswahl der Strategieindizes im Aktienbereich macht deutlich,
    welch hohe Anzahl verschiedener „Anlagethemen" sich in einer Indexform dar-
    stellen lässt. Mit solchen Indizes kann das Indexuniversum fast jeden Anlage-
    geschmack befriedigen. Der Anleger, der ein Strategieindexprodukt kauft, kann
    nicht nur seine Anlageidee realisieren, sondern erwirbt zusätzlich eine Sicher-
    heitskomponente, weil er nicht die Einzelaktie, sondern den Markt kauft. Wer
    zum Beispiel an die Kursphantasie von dividendestarken Aktien glaubt, könnte
    bei der Deutschen Telekom vielleicht eine herbe Enttäuschung erleben, wenn
    diese unerwartet die Ausschüttung kürzt. Kauft er dagegen ein Indexprodukt,
    verringert sich die Wahrscheinlichkeit der Dividendenkürzungen oder -ausfälle.
    Allerdings bergen diese Anlagen ebenso bekannte Risiken. Diese können sich
    im Marktrisiko (im DAX generell) oder dem spezifischen Strategierisiko (zum
    Beispiel im Exportindex, wegen der Euro-Stärke) niederschlagen. Grafiken ver-
    anschaulichen, dass bestimmte Strategien den DAX in einigen Perioden deut-
    lich „schlagen" und ihm in anderen Phasen stark unterlegen sind.

4.3.8   Sub- und Branchenindex: Beispiel Banken

Ein Aktienindex lässt sich wie andere Indizes in kleinere Teile, auch Subindizes genannt,
„zerlegen". Es ist selbsterklärend, dass die Summe aller Subindizes den Gesamtindex

ergibt und die Summe der gewichteten Kursveränderungen aller Subindizes die Kursveränderung des Gesamtindexes widerspiegelt. Die Subindizes werden in der Regel kurslich
ein von der Entwicklung des Gesamtindexes losgelöstes Eigenleben führen. So wie bei
Einzelaktien, lässt sich mit Hilfe des Beta-Faktors feststellen, ob sich die einzelnen Subindizes stärker (Beta > 1) oder schwächer (Beta < 1) als der Hauptindex entwickelt haben.

Nehmen wir an, wir würden den DAX alphabetisch in drei Subindizes DAX A,
DAX B und DAX C zu je zehn Aktien zerlegen. Wenn der Subindex A sich um 30, B
um 40 Punkte erhöht und C um 70 Punkte fällt und alle Subindizes den gleichen Anteil
(Gewicht) am DAXGesamt haben, bleibt dieser unverändert. Sind die Anteile dagegen
unterschiedlich (A hat zum Beispiel 20 Prozent, B 35 Prozent und C 45 Prozent) dann
würde der DAXGesamt um 10,5 Prozent fallen.

Nach welchen Kriterien die Subindizes gebildet werden, hängt von dem Zweck ab,
den sie erfüllen sollen. Am häufigsten dienen sie der Branchenabgrenzung. Das führt
dazu, dass sie ungleich sowohl in Bezug auf die Anzahl der Subindexmitglieder als auch
auf ihre Marktkapitalisierung ausfallen.

Auch kommen weitere Unterteilungen innerhalb von Subindizes vor, besonders
dann, wenn der Hauptindex mehrere hundert oder tausend Mitglieder umfasst. Dann
erfolgt die Zerlegung in Dutzende von Sub- und kleineren Einheiten. In den Sektorenindizes der Deutschen Börse werden insgesamt 18 Branchen in neun sogenannte Supersek-
toren zusammengefasst.

Um eventuelle Mehrfachzählungen zu vermeiden, verwenden bekannte Indexanbieter eine eindeutige Zuordnung der Einzeltitel zum Hauptindex. Siemens kann in einem
solchen Fall nicht automatisch der Technologie- und der Industriebranche zugeordnet
werden. Trotz alledem verwendet jeder Indexanbieter seine eigene Klassifizierung. Weil
es bei der Konstruktion von Branchen- und Subindizes, wie grundsätzlich im globalen
Indexuniversum, keine festen Gliederungskriterien gibt, ist bei der Verwendung derselben durch den Anleger Vorsicht geboten.

Weswegen sind Subindizes für den Anleger interessant? Auf der Suche nach in der
Hausse im Vergleich zum Hauptindex zurückgebliebenen („zu billigen") oder vice
versa zu stark vorgelaufenen („zu teuren") Branchen wird sich der Investor primär auf
die Selektion von Branchenindizes stützen. Ob dabei seine Anlagestrategie als erfolgversprechend gewertet werden kann oder ob er sich besser mit der These von dem vom
Konjunkturzyklus losgelösten „Eigenleben" abfinden soll, ist eine andere Frage. Welche
Irritationen bei der Wahl der „repräsentativen" Brancheindizes entstehen können, kann
an den ausgewählten Branchenindizes für den Bankensektor demonstriert werden.

Bei onvista findet der Anleger 52 unterschiedliche Branchenindizes im Bankensektor.
Wenn er sich für die weltweit größten entscheidet, nimmt er dem Nasdaq Composite
Banks mit 414 (aus 2.622 insgesamt) oder den DJ Stoxx600 Banks mit 49 Werten (aus
600 insgesamt).

In Abb. 4.25 folgen europäische Banken dem Hauptindex DJ Stoxx 600 bis 2000
quasi parallel. Erst nach der Lehman-Insolvenz im Jahr 2008 sind die Finanzinsti-
tute im Vergleich zum europäischen Gesamtmarkt stark zurückgefallen. Ob heute der

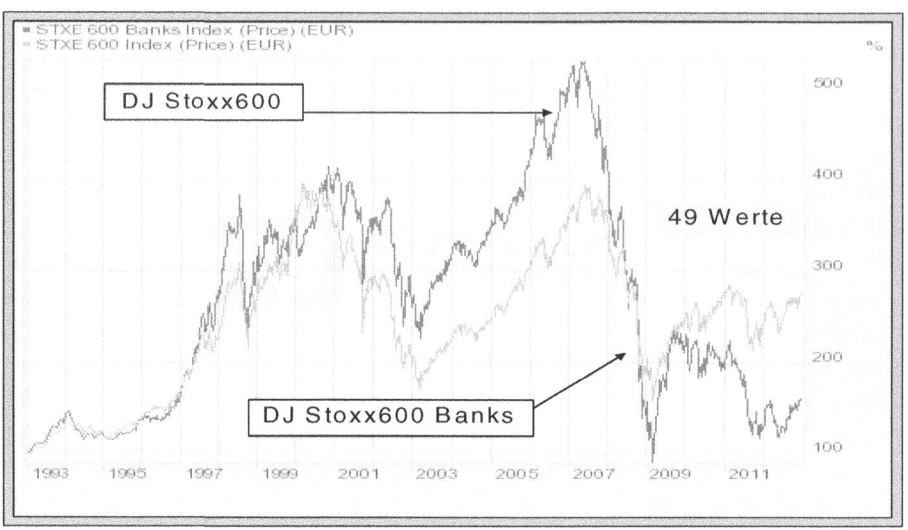

Abb. 4.25 Globale Branchenindizes Banken und DJ Stoxx 600 (1998–2012)

Einstiegszeitpunkt für ein Engagement in diesem Sektor schon gekommen ist, wird ein Chart nicht verraten.

Der Anleger, der in der deutschen Bankenlandschaft bleiben will, greift zum einen auf den vorgestellten CDAX zurück, der unter seinen 18 Brancheindizes auch den Banken-subindex besitzt. Ergänzend könnte sich der inländische Anleger zum anderen zwei wei-tere Indizes der Deutschen Börse mit den viel versprechenden Namen DAXsector Banks Performanceindex und DAXsupsector All Credit Banks Performanceindex anschauen.

Zu seinem Erstaunen stellt er fest, dass der Rückschlag beider Brancheindizes im Vergleich zum DAX signifikant höher ausgefallen ist als auf europäischer Ebene und auch vorher waren die Kursverläufe der Subindizes (1) und (2) in Abb. 4.26 im Vergleich zur europäischen Konkurrenz bescheidener. Ein Blick auf die Zusammensetzung der Indizes liefert die entsprechende Erklärung.

Einerseits war einzusehen, dass die Anzahl der Indexbanken in den deutschen Ban-kenindizes geringer ausfallen wird und es aus diesem Grund schon zu Verzerrungen kommen würde. Andererseits ist nicht ganz einleuchtend, was im DAXsubsector All Credit Banks Performanceindex die ausländischen Banktitel von der Auto Bank (Öster-reich), Sberbank Rossii (Russland) und UNICREDIT (Italien) zu suchen haben.

In einem weiteren Bankenindex der Deutschen Börse, dem DAXsubsector Mortage Banks Performanceindex, findet der Anleger wiederum nur einzigen Wert, die Aareal Bank. Es erübrigt sicht zu kommentieren, warum für einen Einzelwert die Konstruktion eines Indexes wenig sinnvoll ist.

Die Namen der Brancheindizes Banken von der Deutschen Börse schienen demnach mehr zu versprechen als erwartet wurde.

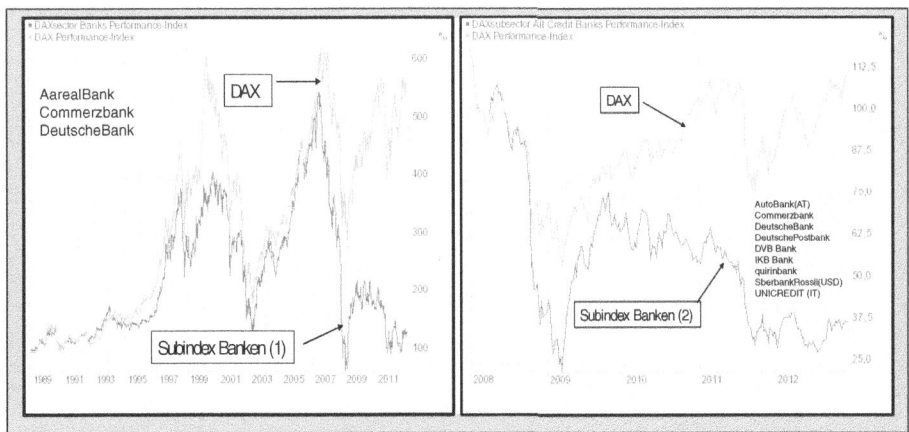

Abb. 4.26 Ausgewählte Bankenindizes der Deutschen Börse

Zusammenlegungen von Indizes zu einem Supra- oder Oberindex Der umgekehrte Vorgang zur „Zerlegung" von Indizes in Sub- und Sektorenindizes bildet deren Zusammenlegung in die Supra- oder Oberindizes. Alle Weltindizes von MSCI oder Dow Jones arbeiten nach diesem Prinzip. Die Funktionsweise eines solchen Konstruktes ist selbsterklärend. Die Einzelindizes des Supra-Indexes bilden die nach ihrer Marktkapitalisierung geordneten Gewichte, die Indexstände der einzelnen Indizes bilden dagegen die Analogie zur Kursveränderungen in einem gewöhnlichen Index. Eine Indexzusammenlegung ist einfacher durchzuführen, als einen „repräsentativen" Branchen- oder Sektorindex zu erstellen.

▶ **Fazit** Die bekannten Probleme, die bei der Wahl aussagekräftiger Landes-
oder Weltindizes auftauchen, treten bei Branchen- und Sektorindizes in noch
ausgeprägterer Weise zutage. Hier werden tatsächlich häufig „Äpfel mit Birnen" verwechselt. Denn während die Marktkapitalisierung (das häufigste
Kriterium bei der Aufnahme in die erste Indexart) ein objektiver Gliederungs-
maßstab ist, gibt es keine verbindlichen Definitionen für eine Branchen- und
Sektorabgrenzung. Die bekannten Indexanbieter verwenden kaum noch vergleichbare Zuordnungskriterien. Nicht selten werden Branchen- und Sektorindizes entwickelt, obwohl es hierfür objektiv eine zu geringe Anzahl geeigneter
Indexkandidaten gibt.

Andere Indizes auf dem Kapitalmarkt

5.1 Kapitalmarkt: relevante Definitionen und Größenordnungen

Was ist eine Kapitalanlage, was ein Kapitalmarkt? Bevor auf die weiteren Arten von Indizes auf dem Kapitalmarkt eingegangen wird, erscheint es sinnvoll, sich auf definitorische Abgrenzungen der Fachbegriffe Kapitalanlage und Kapitalmarkt zu einigen. Im Alltag werden die Begriffe Finanzierung, Wertpapier, Kapitalanlage, Kapitalmarkt und verwandte Termini nur selten einheitlich interpretiert. Weil sich andererseits diesbezüglich selbst Experten nicht immer einig sind, kann hier nur die „Mehrheitsmeinung" wiedergegeben werden.

Den Ausgangspunkt der Betrachtung soll eine Unternehmensbilanz bilden (Abb. 5.1). Hier sind die Aktiva in das Umlaufvermögen (10) und das Anlagevermögen (90) (auch Sach- oder Direktanlage genannt) eingeteilt. Die Sachinvestition (Sachvermögen) wird vom Unternehmen getätigt. Dem gegenüber stellen die Eigentümer (die Gesellschafter) des Unternehmens, also dessen Finanzierer, Kapital zur Verfügung.

Auf der Finanzierungsseite wird zwischen Eigenkapitalfinanzierern oder Eigenkapitalgebern, die im unteren Beispiel 20 Einheiten bereitstellen, und den Fremdkapitalfinanzierern (Fremdkapitalgebern), die 80 Einheiten der Bilanzsumme finanzieren, unterschieden. Zu den Eigenkapitalinstrumenten zählen neben Aktien gewöhnlich auch stille Einlagen (im Beispiel 20). Die Anleihen (30) bilden zusammen mit den Krediten (50) das Fremdkapital.

Aus der Sicht des Kapitalgebers (Anlegers) stellt sowohl das Eigen- als auch das Fremdkapital eine Finanzinvestition dar. Beide Kapitalarten bestehen aus den Finanzierungstiteln (Aktien, Anleihen, Kredite), die auch als Finanzprodukte bekannt sind. Die Summe aller Finanzinvestitionen der Kapitalgeber (Anleger) bildet den Kapitalmarkt.

V. Heese, *Indizes in der Wertpapieranlage*, DOI: 10.1007/978-3-658-02260-0_5,
© Springer Fachmedien Wiesbaden 2014

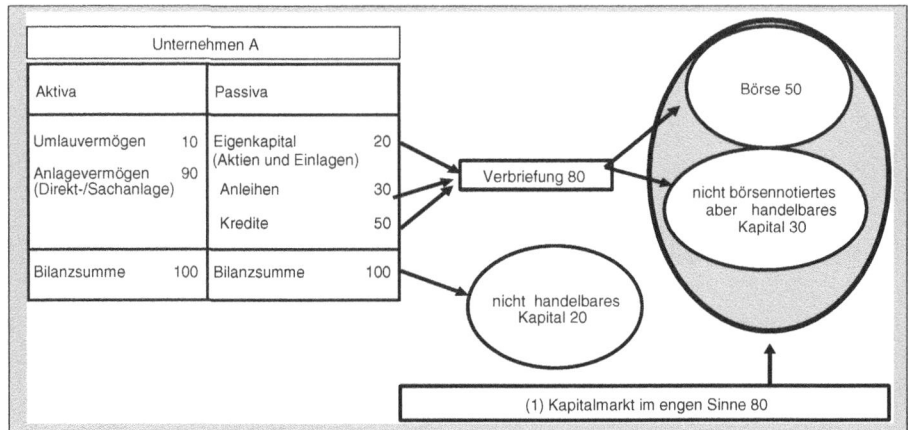

Abb. 5.1 Beispiel für eine Abgrenzung eines fiktiven Kapitalmarktbegriffes im engen Sinne

Für die Erfassung verschiedener Abgrenzungen des Kapitalmarktes ist es praktikabler die Finanzinvestitionen (Finanzierungsmittel) auf der Passivseite der Unternehmen zu addieren und nicht die Anlageinvestitionen (Sachanlagen und Beteiligungen), die auf deren Aktivseite abgebildet werden. Hier kommt es häufig zu Verwechslungen, wenn Leser eine Investition „automatisch" auf der Aktivseite der Unternehmen suchen und diese mit der Sachinvestition identifizieren. Eine Finanzinvestition muss nicht unbedingt für eine Sachanlage verwendet werden, sondern kann ebenso zur Finanzierung von Umlaufmitteln eingesetzt werden.

Die oben genannten Finanzierungstitel können veräußerbar (handelbar, übertragbar, fungibel) oder nicht veräußerbar sein. Im ersten Fall bedeutet dies, dass die Personen der Finanzierer wechseln können. Damit das Finanzkapital handelbar wird, muss es allerdings „verbrieft" (beurkundet) werden. Auf jeder Wertpapierurkunde stehen die Bedingungen (Betrag, Rückzahlung, Laufzeit, Verzinsung, Dividende), zu denen die Kapitalgeber ihr Geld dem Unternehmen zur Verfügung stellen. Ob der Handel und die Übertragung an andere Eigentümer auf einer breiten Handelsplattform, wie der Börse, stattfinden dürfen, hängt vom Willen der Eigentümer ab. Verbriefte und börsennotierte Wertpapiere, die keine Namenspapiere sind, besitzen zwecks Identifizierung eine Wertpapiernummer.

An dieser Stelle ist folgende Ergänzung angebracht: Ob die Wertpapiere nach der Börseneinführung ungewollt an unerwünschte Adressen (man denke nur an die Gefahr der feindlichen Übernahmen) gelangen, darüber bestimmen nicht immer die Eigentümer. Jeder darf jedem Aktien verkaufen, die grundsätzlich Inhaberpapiere sind. Diskriminierungen werden im heutigen Börsenleben immer seltener. Auch Kredite sind handelbar, wenn die Banken das Recht erlangen, diese zu verbriefen und zu veräußern.

Für den Börsenhandel des Wertpapiers sind dessen Börsenzulassung und die darauf folgende Börseneinführung (Emission) notwendig. Daneben gibt es den außerbörslichen

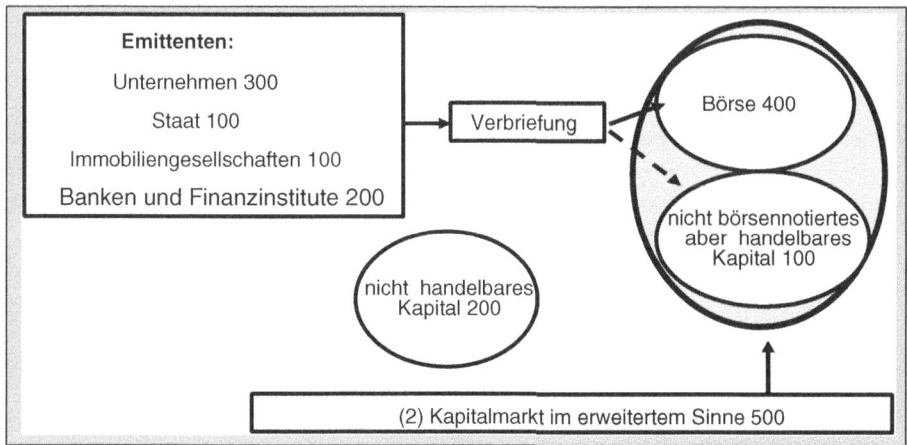

Abb. 5.2 Beispiel für eine Abgrenzung eines fiktiven Kapitalmarktbegriffes im erweiterten Sinne

Handel, bei dem oft vom „Markt für nicht fungible Kapitalanlagen" gesprochen wird (im unteren Beispiel 30).

Der auf obigem Beispiel aufbauende Kapitalmarkt in der eng definierten Abgrenzung von 80 umfasst somit das börsennotierte (50) und das nicht börsennotierte aber verbriefte (30) Finanzkapital. Ein Teil des Finanzkapitals von 20 ist nicht verbrieft und zählt somit nicht zu den Wertpapieren.

Mit der Nennung der beiden Herkunftsquellen (des Eigen- und Fremdkapitals) ist noch nicht über die Anlagearten auf diesem Markt entschieden. Darauf wird im unteren Abschnitt eingegangen.

Erweitern wir das Beispiel um andere Emittenten (Abb. 5.2), so wird das Volumen des Kapitalmarktes in der erweiterten Version 500 betragen. Die Emission von Staatsanleihen, Auflegung von Fonds durch die Immobilien- oder Schiffsgesellschaften und schließlich die Emission anderer Arten von Wertpapieren (auch der Derivate) durch die Banken gehört zum alltäglichen Vorgang auf dem Kapitalmarkt.

Aus den bisherigen Ausführungen wurde ersichtlich, dass Neuzugänge zum Kapitalmarkt (abgesehen von Staatspapieren, mit denen häufig Humaninvestitionen oder Staatsausgaben finanziert werden) einen materiellen Hintergrund besitzen und der wachsende Kapitalmarkt durch Vermögenswerte weitgehend „gedeckt" sind. Diese Deckung ist wichtig, damit keine Inflationsgefahr entsteht.

Dieses Prinzip der Realdeckung wird mit der Marktüberflutung durch Derivate und dem rasanten Anstieg der Staatsverschuldung nicht mehr eingehalten. Investmentbanken haben es heute mehr oder weniger in der Hand, den Kapitalmarkt volumenmäßig aufzublähen oder zu schonen. Denn allein sie sind dazu berechtigt Derivate zu emittieren, die wiederum andere Banken und Nicht-Banken kaufen und sich das Geld für diese Finanzinvestition bei der Zentralbank besorgen. Häufig hinterlegen sie die gekauften Derivate dann als Sicherheit. So musste die US-FED lange Zeit wertlose Subprime-Papiere als

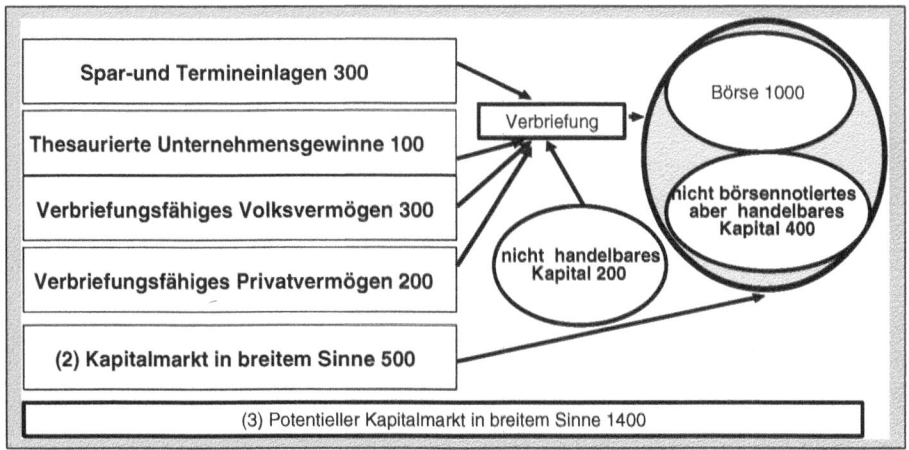

Abb. 5.3 Beispiel für eine Abgrenzung eines fiktiven Kapitalmarktbegriffes im breiten Sinne

Sicherheit akzeptieren, wollte sie keine Liquiditätsfalle und Krediklemme zulassen. In der aktuellen Finanzkrise wird auch die EZB de facto ausfallgefährdete Staatsanleihen von Griechenland & Co. ebenfalls akzeptieren. Die hemmungslose Geldmengenausweitung durch die Zentralbanken ist die Folge dieses Prozesses. Heute haben die Staatsverschuldungen, die anfänglich allein von den Derivaten ausgehenden Gefahren (welche oftmals als „tickende Massenvernichtungswaffen des Kapitalmarktes" bezeichnet wurden) abgelöst. Diese Exzesse führen zur künstlichen Aufblähung der Geldmenge und zunehmender Intransparenz der Kapitalmärkte.

Kehren wir zurück zu einer weiteren, der nunmehr dritten, Kapitalmarktdefinition: Das (potenzielle) Volumen des Kapitalmarktes ist keine Konstante. Abgesehen von Kursschwankungen, kann das Volumen sich durch Neuemissionen, Umwandlungen, Kapitalmaßnahmen (Kapitalerhöhungen und -herabsetzungen), neue Sparvorgänge und Gewinneinbehaltungen permanent verändern. Der Kapitalmarkt bleibt ständig in Bewegung: Staatsunternehmen und Anlagen (Autobahnen) im Staatsvermögen werden privatisiert und an die Börse gebracht. Sparer lösen Spar- und Termingelder auf oder gehen Kreditbeziehungen für den Wertpapierkauf ein. Privatanleger verkaufen Kapitallebensversicherungen Investmentgesellschaften, die diese bündeln, verbriefen und zu Wertpapieren kreieren. All das sind Vorgänge, die die Größe des Kapitalmarktes bestimmen. Nach vergleichbaren Maßnahmen kann sich im unteren Beispiel (Abb. 5.3) das potenzielle Kapitalmarktvolumen auf 1400 erhöhen.

Wachsen die Kapitalmärkte und mit ihnen die Anzahl der Kapitalmarktindizes durch die Flut neuer „innovativer" Finanzprodukte? Die Anzahl der Kapitalmarktindizes wird mit der Größe des Kapitalmarktes und der dort gehandelten Finanzprodukte proportional ansteigen.

	Discount	Bonus	Express	Garantie	Sprint	Index	Knock-Outs		Weitere	Alle
							Calls	Puts		
Indizes DE										
DAX	17773	38077	100	145	110	63	14538	6918	3015	80739
TecDAX	1110	138	0	0	0	30	810	673	0	2761
MDAX	1577	485	0	0	0	14	1325	742	0	4143
DivDAX	138	5	10	22	0	3	0	0	55	233
Indizes EU										
EuroStoxx50	12007	25982	1202	816	70	69	1663	1158	3418	46385
ATX	261	13	2	4	0	13	249	147	5	694
SMI	3	5	0	1	0	16	162	52	8	247
CAC 40	281	285	3	1	0	7	64	36	222	899
FTSE 100	11	0	1	0	0	11	26	18	7	74
IBEX 35	108	150	6	0	0	6	58	64	253	645

Abb. 5.4 Anzahl der Indexzertifikate nach Zertifikatstypen auf deutsche und europäische Aktien-indizes nach onvista per 08.12.2012

Dominierten vor 20 Jahren noch die drei „klassischen" Anlagearten Aktien, Renten und Fonds (die damaligen Optionsscheine oder Mischformen wie Wandelanleihen oder Genussscheine hatten lediglich eine marginale Bedeutung), wurden in den darauf folgenden Dekaden von den Investmentbanken immer neue „innovative" Finanzprodukte ins Leben gerufen. Es genügt heute, die Webseiten einiger Banken (im deutschsprachigem Raum: onvista, maxblue, dab) aufzuschlagen, um sich von dieser Angebotsvielfalt ein Bild zu machen. Als Beispiele für diese Innovationsflut sind Zertifikate, Hebelprodukte, ETFs, CFDs, Futures oder eben die Indexprodukte zu nennen. Hierbei sind die „modernen" Anlagen in verbrieften Rohstoffen oder Devisen noch gar nicht mitgezählt.

Zwar sind nicht alle Innovationen für den Privatanleger geeignet, dennoch kann ihre Anzahl auch sonst „erschrecken". Ohne spezielle Finder (Selektoren) kommt der Privatmann hier nicht weiter. Allein bei comdirect konnte der Nutzer Ende 2012 rund 381.500 Optionsscheine, 33.000 Anleihen, 18.000 Fonds, 14.000 Aktien, 4.000 Indexprodukte und 1.000 ETFs abrufen.

Onvista informiert, dass es auf den DAX als Basiswert 80.739 (!) verschiedene Typen von Indexzertifikaten gibt, für den südkoreanischen Kospi merkwürdigerweise nur ein Produkt von der britischen Großbank Royal Bank of Scotland (RBS). Insgesamt nennt die Zertifikate-Matrix des Onlinebrokers 156.720 (!) Indexzertifikate auf 16 Aktienindizes von 23 Emissionsbanken.

Abbildung 5.4 nennt die Anzahl der Indexzertifikate auf deutsche und europäische Indizes.

Keine Frage, dass die Quantität dieses Angebotes auf Kosten der Transparenz und Qualität gehen wird. Diese Aufstellungen werden wenig mit echtem Anlegerbedarf, wie die Emittenten unisono behaupten, zu tun haben. Denn die „Produktion" solcher Informationsmatrizen verursacht heute kaum noch Kosten. Zudem gibt es geringe institutionelle Barrieren, wie die Zulassung vorgenannter „Innovationen" zum Publikumsverkehr durch die Aufsichtsbehörden (in Deutschland durch die BAFin).

Wie einfach Derivate generell, ein darauf aufbauender Derivatsindex und schließlich dazugehörige Indexanlagen kreiert werden, zeigt folgendes fiktives Beispiel 8. Dieses mag zwar eine humoristische Note enthalten, so unrealistisch ist es aber auch nicht. Schließlich wurden in der Anlagepraxis mehrere Dutzend Extremfälle bekannt, in denen die Wertpapieraufsichten die Emission von Zertifikatkonstruktionen wegen ihres offensichtlichen „glückspielähnlichen Charakters" untersagte. Bei über 650.000 allein durch die BAFin „genehmigten" Zertifikaten bildeten diese Ausnahmesituationen den sprichwörtlichen Tropfen auf den heißen Stein.

Beispiel 8

Bank X emittiert ein Partizipationszertifikat 1, das die Kursänderung der Tageshöchst- und Tiefstkurse (Basiswert zehn Euro) der Aktie A im Verhältnis 1:1 abbildet. Weil sich der Absatz dieses Finanzproduktes hervorragend entwickelte, folgten dem Renner Emissionen von Zertifikaten mit den laufenden Nummern 2 bis 13, die ähnliche Basiswerte aufwiesen. Diese wurden vom Vertrieb der Bank X in Zusammenarbeit mit dem hauseigenen Research konstruiert.

- Zertifikat 2: Kursdifferenz zwischen Höchst- und Tiefstkursen der Aktie A auf Wochenbasis
- Zertifikat 3: Kursdifferenz zwischen Höchst- und Tiefstkursen der Aktie A auf Monatsbasis
- Zertifikate 4, 5 und 6 analog wie bei 1 bis 3, jedoch mit neuen Basiswerten (15 Euro), die die Differenz der Eröffnungs- und Schlusskurse im jeweiligen Zeitintervall darstellten
- Zertifikate 7 bis 13 wie oben, wobei die neuen Basiswerte jetzt als „Differenz der Differenz" formuliert wurden, das heißt als Monats- minus Tagesdifferenz, Monatsminus Wochendifferenz und Wochen- minus Tagesdifferenz und das jeweils für die Höchst-/Tiefstkurse und die Eröffnungs-/Schlusskurse.

Weil sich auch diese „Innovationen" exzellent verkauften, wurden 26 Discountzertifikate (im Unterschied zu den Partizipationszertifikaten haben Discountzertifikate Abschläge zum aktuellen Börsenkurs des Basiswertes) emittiert, die je zwei verschiedene Basiskurse in einem Produkt aufwiesen.

Diese Änderung implizierte einen Gewinn erst oberhalb einer Schwelle (Break even). Nehmen wir an, die Aktie A wäre die Daimler-Aktie gewesen, deren gewöhnliche Tagesschwankung bei einem Euro lag, so hätten in Analogie zum Partizipationszertifikat 1 die Discountzertifikate mit den laufenden Nummern 27 und 28 Basiskurse von 0,90 Euro und 1,30 Euro. Logischerweise war das Zertifikat 27 die sicherere Variante, weil die Marke von 0,90 Euro näher an der gewöhnlichen Tagesschwankung von einem Euro lag als die Marke von 1,30 Euro. Dem Zertifikat 27 wurde daher ein Emissionspreis von 0,80 Euro zugedacht, wohingegen das Zertifikat 28 (unsichere Variante) für 0,20 Euro zu haben war.

Die Bank X emittierte allein fünf Millionen der Zertifikate des Typ 28 und nahm eine Million Euro ein. Für statistische Zwecke war sie jedoch gehalten, der Aufsicht die Summe der Basiswerte (in diesem Fall 6,5 Millionen Euro) anzugeben. Denn die meldende Statistik basierte auf den Nominalwerten (Basiswerten) und nicht auf den Emissionseinnahmen.

Für die Gesamtzahl der 39 Zertifikate nahm die Bank X einen Emissionsbetrag von 6,3 Millionen Euro ein und meldete ein Volumen von 32,5 Millionen Euro.

Angespornt von den Vertriebserfolgen konstruierte das bankeigene Research bald einen Derivate-IndexPlus, der vom Typ her ein gewichteter Preisindex war. Dessen Startwert bestand aus den ungewichteten Summierungen der Tagesnotierungen der 39 vorgenannten Zertifikate und basierte auf der Berechnungsformel ein Euro Kurswert = ein Indexpunkt. Der Derivate-IndexPlus startete mit einem Anfangswert von 14,22 Punkten.

Zum späteren Zeitpunkt plante der Vertrieb Indexprodukte in Form von Zertifikaten und Hebelprodukten auf den DerivateIndexPlus herauszugeben. Leider machte ein Börsencrash den Planern einen Strich durch die Rechnung.

Wer sind die Käufer der häufig sehr abstrakten derivativen Anlageprodukte? Es bedarf keiner tief greifenden Erklärung, dass die im Beispiel 8 dargestellten 39 Partizipations- und Discount-Zertifikate der Bank X sowie der darauf abgeleitete DerivateIndexPlus keinem wirklichen „Anlagebedarf" entsprachen. Kein seriöser Anleger hätte den Sinn dieser Produkte richtig verstanden. Dennoch blühte der Absatz dank der massiven Marketingoffensiven und dem bislang guten Ansehen der Bank bei ihren Stammkunden.

Andererseits würden die Emissionen zweifelsohne zur weiteren Intransparenz des Derivatemarktes beitragen. Zu fragen bleibt daher: Wer kauft überhaupt solche Anlagen?

Einschränkenderweise ist hervorzuheben, dass die angebotene Menge und die exotischen Namen dieser „Finanzinnovationen" noch nicht über ihre effektive Nachfrage entscheiden. Denn diese stößt auf mehrere Schranken: Zu prüfen bleibt zuerst, ob die Privatanleger genügend freies Anlagekapital besitzen, um in den „Innovationen" nennenswerte Beträge zu investieren.

Weiterhin dürfte es nicht problemlos werden (vor allem in Deutschland) den konservativen Privatanleger von der Attraktivität einer neuen „Finanzinnovation" zu überzeugen, zumal es in der Anlageklasse Indexprodukte durchaus altbewährte gute Anlagen gibt. Als Beispiel wären Aktienfonds mit dem Anlageschwerpunkt DAX-Aktien und die wenig riskanten ETFs (allein bei comdirect sind 773 Angebote zu finden) zu nennen. Bei Fonds helfen die hohen Fondsvolumina, die Investitionskandidaten mit einer angemessenen Größe (zum Beispiel mindestens 50 Millionen Euro) herauszufinden.

Dass sich trotz der Fülle seriöser Anlagenmöglichkeiten ein exotisches Anlageprodukt auf den obem genannten Derivate-IndexPlus dennoch durchsetzen könnte, liegt an der einseitigen auf Provision basierenden Beratung, dem Vertriebsdruck und nicht zuletzt an der spezifischen Klientel der Emissionsbanken und ihrer nicht emissionsfähigen Kooperationspartner. Wenn sich eine nicht emissionsberechtigte Bank, wie die Deutsche Apotheke- und Ärztebank (apobank) der „Gefolgschaft" ihrer Klientel bewusst ist, wird es ein Leichtes sein,

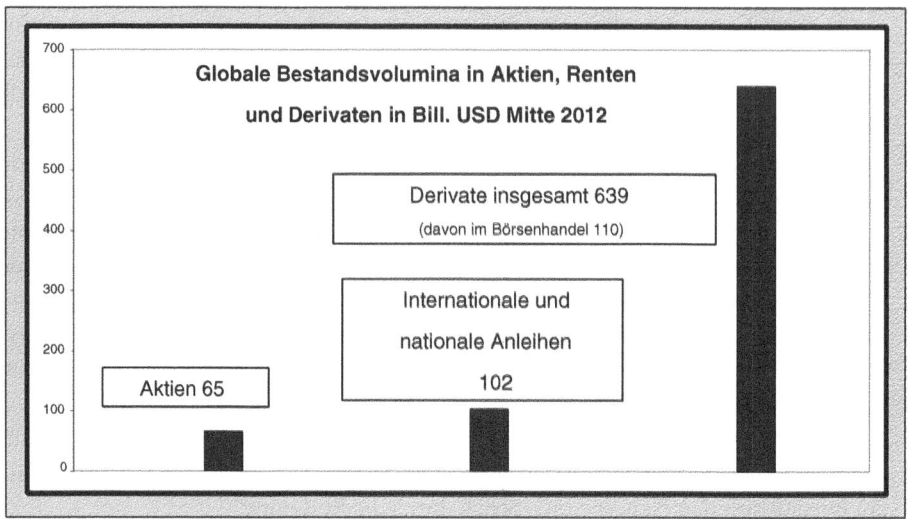

Abb. 5.5 Derivate im Vergleich zu globalen Aktien- und Rentebeständen (Bank für internationalen Zahlungsausgleich) Mitte Mai 2011

einen Emittenten (DZ Bank, Commerzbank) zu finden, mit dem Sonderabsprachen getroffen werden. Nach dem Motto: Der eine druckt die Papiere, der andere verkauft sie!

Stehen der derivativen Produktflut reale Anlagevolumina gegenüber? Die immense Anzahl der „innovativen" Produkte sagt demnach allein noch wenig über das tatsächliche Emissions- und Anlagevolumen aus. Jede Emission muss erst einen Absatz finden, das heißt am Kapitalmarkt „untergebracht" werden. Ob den Bemühungen der Vertriebsmaschinerie der Banken Erfolg beschert ist, soll dahingestellt sein.

Denn es könnte gut sein, dass die oben genannten 156.720 Indexzertifikate gerade der Marktkapitalisierung des kleinsten DAX-Wertes Laxness (5,6 Milliarden Euro) entsprechen würden. Dann wäre die ganze Aufregung, Kritik und Befürchtung um eine Marktverstopfung mit Derivaten und ihre bedrohliche Wirkung obsolet oder stark zu relativieren.

In der Kapitalmarktpraxis kann tatsächlich Entwarnung gegeben werden. Denn die beunruhigenden Zahlen und Grafiken über ein rasantes Wachstum der Derivatevolumina und die Flut der Produktanzahl können in zu falschen Schlüssen führen.

Welche Dimension das Wertvolumen des globalen Kapitalmarktes in Wirklichkeit erreicht, wird am Beispiel von drei Anlagearten in Abb. 5.5 dargestellt, die auf einer engen Kapitalmarktdefinition basiert. Das im Vergleich zur globalen Aktienmarktkapitalisierung von 65 Billionen US-Dollar und Rentenmarktkapitalisierung von 102 Billionen US-Dollar beunruhigend hohe Volumen an Derivaten von 639 Billionen US-Dollar besagt nichts über das hierin tatsächlich investierte Anlagekapital, weil das Volumen (wie in Beispiel 8) in Nominalwerten angegeben ist.

Es sind weiterhin zahlreiche Bereinigungen und Abgrenzungen der Derivatevolumina vorzunehmen, um zu einer realistischen Schätzung des Anlagevolumens in diesen Produkten zu gelangen:

- Von den 639 Billionen US-Dollar Nominalwert gelangen nur etwa 100 Billionen US-Dollar in den Börsenhandel und sind damit als Anlagen für den Privatanleger geeignet. Das Gros wird im außerbörslichen OTC-Handel *(OTC = engl. over the counter)* zwischen den institutionellen Akteuren gehandelt.
- Es ist ferner zwischen Anlage- und Absicherungsderivaten zu unterscheiden. Zu den Letztgenannten zählen hauptsächlich die Kredit-, Zins und Währungsderivate, die als sogenannte Swaps seit Jahrzehnten bekannt sind und einen materiellen Geschäftshintergrund (Beispiel: Absicherung von Währungseingängen aus Exporten) vorweisen. Wie viel von den an der Börse gehandelten Derivaten auf die beiden Kategorien entfallen, ist nicht aufgeschlüsselt worden.
- Die Absicherungsderivate sind außerbilanzielle Eventualverbindlichkeiten und -forderungen und werden am Verfalltag von den Parteien am Ende der Laufzeit größtenteils verrechnet (Netting). Der auszugleichende Betrag ist im Vergleich zum Nominalwert häufig minimal. Bei der Insolvenz von Lehman Brothers im Jahr 2008 wurden aus 60 Milliarden US-Dollar Nominalwert tatsächlicher Derivateverbindlichkeiten nur knapp zwei Milliarden US-Dollar (Ausfallquote drei Prozent) als Verlust verrechnet.
- Derivate sind nicht so gefährlich, wie die Zahlen es suggerieren könnten. Um eine Milliarde US-Dollar an Währungsposition (Währungsswap) abzusichern, braucht eine Bank zum Beispiel „nur" 60.000 US-Dollar Eigenkapitalhinterlegung.
- Auch sind Doppelzählungen aus den Statistiken herauszurechnen. Zertifikate sind nach deutschem Recht Inhaberschuldverschreibungen der emittierenden Bank und werden in der Kategorie der Anleihen erfasst.

Die von den Derivaten ausgehende Gefahr für den Kapitalmarkt wird demnach stark überschätzt. Im Endeffekt steht dem aufgeblähten Nominalvolumen der Derivate nur ein geringer Teil als effektive Anlage (darunter in zahlreichen Indexprodukten) gegenüber. Nichtsdestotrotz sind die beiden starken, von dieser Anlageklasse ausgehenden Störfaktoren für den Kapitalmarkt und die Volkswirtschaft nicht zu übersehen.

Zum einen können die Investmentbanken einerseits quasi unbegrenzt Derivate für Kunden und Banken kreieren und andererseits selbst in diese Instrumente investieren, auch auf Kreditbasis, mit anvertrauten Kundeneinlagen. Bei Liquiditätsengpässen beschaffen sich gefährdete Geldhäuser häufig Mittel bei den Zentralbanken, die mehr oder weniger gezwungen werden, die bedenklichen Finanzkonstruktionen als „Sicherheit" hereinzunehmen. Damit kann so manche Bank ein immer „größeres Rad" drehen und wird geneigt sein, die tatsächliche Gefahr in außerbilanziellen Gesellschaften zu verstecken. Nicht zuletzt steht das bittere Schicksal der vormals konservativen deutschen Landesbanken (die neben Derivaten vor allem in amerikanische ABS-„Schrottanleihen" investiert haben) für diese Fehlentwicklungen Pate.

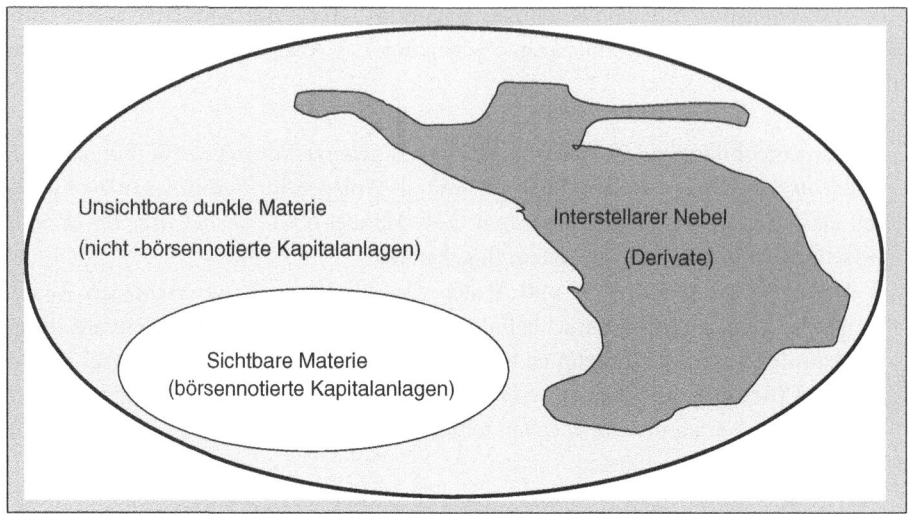

Abb. 5.6 Universum der Kapitalanlagen versus astronomisches Universum

Zum anderen weisen die Derivate (im Unterschied zu Aktien) keinen materiellen Hintergrund auf, die Anteile an Unternehmen verbriefen oder von Unternehmen zur Finanzierung von Realinvestitionen herausgegeben werden. Durch das mit der Derivatefinanzierung „erzwungene" Gelddrucken der Notenbanken entsteht volkswirtschaftlich gesehen eine enorme Inflationsgefahr.

Exkurs: Anlageuniversum versus interstellares Universum
In der heutigen Zeit ist der Begriff Anlageuniversum aus der Börsensprache fast nicht mehr wegzudenken. Zur Auflockerung der Thematik bietet sich folgender Vergleich zum tatsächlichen Universum im astronomischen Sinne an (Abb. 5.6).

Die börsennotierten Kapitalanlagen lassen sich hierbei mit der sichtbaren Materie (erstes Vergleichspaar) und die nicht- börsennotierten Kapitalanlagen mit der unsichtbaren Materie (zweites Vergleichspaar) vergleichen. So wie die Marktkapitalisierung der börsennotierten Kapitalanlagen an der Börse gemessen werden kann, lässt sich auch die Masse der sichtbaren Materie mit Gesetzen der Astrophysik bestimmen. Andererseits können sowohl die Marktkapitalisierung der nicht-börsennotierten Kapitalanlagen als auch die Masse der unsichtbaren dunklen Materie nur geschätzt werden. Dennoch ist wissenschaftlich nachgewiesen, dass von der Größenordnung das zweite Vergleichspaar das erste übersteigt.

Derivate würden in unserem astronomischen Universum dem interstellaren Nebel (drittes Vergleichspaar) entsprechen. Beide Kategorien nehmen viel Raum (hohe Nominalwerte, interstellarer Raum) ein, weisen aber eine sehr geringe Masse (Anlagevolumina bzw. Masse) aus.

▶   **Fazit** Wie ein globaler und nationaler Kapitalmarkt, für den Indizes konstruiert werden, von der Produktseite abzugrenzen ist, darüber gehen Expertenmeinungen auseinander. Auf der Bestandseite wird sein Volumen von der

Verbriefungstiefe des Volksvermögens abhängen, die wiederum von den gängigen Finanzierungsusancen (Börse oder Bankkredite) eines Landes mitbestimmt werden. Demzufolge werden nicht alle großen Volkswirtschaften automatisch hoch entwickelte Kapitalmärkte aufweisen. Die Dynamik der Kapitalmärkte wird sich am BIP-Wachstum und an der Sparquote ausrichten.

Zu den heute weit verbreiteten Trugschlüssen zählt die These von der Gefährdung der Kapitalmärkte durch die Derivateflut. Weil diese Produkte hauptsächlich in Nominalwerten dargestellt werden und aufrechenbare Eventualverbindlichkeiten sind, ist die tatsächlich darin investierte Anlagemasse viel geringer als vermutet wird. Dennoch: Die Produktflut in Derivaten (im Angebot für den Privatanleger dominieren die Zertifikate auf Indexanlagen) ist eine direkte Ursache für die rasant wachsende Anzahl immer neuer Indizes und der ebenfalls ausufernden Zahl der Indexanlagen. Der Anlegernutzen und die Transparenz bleiben hier auf der Strecke.

5.2   Immobilienindizes

Privat genutzte Immobilien zählen zu den beliebtesten Anlagen in Deutschland. Zwar fehlt dieser Anlageform (genauso wie Gold oder Kunstwerken) normalerweise das Merkmal der Verbriefung, es lohnt sich dennoch einen Blick darauf zu werfen und zu untersuchen, auf welche Weise Indizes für Privatimmobilien konstruiert werden. Es ist dabei zwischen „reinen" Immobilienindizes und Immobilienaktienindizes zu unterscheiden.

Die Immobilienaktienindizes, sogenannte REIT-Indizes, spiegeln nicht die Wertentwicklung der Immobilien, sondern derjenigen Aktiengesellschaften wider, die sich auf Immobilienbewirtschaftung spezialisiert haben. Ein Beispiel hierfür ist der Deutsche Immobilienaktienindex (DIMAX).

Während die Erstellung solcher Indizes einfach ist, da die Kurse öffentlich bekannt sind und aufgrund der hohen Marktliquidität kontinuierlich Transaktionen zustande kommen, ist bei Immobilienindizes die Beschaffung der Basisdaten problematisch.

Grundsätzlich gibt es transaktionsbasierte oder bewertungsbasierte Immobilienindizes.

Transaktionsbasierte Indizes Bei transaktionsbasierten Indizes werden die Kaufpreise für den Referenzzeitraum aus erfolgten Kauf- und Verkaufstransaktionen zugrunde gelegt. Da die Zahl solcher Transaktionen relativ gering ist und es keine zentrale Erfassungsstelle gibt, erfolgt die Kalkulation des Indexes nicht täglich, sondern in größeren Abständen vielfach jährlich.

Immobilienpreise werden in Deutschland selten und lückenhaft veröffentlicht. Lediglich die Kaufpreise für Grundstücke sind den Gutachterausschüssen der Kreise zu melden und eignen sich für Kalkulationszwecke. Aus diesem Grund werden Immobilienindizes nur von Verkäufern selbst oder Verbänden der Immobilienwirtschaft (Maklern) ermittelt.

Es gibt drei weitere systematische Verzerrungen: So werden in der Berechnung häufig nur Verkäufe von Neubauten, nicht aber solche aus dem Altbestand berücksichtigt. Auch ist eine repräsentative Verteilung der Objekte auf Regionen und Immobilientypen oftmals nicht gegeben. Schließlich weisen die Indizes keine Gewichtung aus und sind somit also preisbasierte Kursindizes.

Die bekanntesten transaktionsgestützten Immobilienindizes in Deutschland sind der DEIX-Index von Gewos, der HPX-Index von Hypoport und der VPD-Index vom Verband Deutscher Pfandbriefanstalten.

Bewertungsbasierte Indizes Bei bewertungsbasierten Indizes werden die Werte von Bestandsimmobilien nach Maßgabe der vorliegenden Wertgutachten ermittelt. Treiber der Wertveränderung sind hier primär die Veränderung der Mieten. Sachwertermittlungen kommen äußerst selten vor, zum Beispiel bei Zwangsversteigerungen. Dieses Rechenkonzept hat zwar den Vorteil unabhängig von zufällig stattfindenden Transaktionen zu sein. Allerdings ist eine Bewertung einer Vielzahl von Immobilien aufwändig und die Seriosität der Wertermittlung fraglich, weil die Gutachter häufig nicht wirklich unabhängig sind und die Sicht des Auftragsgebers vertreten. Das führt zu einer systematischen Überschätzung. Der einzige nennenswerte Index, der diese Methode anwendet, ist der Dix (Deutscher Immobilienindex) von IPD.

Die dritte Methode, nach der Immobilienindizes konstruiert werden können, ist deren Orientierung nicht an den tatsächlichen Transaktionspreisen, sondern an den Angebots- oder Nachfragepreisen. Ein klassisches Beispiel für einen angebotspreisorientierten Index in Deutschland ist IMX Immobilienindex von ImmobilienScout24.

IMX Immobilienindex® von ImmobilienScout24 Der IMX ist ein anspruchsvolles Preisbarometer für den deutschen Immobilienmarkt. Grundlage des IMX sind über zehn Millionen Immobilienangebote, die seit 2004 auf ImmobilienScout24 inseriert wurden. Monatlich kommen rund 150.000 neue Objekte hinzu. Zudem ist der IMX Immobilienindex vom Anbieter ImmobilienScout24 der einzige Index für Gesamtdeutschland und ausgewählte Regionen, der auf Monatsbasis veröffentlicht wird. Der IMX wurde in Zusammenarbeit mit dem Rheinisch-Westfälischen Institut für Wirtschaftsforschung (RWWI) in Essen verfasst, das neben dem IMX zahlreiche weitere Wirtschaftsindizes in Deutschland entworfen hat.

Die Datenbasis des IMX umfasst Immobilientypen von der Eigentumswohnung bis hin zu großen Gewerbeimmobilien (Mehrfamilienhäuser, Hallen, Büros, Praxen, Gastronomie, Einzelhandel, Hotels). Für die Erstellung des Indexwertes werden Rohdaten nach der hedonisch statistischen Wertermittlungsmethode normiert, welche neben reinen Preisänderungen auch Qualitätsunterschiede berücksichtigt. Ihre Anwendung bezieht sich sowohl auf sich veränderte Lageeigenschaften als auch auf objektspezifische Eigenschaften, wie etwa das Baujahr. Hierdurch werden Verzerrungen vermieden, die durch eine bloße Ermittlung der Preisdaten entstehen können.

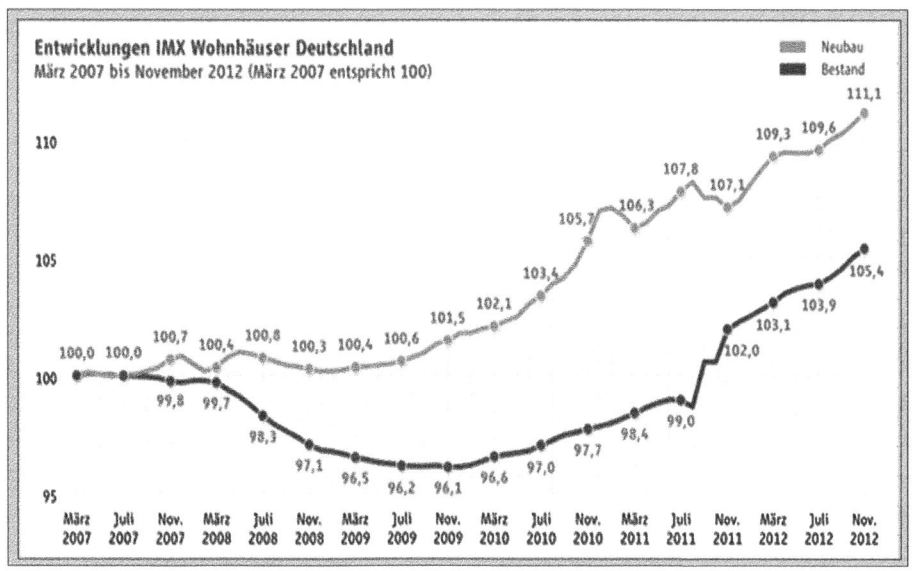

Abb. 5.7 IMX-Index der Wohnhäuser in Deutschland 2004–2012 (ImmobilienScout24)

Der Index wird in vielen Varianten (Subindizes) veröffentlicht, wie Neubau, Bestand, Miete, Kauf, Eigentumswohnungen, Wohnhäuser (Abb. 5.7), Großstädte versus deutschlandweit. Allerdings fehlt in jeder Variante die Gewichtung. Wenige teure Luxusobjekte in besten Großstadtlagen können den Index nach oben oder nach unten massiv verzerren und den Gesamttrend verfälschen.

Es ist grundsätzlich bei Immobilienindizes ein schwieriges Unterfangen Gewichte zu konstruieren, denn Immobilien sind keine homogenen Anlageobjekte (wie zum Beispiel Aktien) und Käufe/Verkäufe gestalten sich als einmalige Vorgänge, anders als bei Aktien, bei denen es täglich mehrere tausend Transaktionen gibt. Anspruchsvolle Konstrukte in diesem Bereich verwenden vereinzelt homogene Immobiliengruppen als unechte Gewichte. Als Beispiel für eine solche Gruppe könnten die Drei-Zimmer-Eigentumswohnungen mit einer Wohnfläche von 55 bis 60 Quadratmetern mittleren Standards in mittleren Lagen genannt werden.

Immobilienindizes in den USA und in Großbritannien In den USA ist der Case-Shiller-Index der bekannteste Immobilienindex. Der monatlich veröffentlichte Index ist von S&P entwickelt worden und repräsentiert die verschiedenen US-Teilmärkte. Es gibt einen bundesweiten Wohnimmobilienindex, einen Index für die wichtigsten zehn bzw. 20 Städte und 20 Einzelindizes für einzelne Metropolen.

Ein weiterer bedeutender Immobilienindex ist der FHFA House Price Index von der Federal Housing Finance Agency (FHFA). Diese Bundeshausfinanzierungsagentur ist die Aufsichtsbehörde der bekanntesten Hypothekenfinanzierer Fannie Mae und Freddie Mac.

Der NAHB/Wells Fargo Housing Market Index wird von der National Association of Home Builders (NAHB) veröffentlicht. Er spiegelt die Erwartungen von Bauunternehmen, die auf den Bau von Einfamilienhäusern spezialisiert sind, wider.

In Großbritannien ist der IPD-Index der führende Immobilienindex.

Anlagerelevanz von Immobilienindizes Ein Privatanleger, der in eine Privatimmobilie investieren möchte, wird mit den hier vorgestellten Immobilienindizes wenig anfangen können. Zu inhomogen ist seine beabsichtigte Finanzinvestition und zu unterschiedlich sind die Trends auf den Regionalmärkten. Andererseits werden Immobilienindizes sehr häufig von Volkswirten als konjunkturelle Frühindikatoren für die unterschiedlichsten Prognosezwecke verwendet. Steigende (fallende) Immobilienpreis- oder Mengenindizes werden generell als Zeichen einer Konjunkturerholung (eines konjunkturellen Einbruchs) gedeutet. Das verwundert nicht, wenn man bedenkt, dass das Bruttoinlandsprodukt (BIP) zu über 70 Prozent vom privaten Verbrauch getragen wird und in diesem Ausgabensegment wiederum die Hypothekentilgungen je nach Land einen Anteil bis zu 30 Prozent an den Gesamtausgaben eines Durchschnittshaushaltes ausmachen. Mit steigenden Immobilienpreisen nehmen darüber hinaus in der Regel die Bautätigkeit und das Konsumentenvertrauen zu - weitere wichtige Frühindikatoren einer Konjunkturverbesserung.

5.3   Rentenmarktindizes

REX der Deutschen Börse Der Deutsche Rentenindex, kurz REX, ist ein Index, der die Wertentwicklung von deutschen Staatsanleihen misst, die in Form einer sogenannten synthetischen Anleihe gebündelt werden. Die synthetische Anleihe wird als eine fiktive Anleihe (sie ist also nicht kaufbar) aus 30 tatsächlich am Markt gehandelten Anleihen mit ganzjährigen Laufzeiten von einem Jahr bis zehn Jahren gebildet. Zudem stehen hierbei drei Kupontypen von sechs Prozent, sieben Prozent und neun Prozent zur Auswahl. Die Anleihen sind nach ihrer Marktkapitalisierung gewichtet.

Wie man sich eine solche Anleihe im Vergleich zu einer fiktiven synthetischen DAX-Aktie vorstellen kann, zeigt die Matrix in Abb. 5.8.

Da dem Leser die DAX-Konstruktion bekannt ist, ist die obige Matrix einfach zu verstehen: In ihr sind exemplarisch nur drei Anleihen (Anleihe 1, Anleihe 15 und Anleihe 30) und die DAX-Aktien (Adidas, Siemens und Volkswagen) mit ihren Kursen und Gewichten aufgenommen worden. Wären alle Felder der Matrix mit den Anleihekursen ausgefüllt, ergäbe die Summe aller Anleihekurse multipliziert mit den dazu gehörenden Gewichten (die Summe der Gewichte muss 1,0 ergeben) den Wert der synthetischen Anleihe am Starttag, zum Beispiel 103,27. Analog ergäbe die Summe aller Aktienkurse multipliziert mit den Gewichten eine synthetischen DAX-Aktie mit einem Werft von zum Beispiel 7,6531. Die synthetische DAX-Aktie wäre in Analogie zur synthetischen Anleihe als eine nicht kaufbare fiktive Aktie zu verstehen, die aus 30 tatsächlich am Markt gehandelten DAX-Aktien gebildet wäre.

Laufzeit	Kupon 6%	Kupon 7,5%	Kupon 9%
1 Jahr	Anleihe 1 Kurs 98,7 Gewicht 0,023	x	x
	Adidas Kurs 62,10 Gewicht 0,008	x	x
2 Jahre	x		
3 Jahre	x		
4 Jahre	x		
5 Jahre	x	Anleihe 15 Kurs 102,7 Gewicht 0,087	x
		Siemens Kurs 83,10 Gewicht 0,097	
6 Jahre	x	x	x
7 Jahre	x	x	x
8 Jahre	x	x	x
9 Jahre	x	x	x
10 Jahre			Anleihe 30 Kurs 106,8 Gewicht 0,045
	x	x	Volkswagen Kurs 165,30 Gewicht 0,027

Abb. 5.8 Konstruktion einer synthetischen Anleihe und einer synthetischen DAX-Aktie

Die zeitliche Entwicklung der (absoluten) Startwerte der synthetischen Anleihe und der synthetischen DAX-Aktie entspräche analog der DAX- und der REX-Entwicklung. Für Vergleichszwecke sollten nicht die absoluten Werte sondern die auf 100 Prozent (oder 100 Punkte) nominiert Werte, zum Beispiel also 103,27 = 100 und 7,6521 = 100 verwendet werden.

Die reellen marktkapitalisierungsgestützten Gewichte der REX-Anleihen lagen Ende 2012 zwischen 4,88 Prozent (vierjährige Anleihe mit sechs Prozent Kupon) und 1,47 Prozent (zehnjährige Anleihe mit Kupon 7,5 Prozent).

In Folge der Variierenden Kurse und der Gewichtsanpassungen werden sich im Zeitverlauf die beiden Indizes, DAX und REX, unterschiedlich entwickeln. Damit die synthetische Anleihe beim REX, wie der DAX, immer eine endlose Laufzeit hat, werden Anleihen, die auslaufen, ausgewechselt und durch neue Anleihen ersetzt (revolvierendes System). Am Rentenmarkt sind problemlos homogene Anleihen zu finden.

Performanceindex REX Den von der Deutschen Börse (die insgesamt 20 Rentenindizes, nicht nur in der REX-Familie, veröffentlicht) erstellten REX gibt es seit 1991 täglich in der Performance- und Kursindexversion. Hierin werden alle Anleihen, Obligationen und Schatzanweisungen der Bundesrepublik Deutschland, des Fonds deutscher Einheit und der Treuhandanstalt mit fester Verzinsung berücksichtigt. Der REX-Performanceindex impliziert die Wiederanlage der Zinsen in der synthetischen Anleihe, so wie beim DAX-Performanceindex die Dividenden berücksichtigt werden. Eine Steigerung des REX-Performanceindexes kann somit sowohl aus der Kurssteigerung der synthetischen Anleihe infolge von allgemeiner Zinssenkung am Rentenmarkt als auch aus den wieder angelegten Zinserträgen resultieren. Auch Mischformen sind möglich.

Bei steigenden Zinsen, könnte aufgrund der inversen Beziehung zwischen Marktzinsen und Anleihekursen der Kursrückgang der Indexanleihen den Wiederanlageeffekt überkompensieren. Deswegen ist der Kursverlauf des Indexes auch in der Performanceversion phasenweise rückläufig.

Der Zusammenhang, der Kurs einer Anleihe mit unendlicher (endloser) Laufzeit (bei endlicher Restlaufzeit sind die unteren Formeln zu erweitern) und unveränderter Emittentenbonität verhält sich umgekehrt proportional (invers) zum laufenden Marktzins (Effektivzins), wird durch folgende Formel dargestellt:

Formel 2:

$$\text{Effektivzis (in \%)} = \frac{\text{Nominalzins (in \%)}}{\text{Kurs}}$$

$$\text{Kurs} = \frac{\text{Nominalzins (in \%)}}{\text{Effektivzis (in \%)}}$$

Fällt (steigt) der Marktzins im Vergleichszeitraum von vier Prozent (drei Prozent) auf drei Prozent (vier Prozent) verändert sich der Anfangskurs der Anleihe mit einem Nominalzins von vier Prozent (drei Prozent) und einem Anfangskurs von 100 auf 133 (75).

Ein Anstieg des REX-Kursindexes, der keine Wiederanlage der Zinsen vorsieht, bedeutet formelgemäß, dass im Vergleichszeitraum die Kurse auf dem Rentenmarkt gestiegen und die Zinsrenditen gefallen sind.

Kursindex REX In Abb. 5.9 ist der REX Performanceindex innerhalb von 16 Jahren um insgesamt 148 Prozent oder durchschnittlich um 5,8 Prozent pro Jahr gestiegen, wovon etwa sechs Siebtel auf den Wiederanlageeffekt und ein Siebtel auf den Kurseffekt zurückzuführen sind.

Im gleichen Zeitraum stieg der REX-Kursindex lediglich um 22 Prozent. Vereinfacht formuliert, gibt der Kursindex die Kursveränderung einer 5,5-jährigen Staatsanleihe mit einem Kupon von 7,5 Prozent pro Jahr wieder, die einer mittleren Laufzeit und einem mittleren Kuponwert aus dem der Korb der oben genannten 30 Anleihen entspricht. Die Rechnung ist allerdings nur dann korrekt, wenn sich das Gewicht dieser Anleihe im Vergleichszeitraum nicht geändert hat.

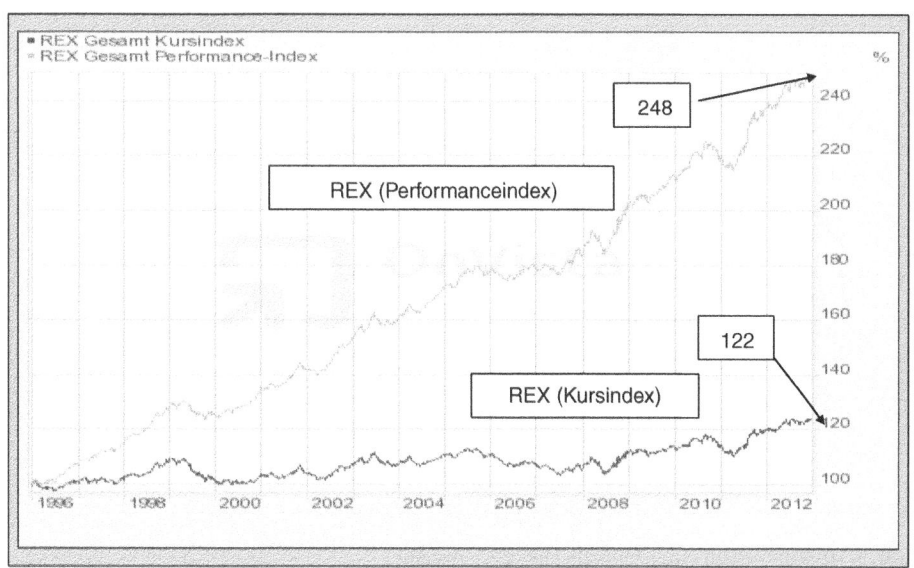

Abb. 5.9 REX (Performanceindex) versus REX (Kursindex) 1996–2012

Anlagerelevanz von Rentenindizes Wer am Rentenmarkt fallende Zinsen erwartet, kann bei einem Indexanlageprodukt auf den REX Kursgewinne realisieren. Es gibt daneben Indexprodukte auf den REX Short, bei denen der Anleger, umgehrt, von steigenden Zinsen profitiert.

Die Kursentwicklung des REX-Kursindexes wird von charttechnisch orientierten Anlegern verschiedentlich für die Zinsprognose verwendet. Bestimmte Chartformationen signalisieren generell bevorstehende Trendwechsel und senden Kauf (K)- und Verkaufssignale (V), was laut Charttheorie für alle Anlagearten gilt. Bei einem signalisierten Kursausbruch des REX-Kursindexes nach oben ist gemäß Formel 2 mit einem Zinsrückgang zu rechnen und umgekehrt. In Abb. 5.10 wird die Kursentwicklung einer zehnjährigen REX-Staatsanleihe (Kupon 7,5 Prozent pro Jahr) seit 1998 grafisch dargestellt. Eine Schnelleinschätzung des Chart-Bildes spricht für eine Trendfortsetzung und damit für weiter steigende Kurse und einen fallenden Zins. Dieser Befund überrascht in der gegenwärtigen „Geldschöpfungseuphorie" (es herrscht ein Geldmengen-Überangebot); Notenbanken verwundert er jedoch nicht.

Wegen der engen Korrelation zwischen den Zinsen für Staatsanleihen (sogenannter Zinszusammenhang) und den Hypothekenzinsen würde der erwatete Zinsrückgang am Anleihenmarkt für einen privaten Hausbauer ein weiteres Signal senden, dass er noch etwas warten soll, bis er seine Finanzierung billiger bekommt.

Indexfamilie iBoxx Fortgeschrittene Anleger in Rentenindexprodukten seien auf die iBoox-Indexfamilie hingewiesen, die von der International Index Company, einer 100-prozentigen Tochter von Markit, betrieben wird. Der Name steht für die Rentenmarktindizes der

Abb. 5.10 Kursverlauf einer zehnjährigen REX-Anleihe

Regionen Europa, USA und Asien. Die Indizes der iBoxx-Familie sollen die Entwicklung der entsprechenden Rentenanleihenmärkte repräsentativ nachbilden. Sie werden auf der Grundlage von Handelsdaten aus großen Banken für festverzinsliche Staatsanleihen, staatlich garantierte Anleihen, staatlich besicherte Anleihen und Unternehmensanleihen berechnet.

Für die sogenannten iBoxx Liquid-Indizes wird weiter eine Auswahl der liquidesten Anleihen aus dem iBoxx Universum getroffen. Aus diesem Grund werden die Liquid-Indizes bevorzugt als Basis für ETFs, OTC und börsengehandelte Derivate herangezogen.

Weitere Rentenindizes der Deutschen Börse: eb.rexx- und EuroGov Indexfamilie Die Beschreibung dieser Rentenindizes soll sich auf eine Aufzählung der wichtigsten beschränken:

- Der eb.rexx-Government-Germany-Index beinhaltet die 25 liquidesten Staatsanleihen mit Restlaufzeiten zwischen 1,5 und 10,5 Jahren. Diese Indexmitglieder sind keine Bestandteile einer synthetischen Anleihe, wie beim REX, sondern effektiv kaufbare Anleihen.
- Der eb.rexx-Jumbo-Pfandbriefe-Index enthält die 25 liquidesten Jumbo-Pfandbriefe mit Restlaufzeiten zwischen 1,5 und 10,5 Jahren.
  Für beide Indizes gibt es noch sechs weitere Subindizes für die einzelnen Laufzeitklassen.
- Der eb.rexx-Money-Market-Index spiegelt die Entwicklung im deutschen Geldmarkt wider und setzt sich aus Staatsanleihen mit einer Restlaufzeit unter einem Jahr zusammen. Die Gewichtungen der Anleihen im Index erfolgen nach ihrer Marktkapitalisierung.

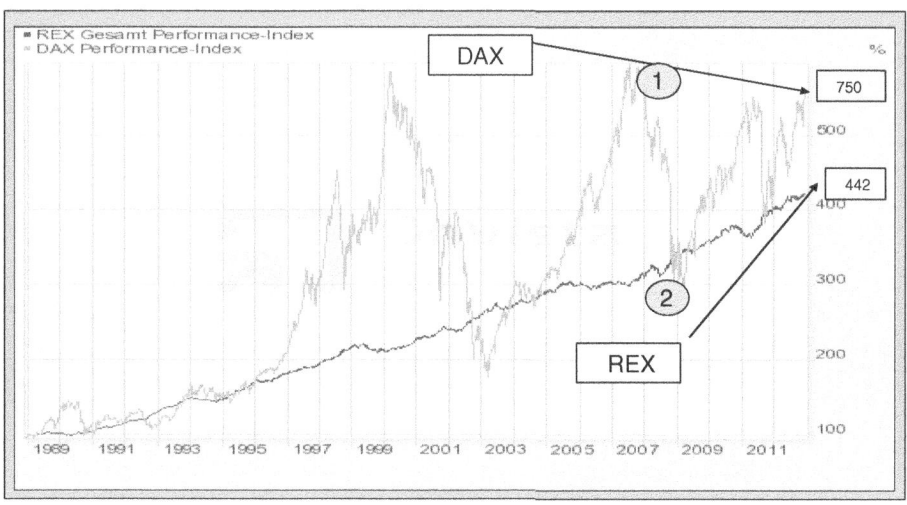

Abb. 5.11 DAX versus REX im Zeitraum 1988–2012

EuroGov-Indexfamilie wird für den deutschen und französischen Rentenmarkt berechnet und basiert auf verbindlichen Quotierungen für Anleihen. Sie bildet aktuell den deutschen und den französischen Markt für festverzinsliche, in Euro denominierte, Staatsanleihen ab. Die Indexfamilie umfasst verschiedene Laufzeitbereiche. Hier gibt es analog eine Indexvariante für den Geldmarkt.

Exkurs: „Aktie schlägt Rente": DAX- versus REX-Entwicklung
Diese uralte Börsenweisheit besagt, dass man mit Aktien langfristig mehr Geld als mit Rentenpapieren verdienen kann. Die langfristige Kursentwicklung des DAX und des REX in der Performanceversion bestätigt diese Hypothese (Abb. 5.11) in langfristiger Sicht. Zwischen 1988 und 2012 konnte der Aktionär durchschnittlich 8,8 Prozent pro Jahr verdienen, während der „Rentier" nur eine Rendite von 6,2 Prozent erwirtschaftete. Diese Rechnung basiert auf der Annahme, dass beide Anleger ihre Einsätze Anfang 1988 getätigt und diese über die gesamte Laufzeit durchgehalten haben.

In einem kürzeren Zeitvergleich kommt es dagegen auf den Einstiegszeitpunkt an. Während sich der „Rentier" quasi durchgehend seiner Rendite erfreuen konnte, hätte der Aktionär, der Ende 2007 eingestiegen ist (bei 1), heute immer noch Verluste zu beklagen. Umgekehrt läge er bei einem Einstieg Anfang 2009 (bei 2) stark im Plus. Wo es Chancen gibt, sind auch Risiken - auch das besagt eine uralte Börsenweisheit.

5.4 Zertifikateindizes

Zertifikateindizes für den deutschen Markt werden von der Börsenplattform Scoatch und dem Deutschen Derivate Verband (DDV) erstellt. Scoach ist der Name des Joint Ventures von SIX Swiss Exchange AG und der Deutsche Börse AG für strukturierte

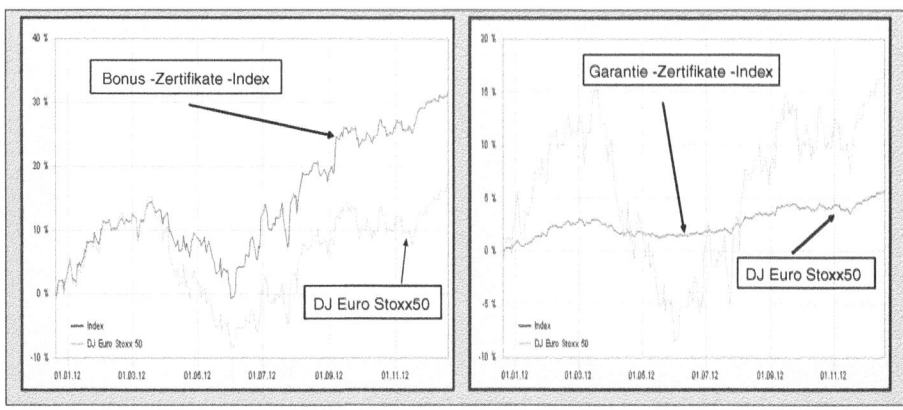

Abb. 5.12 Bonus- und Garantiezertifikateindizes auf den DJ Euro Stoxx 50 versus DJ Euro Stoxx 50 in 2012 (Deutscher Derivate Verband)

Produkte. Zertifikateindizes dürfen nicht mit den ihnen sprachlich verwandten Index-zertifikaten verwechselt werden, die keine Indizes sondern Indexanlagen sind.

Zur Berechnung der Zertifikateindizes verwendet der DDV je Indextyp eine repräsen-tative Auswahl von 20 Zertifikaten auf den DJ Euro Stoxx 50 als Basiswert. Die Gewich-tung erfolgt anhand der tatsächlich am Markt investierten Volumina. Das ist wichtig, weil bei vielen Zertifikaten kaum Handelsumsätze stattfinden. Die Indizes zeigen die durchschnittliche Wertentwicklung von den liquidesten Zertifikaten und ermöglichen den direkten Leistungsvergleich mit anderen Finanzprodukten und kann somit für diese Anlageklasse als repräsentativ angesehen werden.

Auch mit Zertifikateindizes lassen sich alle bekannten Indexanalysen, wie die Zeit- und Benchmarkvergleiche durchführen. Der Leser lernt hier methodisch nichts Neues. „Indextechnisch" ist dagegen interessant, wie die unterschiedlichen Basiswerte und Restlaufzeiten bei den Gewichten berücksichtigt werden, die sich wie erwähnt an reinen Umsätzen orientieren.

Die in Abb. 5.12 präsentierte Grafik zeigt die „Überlegenheit" des Bonuszertifikatein-dexes gegenüber dem Index DJ Euro Stoxx 50 im Jahresvergleich 2012, so wie es der Ver-band sehen möchte. Der Kenner der Indexmaterie weiß dagegen: Dieser Vorsprung ist allerdings bei anderen Laufzeiten nicht immer gegeben.

Wie erwartet, weist der Garantiezertifikateindex einen „glättenden" Verlauf im Ver-gleich zum DJEuroStoxx 50 auf. Damit reduziert der Inhaber eines Produktes auf diesen Zertifikateindextyp sein Anlagerisiko. Andererseits entgehen ihm die Chancen, die er bei einem Indexprodukt auf den DJEuroStoxx50 hätte, der in der Spitze Steigerungen von über 15 Prozent aufweist. Wo es Risiken gibt, dort gibt es auch Chancen!

Rohstoffindizes der Deutschen Börse: CX Commodity Der CX-Commodity-Index ist eine Rohstoffindexfamilie, die die globalen Rohstoffmärkte abbildet. Die Gewichtung der CX-Commodity-Indizes basiert auf der Liquidität der zugrunde liegenden Futures (Terminkontrakten) auf einzelne Rohstoffe. Der liquideste Future übt den größten Einfluss auf die Indexentwicklung aus. Der Index bildet nur Rohstoff-Futures-Kontrakte ab, die folgendes Liquiditätskriterium erfüllen: Aufgenommen werden alle Kontrakte, deren tägliches Open Interest (offene Kontraktposition) über zwölf Monate im Durchschnitt größer als 100.000 Kontrakte ist und deren tägliches Handelsvolumen im selben Zeitraum im Schnitt über 100.000 Kontrakte pro Tag beträgt. Der große Nachteil ist dabei, dass die reine Kontraktmenge (wie bei vielen Derivaten) nichts über die investierten Volumina aussagt. Neben dem CX-Index werden fünf weitere Subindizes Energie, Industriemetalle, Agrarwirtschaft, Edelmetalle und Viehwirtschaft kalkuliert. Das auf der Liquidität basierende Indexkonzept des CX Commodity stellt die Grundlage für Derivate wie Futures, Optionen, Zertifikate oder klassische Optionsscheine dar.

▶   **Fazit** Indizes auf Immobilien-, Renten-, Zertifikate- und Rohstoffanlagen erlauben kaum pauschalierte Aussagen. Ihnen ist gemeinsam, dass ihre Konstruktion wegen der problematischen Gewichtsbildung (die Anlageobjekte sind nur bedingt homogen) schwierig ist. Rentenindizes sind bei der Feststellung einer richtigen Zinstendenz (die ähnlich wie die Rohstoffindizes als Frühindikatoren für viele volkswirtschaftliche und kapitalmarktbezogene Größen dienen) sehr informativ. Besonders bei Privatimmobilien und den Zertifikaten ist die Ableitung eines richtigen Kaufzeitpunktes aus der Indexgrafik kaum möglich.

Anlage in Indexprodukten

6.1   Einteilungskriterien der Kapitalanlagen

Bevor die Vor- und Nachteile der einzelnen Indexprodukte vorgestellt werden, soll auf mehre Begriffe aus dem Bereich der Wertpapieranlage eingegangen werden, bei denen es häufig zu Verwechslungen und Trugschlüssen kommt. Erklärt werden die Abgrenzungen und Definitionen am Beispiel der zehn häufigsten Anlagearten (Abb. 6.1).

- Direkte oder indirekte Anlage?
  Handelt es sich um ein Produkt das einzeln als Anlage (Aktie, Anleihe, Genussschein) an der Börse notiert ist, haben wir es mit einer direkten Anlage zu tun. Indirekte Produkte werden dagegen aus vielen Einzelprodukten gebündelt (zusammengestellt) oder von einem anderen Produkt abgebildet. So entsteht zum Beispiel aus vielen Aktien ein Aktienfonds oder aus der Abbildung einer Direktanlage ein Derivat. Der Begriff Derivat stammt vom lateinischen Wort derivare (ableiten, abbilden) ab. Das abgebildete Objekt wird in der Fachsprache der Börsianer als Basiswert bezeichnet.

  Ein Index selbst kann als abstraktes Produkt nicht gekauft, sondern nur in einem Derivat abgebildet werden. Daneben können sehr wohl alle Aktien in der gleichen Proportion, wie sie in einem Index gewichtet sind, gekauft und in einen Indexfonds (ETF), einem DAX-Aktienfonds oder einem CFD gebündelt werden. CFDs auf Indizes sind Kontrakte, die ebenfalls einen Index abbilden.

  Bündelungen und Abbildungen werden von Fondsgesellschaften und Emissionsbanken vorgenommen und an Anleger als neue Finanzprodukte (indirekte Anlagen) verkauft. Sowohl bei Fondsanteilen, den meisten Derivaten, den ETFs und CFDs hat der Anleger kein Recht auf einen Umtausch derselben in Einzelaktien oder einen anderen Basiswert. Ein solcher Umtausch würde ihn zudem wenig reizen, ist er doch am Kursgewinn seiner indirekten Anlage interessiert und nicht am physischen Besitz der gebündelten oder abgebildeten Objekte.

V. Heese, *Indizes in der Wertpapieranlage*, DOI: 10.1007/978-3-658-02260-0_6,
© Springer Fachmedien Wiesbaden 2014

Klassifikationskriterium	Aktie	Anleihe	Fond	einfacher Optionsschein	Knock-out-Schein	Zertifikat	Indexanleihe	ETF	CFD
1.direkt/indirekt	Direkt anlage				Indirekte	Anlage			
2.klassisch/modern	Klassische	Anlagen		Derivate				neue Fi nanzprodukte	
3.Anlagerisiko	mittel	niedrig	typabhäng	hoch	sehr hoch	typabhängig	niedrig	niedrig	sehr hoch
4.Indexabbildung	ja	ja	nein	nein	nein	ja	ja	bedingt	nein
5.Indexanlage (Index als Basiswert)			ja	ja	ja	ja	ja	ja	ja

Abb. 6.1 Klassifikation von Wertpapieranlagen

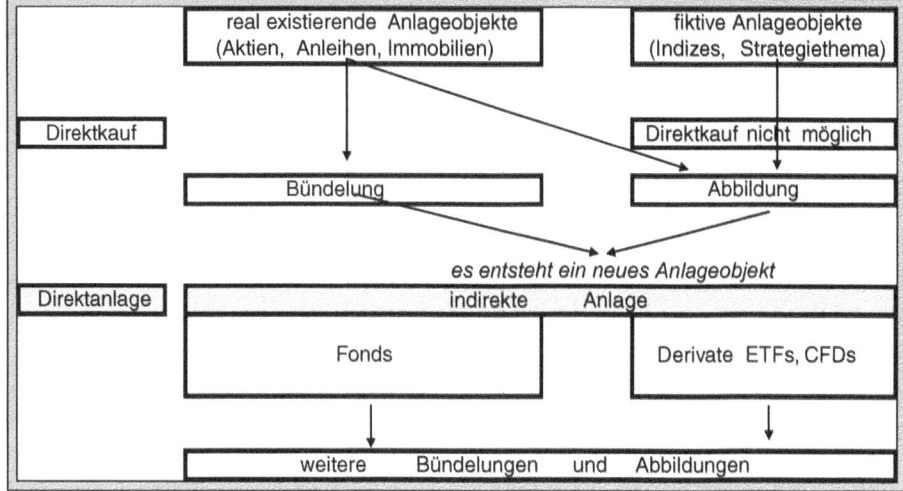

Abb. 6.2 Bündelung und Abbildung von direkten in indirekte Anlagen

Der geschilderte Prozess kann unbegrenzt fortgeführt werden. Aus mehreren indirekten Anlagen kann weiter ein „höherstufiges" indirektes Anlageprodukt konstruiert werden. Aus Fonds entstehen Dachfonds, Länder-ETFs können in einen globalen
ETF-Produkt zusammengelegt werden.

Zur Verdeutlichung der wichtigsten Schritte der Bündelungs- und Abbildungsvorgänge
von Direktanlagen in indirekte Anlagen wurde der Prozess in Abb. 6.2 wiedergegeben.

- klassische und moderne Anlagen
  Fonds und klassische Optionsscheine sind keine Erfindung der jüngsten Globali-
  sierungsära. Diese indirekten Anlagen gab es schon lange in der Vor-Derivate-Zeit.
  Ebenso zählen zu modernen (innovativen) Anlagen die vorgenannten ETFs und
  CFDs, die keine Derivate sind.
- Es ist ein weit verbreiteter Trugschluss, dass Anlagen in Derivaten und innovativen
  Produkten immer mit einem hohen Risiko verbunden sind. Bestimmte Zertifikate
  (Partizipazionszertifikate), Indexanleihen oder ETFs zeichnen sich gerade durch ein
  geringes Risiko aus. Demgegenüber können klassische Optionsscheine wesentlich

risikoreicher sein. Klassisch bedeutet nicht immer risikoarm, modern nicht immer risikoreich.

- Nicht aus allen Anlagen ist es möglich und/oder sinnvoll Indizes zu bilden. Die dabei auftretenden Probleme wurden bereits bei der Konstruktion eines Immobilienindexes dargestellt. Es gibt keine Indizes auf Fonds, Optionsscheine, Knock-out-Produkte (Hebelprodukte), Indexanleihen, ETFs und CFDs, sehr wohl aber auf Zertifikate. Man beachte an dieser Stelle erneut die feinen semantischen Unterschiede: Es gibt keinen Fondsindex (obwohl es einen Aktienindex gibt), sehr wohl aber einen Indexfonds (ETF). Ebenso gibt es Indexanlagen und Indexanleihen.

- Indexanlagen lassen auf alle indirekten Anlagen abbilden. Der Index bildet dann den Basiswert in einem Indexprodukt, was in der Präposition „auf" zum Ausdruck kommt. Die Palette der Indexanlagen auf den DAX reicht von den in DAX-Werten investierenden Fonds bis zum CFD auf den DAX.

Indexanlagen als Form des passiven Anlagestils Ergänzend sind die Begriffe aktiver und passiver Anlagestil kurz zu erläutern, denn auch hier gibt es in Zusammenhang mit Indizes und Indexanlagen Missverständnisse.

Der Investitionsstil wird in der heutigen Börsensprache auch als Portfoliomanagement bezeichnet. Anlegern stehen bei allen Anlagestrategien grundsätzlich zwei Anlagestile zur Verfügung. Entweder sie investieren aktiv in ein Finanzprodukt, mit dem sie den vergleichbaren Index, der hier Benchmark (Messlatte) genannt wird, schlagen wollen. Oder sie investieren passiv in ein Indexprodukt, das 1:1 den jeweiligen Index abbildet. Im ersten Fall steht die Chance, im zweiten Fall die Sicherheit im Vordergrund. Im zweiten Fall wird auch von Indextracking gesprochen.

Ein aktives Portfoliomanagement ist nicht billig, weil es in der Praxis immer zu vielen Umschichtungen, Marktbeobachtungen und kostspieligen Analysen führt. Anleger und Fondsmanager versuchen hierbei eine „goldene Regel", eine Art von Geheimwissen zu finden, mit dem sie den Markt überlisten können. Besonders in Seitwärtsphasen werden sie auffällig aktiv, wenn sie versuchen, Sondersituationen zu nutzen, die in der Masse des Marktes aufgehen und zum Indexwert wenig beitragen. Diese Aktivitäten kosten den Anleger Provisionen und den Portfoliomanager Personaleinsatz.

Ob durch weniger „Hektik" nicht mehr als bei einem ruhigen Indexverlauf herauskommen würde, ist eine andere Frage. Schließlich gibt es den Börsenspruch: „Gewinne laufen lassen". Nur etwa einem Viertel der aktiven deutschen Aktienfonds und Vermögensverwaltungen gelang es in der Vergangenheit, den DAX zu schlagen. Eine Mehrrendite (Outperformance) bleibt da häufig nur ein frommer Wunsch. Nur zu gut ist in der Anlagepraxis die andere Börsenweisheit bekannt: „Hin und her, macht Taschen leer!"

Im passiven Anlagemanagement wird gar nicht erst versucht, eine Mehrrendite zu erreichen. Ziel ist es hier, die Transaktionskosten niedrig zu halten und immer „dicht" am Index zu bleiben. Das Portfolio-Management ist transparent, da der Index der abgebildet werden soll, jedermann bekannt ist.

Ein passiver Anlagestil bedeutet aber nicht, dass keinerlei Anlageentscheidungen getroffen werden müssen. Der Anleger wird sein Kapital in mehrere Anlageklassen einbringen wollen und schon ab dann hat er das Problem zwischen mehreren Indizes wählen zu wollen (welches ist repräsentativ?). Er muss sich ebenso Gedanken über die Quotenaufteilungen unter den einzelnen Indizes machen.

In Verbindung mit den obigen Aussagen muss ein aktiv investierender Fondsmanager oder Anleger also keineswegs nur direkte Anlagen kaufen. Er kann genau so gut Fonds, Derivate und Indexprodukte in sein Depot nehmen.

6.2 Arten von Indexprodukten

Es gibt drei Hauptarten von Indexprodukten:

- Indexderivate (Zertifikate, Indexanleihen, Knock-out-Produkte und herkömmliche Optionsscheine), die verschiedentlich auch derivative Indexprodukte genannt werden
- Indexfonds ETF
- CFDs auf Indizes
- bedingt gehören noch dazu: Fonds, die schwerpunktmäßig eine Zusammensetzung eines bestimmten Indexes „kopieren" (nicht unbedingt im Verhältnis 1:1, wie ein ETF).

Bevor die Vor- und Nachteile einzelner Indexanlagen dargestellt werden, ist vorab zu klären, warum Anleger Indexprodukte überhaupt kaufen sollen. Liefern diese eine bessere Anlagechance als die Direktanlagen? Die Antwort ist nicht eindeutig. Folgende Überlegungen sind dabei von Relevanz:

- Die Frage nach einem direkten versus einem indirekten Investment ist nicht spezifisch für Indizes, sondern generell zu stellen. Vor einem gleichen Dilemma steht ein Anleger, der überlegt, ob er die Aktie der Deutschen Bank (Direktanlage) oder ein Zertifikat (indirekte Anlage) auf die Deutsche Bank kaufen soll.
- Der Anleger muss wissen, wie risikofreudig er in seinem Verhalten ist. Mit gewissen Derivaten, den sogenannten Knock-out-Produkten („Turbo"-Produkte) oder den CFDs, kann er im Vergleich zur Direktanlage überproportional gewinnen oder überproportional verlieren. Ein Totalverlust ist nicht auszuschließen. Um wie viel stärker sich der Kurs dieser Produkte im Vergleich zur Kursentwicklung der Direktanlage entwickelt, wird mit dem sogenannten Hebel (Verstärker) beschrieben. Bei einem Hebel von vier sind es zum Beispiel 400 Prozent. Diese Wirkung gilt sowohl beim Derivat auf die Aktie der Deutschen Bank als auch beim Derivat auf den breiten Aktienindex.
- Ganz analog kann er mit Indexzertifikaten an bestimmten Phasen des Marktes (Hausse, Baisse, Seitwärtsbewegung) überproportional am Gewinn teilhaben. Dafür profitiert er wiederum in anderen Phasen entweder gar nicht oder macht Verluste. Grundsätzlich kann er durch die Wahl der Höhe des Preises seines Basiswertes, des sogenannten Basiskurses, seine Risikobereitschaft steuern.

- Die alles entscheidende Frage bei Indexanlagen ist, ob der Anleger glaubt, die Entwicklung des Gesamtmarktes, die sich im Index widerspiegelt, besser einschätzen zu
  können als die bei einer Direktanlage. Diese Frage müsste er grundsätzlich zu beja-
  hen. Häufig haben gerade Börseneinsteiger das Gefühl, dass der Gesamtmarkt „sich
  bald erholen wird", sie haben aber keine Vorstellung davon, welche Einzelaktien
  zuerst. In einer solchen Situation ist ein „gewöhnliches" Indexprodukt wie der Indexfonds (ETF) für sie häufig das richtige Produkt.

So wichtig prinzipiell die Antwort auf die Frage „direkte oder indirekte Anlage?" ist,
so wenig überzeugend sind die empirischen Befunde über die Vorteilhaftigkeit beider
Investmentstile. Es gibt heute kaum Spezialfonds, die ausschließlich den einen oder den
anderen Stil wählen. Zudem sind überproportionale Börsengewinne in einer Anlageart
meistens zeitbezogen. Darauf wurde der Leser im Exkurs „Aktie schlägt Rente" bereits
hingewiesen. Sobald eine Strategie Überlegenheit „dauerhaft" zeigen würde, wie zum
Beispiel eine Antriebstechnik in der Mechanik, setzen Arbitragemechanismen ein, die
den Vorsprung zunichte machen.

6.3 Indexderivate (Zertifikate, Indexanleihen, Knock-out-Produkte, klassische Optionsscheine)

Die folgenden Beispiele zeigen die unterschiedlichen Kursentwicklungen der Indexderivate auf den DAX und des DAX selbst. In diesem Zusammenhang werden die hinter den
Derivaten stehenden Vor- und Nachteile verdeutlicht (Abb. 6.3).

Garantiezertifikat der DZ Bank (Laufzeit bis 22.6.2018) Garantiezertifikate, auch
Kapitalschutzzertifikate genannt, sichern die Rückzahlung des Nennbetrags zu 100 Prozent und gewähren im Normalfall eine zusätzliche Verzinsung. Zertifikate sind rechtlich
gesehen Inhaberschuldverschreibungen der Emissionsbank und zählten noch vor wenigen Jahren zu den beliebtesten Anlagederivaten des deutschen Privatanlegers.

Garantiezertifikate erlauben dem Anleger an der Kursentwicklung des Basiswertes
(hier: des DAX) zu partizipieren. Allerdings wird die erhöhte Sicherheit auch niedrigere
Gewinne bedeuten, weil diese durch zusätzliche Sicherungsinstrumente am Terminmarkt „gekauft" werden muss. Deshalb ist die Partizipationsquote an der Wertentwicklung des zugrunde liegenden Basiswertes geringer als bei anderen Derivaten. Im oben
genannten Beispiel des lang laufenden DZ-Garantiezertifikates auf den DAX wird der
geglättete Verlauf des Zertifikates im Vergleich zum DAX deutlich sichtbar.

Das Zertifikate-Universum kennt ganz unterschiedliche Risikoprofile. Neben den
Varianten mit Garantieniveau und einem hohem Sicherheitspuffer (Airbag-Zertifikate,
Index-Discountzertifikate) gibt es auf der anderen Skala Zertifikate mit einem hohen
Risiko-Chancen-Profil (Outperformance-Zertifikat, Express-Zertifikat, Sprint-Zertifikat).

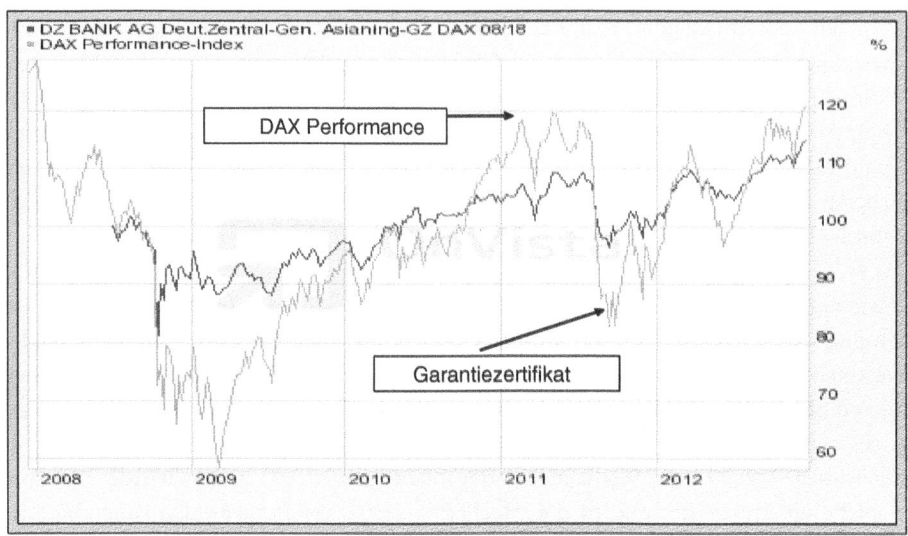

Abb. 6.3 Kursentwicklung DAX versus DAX-Garantiezertifikat (DZ Bank) 2008–2012

Knock-out-Produkt („X-Turbo"-Call) von der Commerzbank auf den DAX Turbo-
Produkte gehören zu den sogenannten Knock-out-Produkten. Der Anleger partizipiert
hier überproportional nach Maßgabe des Hebels (im unteren Beispiel von 2,1) an der
Entwicklung des Basiswertes. Steigt der Basiswert um einen Euro, so steigt im Falle eines
Calls auch das Knock-out-Produkt um einen Euro. Bei einem Put steigt das Knock-out-
Produkt um einen Euro, wenn der Basiswert um einen Euro fällt. Der Hebeleffekt ergibt
sich aus dem geringeren Kapitaleinsatz im Vergleich zu einer direkten Investition.

Der Unterschied eines X-Turbos zu einem klassischen Turbo besteht darin, dass
zusätzlich der X-DAX außerhalb der Handelszeit als Basiswert herangezogen wird.

Bei dem endlosen Knock-out-Produkt in Abb. 6.4 konnte der Inhaber im Sechs-
Monats-Vergleich (Juni 2012 bis Dezember 2012) hebelbedingt 2,1 Mal mehr verdienen
als der DAX zugelegt hatte (66 Prozent im Vergleich zu 31 Prozent). Der während der
Laufzeit unveränderte Hebel wirkt leider ebenso stark in die andere Richtung. Folglich
war der TurboCall von Mitte März bis Ende Mai überproportional um 36 Prozent gefallen, während der DAX nur 17 Prozent nachgab!

Die überproportionale Teilhabe an der Kursbewegung hat ihren zusätzlichen Preis:
Der Nachteil bei diesem Produkt liegt in der sogenannten Knock-out-Schwelle, die beim
oben genannten Indexprodukt mit 3.996,21 Punkten angegeben ist. Fiele der DAX unter
diese Marke, wäre der Turbo-Schein wertlos. Das kann während seiner endlosen Laufzeit
(Fälligkeit: Open End) schon irgendwann passieren. Bis zu diesem Zeitpunkt sollte der
Anleger den Turbo-Call-Schein verkauft haben.

Indexanleihe auf den DAX Eine Indexanleihe, auch Index Linked Bond genannt, wirft
im Vergleich zur herkömmlichen Anleihe höhere Zinsen ab. Zehn Prozent im Jahr sind

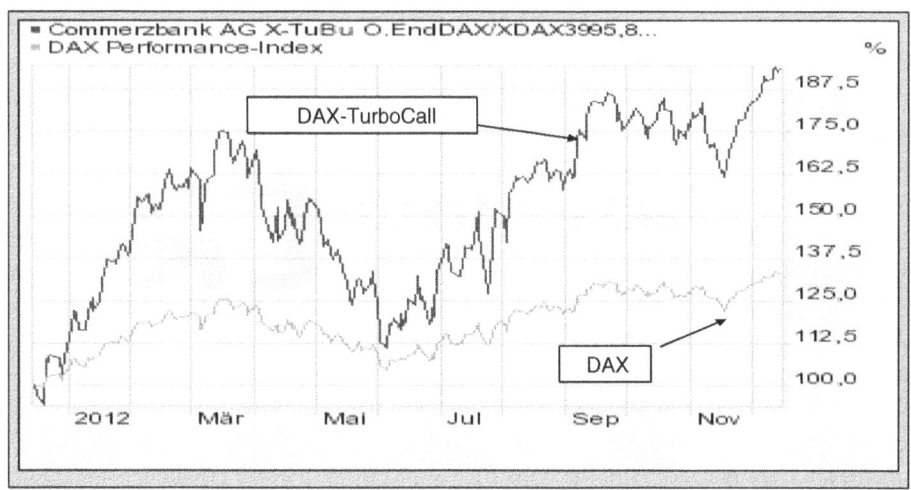

Abb. 6.4 Kursentwicklung DAX versus DAX-TurboXCall (Commerzbank) 2012

Tab. 6.1 Ermittlung einer Anlagerendite einer fiktiven Indexanleihe

Rückzahlung	46.000 Euro	(weil DAX auf 4.600 gefallen ist)
Einzahlung	50.000 Euro	
Zinsen	15.000 Euro	
Ertrag	11.000 Euro	
Ertrag pro Jahr	3.666 Euro	oder in % ausgerechnet etwa 7,3 %

bei diesem Finanzprodukt keine Seltenheit. Der Nachteil liegt im Risiko, den Basiswert als Barausgleich am Bewertungstag „ausgeliefert" zu bekommen, wenn dieser am Laufzeitende unter den vorher festgelegten Startwert fällt. Bei einer Aktie als Basiswert erfolgt die „Lieferung" in einer konkreten Aktienlieferung, beim Index als Basiswert in einem Barausgleich. Das erweist sich als Nachteil, da der Anleger vornehmlich am hohen Zins interessiert ist.

Folgendes Musterbeispiel verdeutlicht die Renditeberechnung bei einer Indexanleihe:

Liegt der Startwert bei einer zehnprozentigen DAX-Indexanleihe mit einer Laufzeit von drei Jahren bei 5.000 Punkten und hat der Anleger 50.000 Euro investiert, so ist am Ende der Laufzeit seine Rendite wie folgt zu rechnen, wenn der DAX auf 4.600 Punkte gefallen ist (Tab. 6.1).

Wie ersichtlich, reduziert sich wegen des DAX-Rückgangs zwar der Zinssatz von zehn Prozent auf 7,3 Prozent jährlich. Das wäre immer noch deutlich mehr als bei einer aktuellen Bundesanleihe mit der gleichen Laufzeit, die gerade ein mageres Prozent abwirft.

Warum heißt dieses Produkt DAX-Anleihe, wo doch das von der Emissionsbank vereinnahmte Geld nicht in den DAX-Werten angelegt wird? Warum kann die Emissionsbank derart hohe Zinsen zahlen?

Die Begründung liegt an der besonderen Konstruktion dieses Derivats: Die Emissionsbank legt den Investitionsbetrag in einer normalen Anlage an und bekommt das erwähnte eine Prozent Marktzins. Gleichzeitig wird sie eine Verkaufsoption auf den DAX mit Basispreis 5.000 Punkte und einer mit der Indexanleihe kongruenten Laufzeit am Terminmarkt (Markt für Derivate) verkaufen und erzielt dafür eine hohe Prämie. Diese Prämie mitsamt dem einem Prozent Normalzins gibt sie an den Anleger weiter und gewährt somit die Top-Rendite von zehn Prozent. Die Bank macht ihren Schnitt aus der Verkaufsprovision der DAX-Anleihe, die der Investor an sie zahlt.

Wenn der DAX während der Laufzeit unter 5.000 Punkte fällt (in unserem Fall auf 4.600), wird die Verkaufsoption vom Terminmarktpartner ausgeübt. Die Emissionsbank bekommt den Basiswert (den DAX) „angedient". Sie verrechnet die Differenz von 400 zum DAX-Wert zum Fälligkeitszeitpunkt mit dem Marktpartner (ein DAX-Punkt beträgt bei der Bezugsmenge 1:1 genau ein Euro) und zieht diesen von der fälligen Anleihe ab. Dem Anleger zahlt die Bank die vom Kontraktpartner erhaltenen 4.600 Euro aus. So ist sie abgesichert.

Steigt der DAX zum Fälligkeitstermin über 5.000 Punkte, wird die Option nicht ausgeübt und die Bank kann die Anleihe ohne Abzüge an den Anleger voll zurückzahlen.

Der Anleger stellt sich ferner die Frage, ob die Kurse der Indexanleihen auf die Kursveränderungen des zugrunde liegenden Indexes reagieren und von welchen Parametern sie abhängen. Es wäre denkbar, dass der Anleger die hohe Kurssteigerung der Anleihe dem attraktiven Zins vorziehen möchte und die Indexanleihe während der Laufzeit verkaufen.

Hierzu zwei Praxisbeispiele vom 15.12.2012:

Wie die Abb. 6.5 zeigt, reagiert der Kurs einer DAX-Indexanleihe zwar nach unten, wenn der Basiskurs unterschritten wird, oberhalb des Basiskurses jedoch nicht nach oben.

Die Indexanleihe Classic auf den DAX von der Commerzbank mit einer Laufzeit bis zum 20.06.2013 und einem Basiskurs von 6.250 Punkte ist Anfang Mai 2012 unter den Rückzahlungskurs von 100 gefallen, als der DAX den Basiskurs unterschritten hatte. Die Anleihe hatte die 100er-Marke dann wieder im Juli erreicht, als der DAX die 6.250 Punkte zurückerobern konnte. Denn entscheidend für den Kurs (Rückzahlungsbetrag) der Anleihe ist der DAX-Stand am 20.06.2013, der Bewertungstag. Die Bewegung nach oben macht die Anleihe dagegen nicht mit. Selbst wenn der DAX auf 8.000 Punkte steigt, erhält der Anleger nur 110 Prozent ausgezahlt (100 Prozent Rückzahlung Anleihe + 10 Prozent Kupon).

Auf einen weiteren Zusammenhang soll der Leser aufmerksam gemacht werden: Je höher der Basiskurs einer Indexanleihe desto höher ihr Nominalzins bei sonst gleichen Bedingungen (Restlaufzeit, Volatilität). Die Emissionsbank erzielt für den Verkauf ihrer Verkaufsoptionen bei einem Basiskurs von 6.250 Punkten eine höhere Prämie als bei 5.400 Punkten, weil der höhere Basiswert näher am derzeitigen DAX-Kurs liegt. Sie gibt, wie erwähnt, diesen höheren Vorteil an den Anleger in Form eines Mehrzinses weiter. Bei einer normalen Zinsstruktur auf dem Rentenmarkt wird eine Anleihe mit einem höheren Nominalzins einen höheren Kurs ausweisen. Diese Zusammenhänge werden in Abb. 6.6 verdeutlicht.

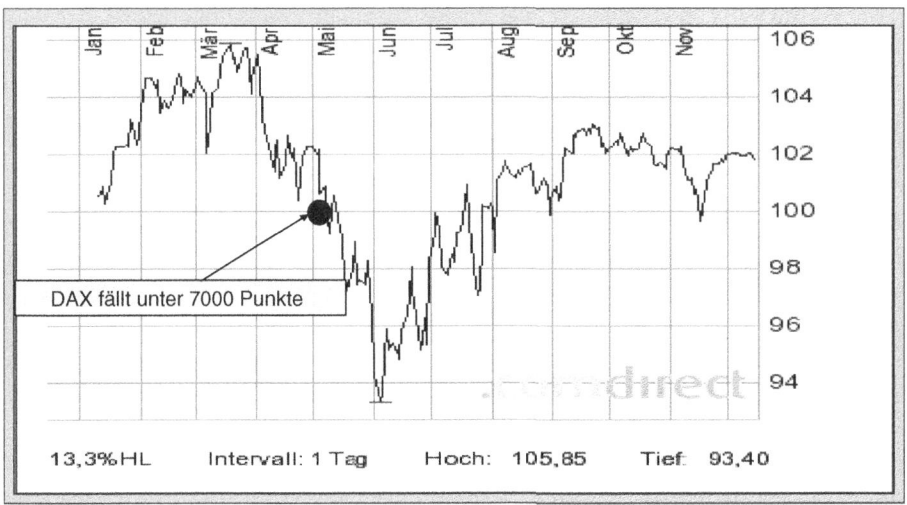

Abb. 6.5 Kursentwicklung einer Indexanleihe auf den DAX (Commerzbank)

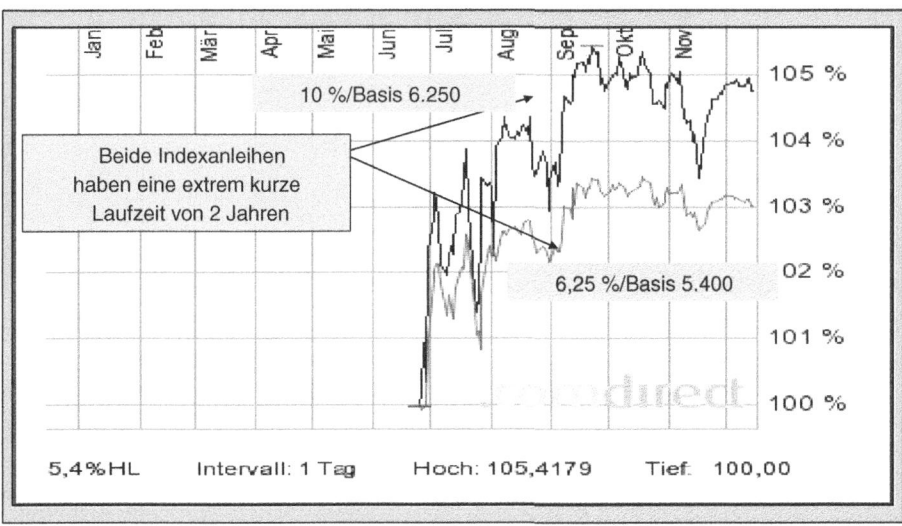

Abb. 6.6 Kursverlauf von zwei DAX-Indexanleihen mit unterschiedlichen Basiskursen

Bei Indizes, die schwankungsstärker als der DAX sind oder bei entsprechenden Aktienanleihen (zum Beispiel auf RWE), also generell bei Anlageprodukten, die eine höhere Volatilität ausweisen, können die Nominalzinsen noch höher ausfallen. Dies liegt daran, dass die Verkaufsprämien der Verkaufsoptionen hier höher sein werden. Bei einigen Aktienanleihen werden häufig volatilitätsbedingt „horrende" Nominalzinsen bis 20 Prozent pro Jahr angeboten.

Der Nachteil der Indexanleihen liegt im Risiko, einen Verlust zu erleiden, der dann eintritt, wenn der Kursverfall unter den Basiswert die gesamten Zinseinnahmen übersteigt. Das wäre bei der zweijährigen DAX-Indexanleihe von der Commerzbank mit dem Kupon zehn Prozent pro Jahr und einem Basiskurs von 6.250 Punkten der Fall, wenn der DAX unter 5.000 Punkte fallen würde.

Klassische Optionsscheine auf den DAX Die klassischen Optionsscheine waren in den 1960-er Jahren Vorläufer der beschriebenen Knock-out-Produkte und der Covered Warrants. Sie sind heute fast vollständig vom Markt verschwunden. Der Grund hierfür lag in der vorgesehenen physischen Auslieferung des Basiswertes (bei Aktien-Optionsscheinen also der physischen Aktien), was heute eigentlich nur ausnahmslos über den Barausgleich geregelt wird. Keine Emissionsbank unterhält heute physische Bestände, weil das einfach zu teuer und zu umständlich wäre.

Der Unterschied zwischen den klassischen Optionsscheinen und den Knock-out-Produkten liegt darin, dass die ersten während der Laufzeit nicht wertlos werden und folglich sich immer im Kurs erholen können, sobald die Börse anzieht. Der Anleger wird also nicht „ausgeknockt".

Der Nachteil dieser Art von Derivaten liegt darin, dass der Hebel variiert (durch das Aufgeld wird der Basiswert DAX nicht mehr 1:1 abgebildet), bis er am Ende der Laufzeit ganz wirkungslos werden kann. Durch das Aufgeld sind die klassischen Optionsscheine teurer als die Knock-out-Konkurrenten.

6.4   Indexfonds (ETFs)

Die Indexfonds (Indextracker, Index Exchange Funds oder ETF) bilden 1:1 die ihnen zugrunde liegenden Indizes ab, was bereits anlässlich der Beschreibung der aktiven und passiven Anlagestrategie erläutert wurde. Die Performance eines Indexfonds sollte zu jedem Zeitpunkt der Performance des abgebildeten Basis-Indexes entsprechen.

Es könnte damit auf den ersten Blick der Eindruck entstehen, dass für diese Art von Anlage überhaupt kein Management benötigt wird, denn die reinen Kauf- und Verkaufsvorgänge könnten heute der Computer erledigen.

Wenn kein neues Geld in den Fonds fließen würde, sollte es genügen einmal am 31.12. des Jahres alle Aktien eines Indexes in den Mengen, die ihren Indexgewichten entsprechen zu kaufen und bis zum 31.12. des Folgejahres ruhen zu lassen. Dann müsste die Fondsanlage genau die Indexrendite erzielen.

Ganz so einfach stellt sich die Angelegenheit leider nicht dar. Zum einen müssen die Manager bei den doch schon im Tagesverlauf erheblich schwankenden Kursen möglichst zeitgleich frisches Geld anlegen. Ein Kauf zu einem zeitnahen Zukunftstermin könnte unter Umständen günstiger ausfallen. Bereits an dieser Stelle muss also eine Entscheidung getroffen werden. Darüber hinaus sind in der Regel die Mittel aus den Dividendenzahlungen zu investieren, da die Fonds generell diese größtenteils nicht ausschütten.

Alle unterjährigen Anlagen erschweren den Performance-Vergleich des ETFs mit dem Basisindex.

Der Privatanleger könnte schnell dem Irrtum verfallen, er könne selbst die Indexaktien (zum Beispiel aus dem DAX) kaufen und die Fondsgebühren sparen. Diese Überlegung wird nicht aufgehen, da er schlechtere Handelskonditionen bekommt und bei kleinen monatlichen Fondssparbeträgen die Kosten für die immerhin 30 Einzelkäufe der DAX-Titel seine Ansparsumme schnell aufzehren würden. Dazu ein vereinfachtes Beispiel: Hat ein Anleger monatlich etwa 300 Euro zur Verfügung, die er in DAX-Aktien investieren möchte, müsste er bei einer Minimumgebühr von 4,95 Euro monatlich allein 148,50 Euro an Transaktionskosten zahlen. Aus diesen Gründen wird er eine Indexfonds-Anlage vorziehen. Bei einem DAX-Stand von 7.500 Punkten kauft er dann bei seiner Bank vier DAX-ETFs zum Stückpreis 75 Euro und zahlt dabei eine einmalige Transaktionsgebühr von 4,95 Euro.

Indexfonds ETFs sind besonders in unsicheren Börsenzeiten, wenn Anleger in der breiten Streuung Sicherheit suchen, sehr populär. In solchen Zeiten träumen alle vom sicheren „Anlagehafen" (Safe-Haven-Verhalten). Zudem spricht auch die günstige Kostenstruktur im Vergleich zu aktiv gemanagten Fonds für das Anlagevehikel.

Zudem lassen sich durch die Streuung Risiken gegenüber Einzelinvestitionen minimieren. So lautet die gängige Meinung. Hier erlebt so mancher Anleger folgende Überraschung: Die Kursentwicklung von einigen ETFs verläuft nicht immer parallel zum Hauptindex, wie sie eigentlich wegen der erhofften 1:1-Abbildung tun müsste.

Am Beispiel Brasiliens (Abb. 6.7) gestaltete sich der Verlauf des ETF von Ishares (einer Tochter der bekannten irischen Fondsgesellschaft Black Rock) im Vergleich zu dem abgebildeten MSCI Brazil phasenweise sogar gegenläufig. Darüber hinaus verlief der Index grundsätzlich besser als der ETF, die „Lücke" in der Kursentwicklung betrug zeitweise bis zu 30 Prozent. Angesichts dieser Disproportionen wird so mancher irritierte Anleger nach Erklärungen suchen.

Die Gründe für diese Abweichungen sind vielfältig:

• Der Index und der ETF können in verschiedenen Währungen notieren.
  In obigem Beispiel notiert der MSCI in US-Dollar, der ETF in Euro. Die Euro-Schwäche gegenüber dem US-Dollar übte einen negativen Einfluss auf die Kursentwicklung des ETFs aus. Aus dem umfangreichen Angebot von Indexfonds (bei onvista werden 996 Produkte beobachtet) können auch währungsgesicherte ETFs gewählt werden.
• Die Abbildung des Hauptindexes kann physisch oder über Swaps erfolgen.
  Der Emittent (Black Rock) muss nicht unbedingt die Indexwerte des ETFs physisch in seinem Portfolio besitzen, was im obigen Beispiel jedoch der Fall ist. Er kann grundsätzlich diesen „Besitz" über Derivate (Swaps) abbilden. Dann kommen vom Terminmarkt herrührende kursverzerrende Momente in die Betrachtung. Auch heißt es im ETF-Porträt der Gesellschaft: „Der iShares MSCI Brazil ist ein börsengehandelter Indexfonds (Exchange Traded Fund, ETF), der möglichst genau die Wertentwicklung vom MSCI Brazil Index abbildet". Von einer 1:1-Abbildung zu jedem Zeitpunkt ist dort nicht die Rede.

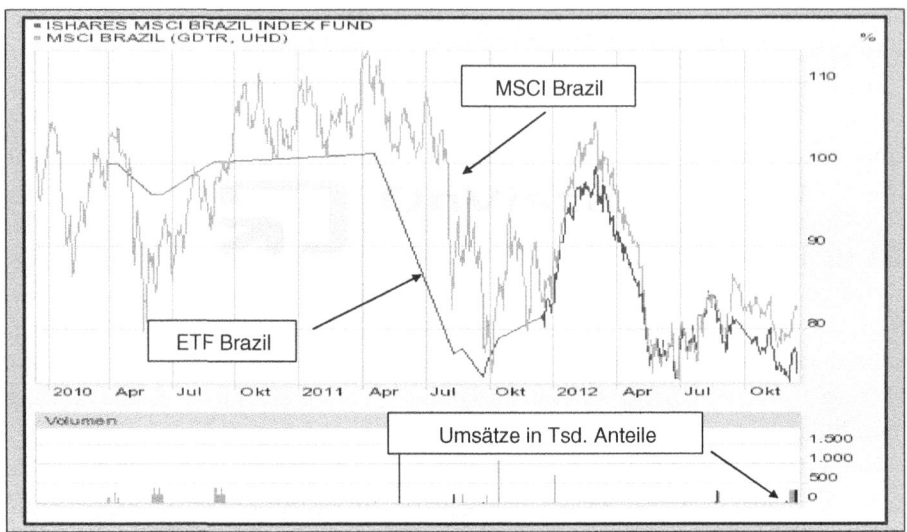

Abb. 6.7 Kursentwicklung des MSCI Brazil versus MSCI Brazil ETF 2010–2013

- Auch die Bonität und die Reputation des ETF-Anbieters spielt eine Rolle.

  Gerade bei einer Abbildung des ETFs über Swaps wird die Bonität der Fondsgesellschaft eine Rolle spielen. Zu erinnern sei, dass der Anleger bei einer physischen Abbildung kein Anrecht auf die Herausgabe der Fonds-Aktien aus dem Fondsvermögen
  hätte. Zwar unterliegen in Deutschland besonders die Publikumsfonds strengen aufsichtsrechtlichen Vorschriften. Das Geld der Anleger, das die Fondsgesellschaft sammelt und investiert, gehört zum gesetzlich geschützten Sondervermögen und wird
  daher vom Vermögen der Gesellschaft strikt getrennt. Bei ausländischen Fonds ist die
  Aufsichtskontrolle problematisch.

  Black Rock geriet im August 2012 aufgrund seines Engagements im S&P GSCI
  Dynamic Roll Agriculture Swap, der mit Agrarpreisen spekuliert, in die öffentliche
  Kritik. Von Verbraucherschutzzentralen wird den Banken und „Spekulanten" vorgeworfen, für bis zu 15 Prozent Steigerung der Agrarpreise und damit für 240 Millionen zusätzlich hungernde Menschen verantwortlich zu sein. Inwiefern solche ethisch
  bedenklichen Meldungen für dieses Anlageprodukt und die anderen Anlageprodukte
  des gleichen Anbieters kursrelevant sind, ist schwer nachprüfbar.
- Die Kursentwicklung des einzelnen ETFs unterliegt eigenen Gesetzmäßigkeiten.

  Die Kursentwicklung des ETF unterliegt anderen Gesetzmäßigkeiten, als die des
  breiten Marktes, die sich in einem Index widerspiegelt. Vor allem geringe Handelsumsätze dürften sich negativ auf die Kursentwicklung auswirken. Die von den Fondsgesellschaften häufig angebotenen Rücknahmepreise sorgen zwar grundsätzlich für
  liquiden Handel. Ob diese allerdings „fair" sind und in ausreichenden Zeitabständen
  festgelegt werden, ist erst in Einzelfällen festzustellen.

- ETFs gibt es nicht nur auf Aktienindizes.

Auch für Indizes auf andere real existierende Anlageobjekte, wie Renten (vgl. iBoxx-Familie) oder Rohstoffe werden ETFs emittiert.

6.5   CFDs (Contract For Difference) auf den DAX

CFDs sind keine Wertpapiere. Mit ihrer Zulassung für den Privatanleger sind sie allerdings eine Kapitalanlage, die zuletzt als Traiding-Art in den Medien stark beworben wird.

Wie funktioniert ein CFD auf den DAX?
Der Anleger rechnet direkt mit seinem Broker ab, ohne die Bank (Kosten!) einschalten zu müssen. Bei einem CFD werden Kontrakte auf den Basiswert gekauft und verkauft, die dem Basiswert immer 1:1 gleichen und nicht nur ihn oder seine Kursveränderung abbilden. Irritationen wie beim oben beschriebenen ETF sind hiermit ausgeschlossen.

Diese Finanzinstrumente sind zudem sehr transparent. Sie haben anders als die Derivate weder Basiskurse (sehr wohl aber Basiswerte, da es nur die „CFDs auf DAX“ oder „CFDs auf die Deutsche Bank“ gibt) noch Aufgeld oder Knock-out-Barrieren, sprich Bewertungsparameter, die der Anleger ständig beobachten muss. Ihre Laufzeit ist unbegrenzt und auch Leerverkäufe, das heißt Verkäufe einer Position, die der Anleger noch nicht im Depot besitzt, die er aber später liefern muss, sind möglich.

Andererseits besitzt der CFD einen Hebel, der in der Margin (deutsch: Sicherheitsleistung) zum Ausdruck kommt und die nur einen Bruchteil des Kontraktwertes ausmacht. Bei einem DAX-CFD beträgt die Margin in der Regel zwei Prozent, der Hebel erreicht damit den Wert von 50. Der Anleger profitiert vollständig von der Kursentwicklung des DAX, was ihm eine um den Hebelwert höhere Rendite möglich macht.

Beim ETF ist der Hebel dagegen nur 1, weil der volle Kaufwert und nicht nur ein Bruchteil bezahlt werden muss. Wie gewöhnlich gibt es hier auch eine Kehrseite der Medaille, die nicht nur im Totalverlust, sondern darüber hinaus in der zusätzlichen Nachschusspflicht besteht.

Beispiel 9

Der DAX steigt von 6.000 Punkten auf 7.200 Punkte. Ein ETF-Anleger, der 6.000 Euro in diesem Produkt anlegt, macht einen Gewinn von 1.200 Euro oder 20 Prozent. Der CFD-Kontraktinhaber macht ebenfalls diesen absoluten Gewinn von 1.200 Euro. Weil er aber nur die Margin in Höhe von zwei Prozent des Kontraktwertes (also 120 Euro) einsetzt, beträgt seine Rendite 1000 Prozent! Würde jetzt der DAX auf 5.400 Punkte fallen, verliert der Anleger nicht nur seine Margin von 120 Euro, sondern muss noch 400 Euro nachschießen.

▶ **Fazit** Der Anleger hat zwischen (Wertpapier)Indizes und (Wertpapier)Indexanlagen
zu unterscheiden. Würden die Indizes ein Bild (Foto) darstellen, wären die Indexanlagen mit einer Bildkopie ("Abbild") zu vergleichen. Die Indizes können nicht

ge- und verkauft werden, die Indexanlagen sehr wohl. So wie es verschiedene Arten von „Abbildungen" geben kann (gerahmt, bunt, verschiedene Formate und Papierqualitäten), so gibt es verschiedene Indexanlagen, wie Fonds, ETFs, Derivate, klassische Optionsscheine oder CFDs. Sie werden auch indirekte Anlagen genannt und zeichnen sich durch ein unterschiedliches Risiko-Chancen-Profil aus. Diese reichen von sehr sicheren Varianten, wie den ETFs, bis zu extrem riskanten, wie den CFDs.

6.6   Systematisches und unsystematisches Risiko: Haben Indexanlagen ein geringeres Risiko?

6.6.1   Risikomaße bei Einzelaktien und der Indexanlage

Volatilität - das Risiko der Einzelaktie und der Indexanlage Das Risiko einer Einzelanlage, nicht nur der Aktie, wird mit der Volatilität gemessen, welche aus den Kursschwankungen abgeleitet wird. Der Begriff Volatilität stammt aus dem Italienischen („volare") und bedeutet so viel wie „fliegen" oder „flattern". Die Deutsche Börse berechnet die täglichen Volatilitäten für den DAX und seine Einzelwerte auf der Schlusskursbasis der letzten 30 oder 250 Börsentage.

Die Volatilität stellt die Standardabweichung der Tagesrenditen (durchschnittliche Abweichungen der Kursveränderungen) zum Vortag in Prozent dar und wird auf das Jahr hochgerechnet. Beträgt die 250-Tage-Volatilität der Daimler-Aktie am 23.05.2012 zum Beispiel 20 Prozent, so belief sich die durchschnittliche Renditeschwankung der Aktie in den vergangenen zwölf Monaten (250 Tage entsprechen in etwa der Anzahl jährlicher Handelstage) ebenso 20 Prozent. Die Lufthansa-Aktie (Allianz-Aktie) kann eine höhere (niedrigere) Volatilität und damit ein höheres (niedrigeres) Risiko ausweisen.

Je höher die Volatilität umso höher das Risiko, aber auch die Gewinnchance jeder Anlage. Es ist zu beachten, dass die Volatilitäten auf historischen Daten basieren und als Risikomaß umso aussagekräftiger sind, je mehr die zukünftige Entwicklung der Vergangenheit entspricht.

6.6.2   Beta und Korrelation – systematisches und unsystematisches Risiko einer Einzelaktie und beim DAX

Was bedeutet Beta in der Korrelationsanalyse? Häufig wird die Frage gestellt, wie das numerische Risiko der Einzelakte konkret im Vergleich zum Indexrisiko, also zum relativen Gesamtrisiko ausfällt. Dies beantworten die Risikomaße Beta und Korrelation, in die die Renditeschwankungen der Aktie selbst (die abhängige Variable) und des Vergleichsindex (DAX) (die unabhängige Variable) einfließen.

Das Beta einer Aktie ist eine Schätzgröße und informiert, wie sich ihre Tagesrenditen im Verhältnis zu den DAX-Tagesrenditen in der Vergangenheit im Durchschnitt

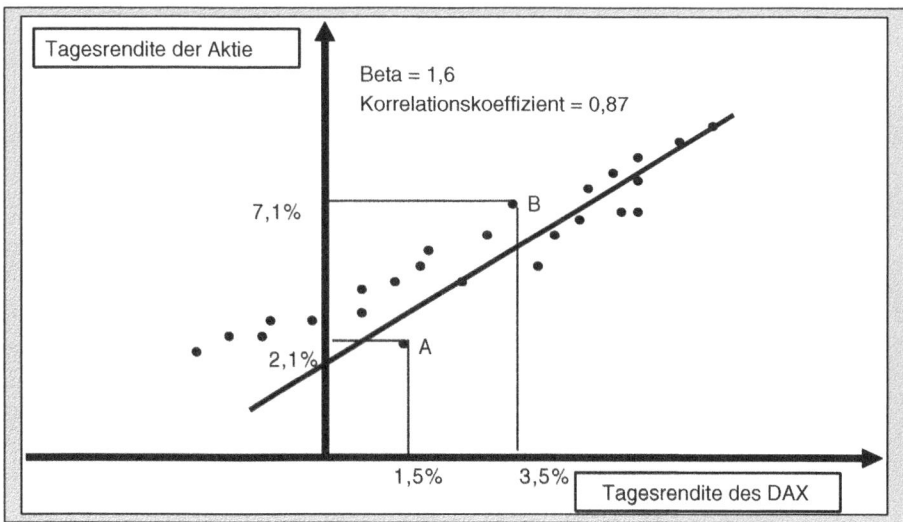

Abb. 6.8 Beta und Korrelation bei einer Einzelaktie

entwickelt haben. Auch hier berechnet die Deutsche Börse täglich die Betas für alle DAX-Werte. Technisch gesehen wird dabei in eine „Punktewolke" von Renditepaaren des DAX und der Aktie eine bestmöglich angepasste (geschätzte) Gerade hineingelegt. Die Steigung dieser Geraden ist das gesuchte Beta. Wie „wahrscheinlich" der Eintritt dieses Betas ist, wird durch die Güte der Schätzung, die Korrelation, bestimmt. Je höher die Korrelation, desto höher die Güte der Beta-Schätzung. Das Beta kann niedrig, aber sicher sein, wenn die Korrelation hoch ist.

Beta und die tatsächliche und erwartete Rendite In Abb. 6.8 bilden A und B solche Punktepaare mit den Werten für A von 1,5 Prozent (DAX) und 2,1 Prozent (für die Aktie). Punkt B hat ein Wertepaar von 3,5 Prozent (DAX) und 7,0 Prozent (Aktie). Im ersten Fall beträgt die tatsächliche Aktienrendite das 1,4-Fache, im zweiten das 2,0-Fache der DAX-Rendite. Die Punkte A und B liegen aber nicht auf der Geraden. Die Punkte auf der Geraden entsprechen dagegen immer dem 1,6-Fachen der DAX-Rendite und sind ihre Steigung, also das Beta der Aktie.

Beta ist die erwartete Rendite in Abhängigkeit von der DAX-Rendite. Steigt (fällt) der DAX um ein Prozent, so steigt (fällt) die Aktie um 1,6 Prozent. Die erwartete Rendite würde bei A 2,4 Prozent und bei B 5,6 Prozent betragen, tatsächlich lagen sie aber 2,1 Prozent und 7,0 Prozent (selbstverständlich kann in seltenen Fällen das Beta auch negativ ausfallen, wenn bei steigenden DAX-Renditen die Aktienrenditen fallen).

Beta sowie systematisches und unsystematisches Risiko Das Beta bildet zudem das systematische Risiko einer Aktie. Der Unterschied zum Gesamtrisiko, das durch die Differenz zu den Punkten auf der Geraden gemessen wird, ist das unsystematische Risiko.

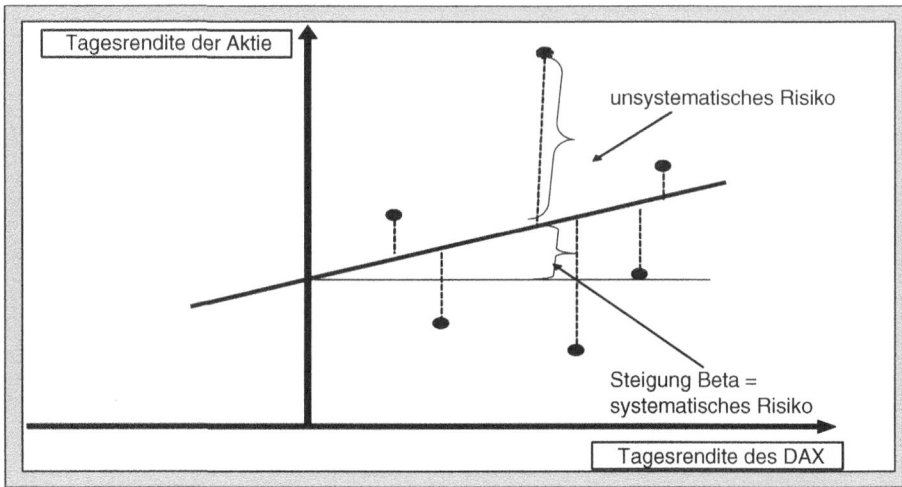

Abb. 6.9 Systematischer und unsystematischer Fehler bei einer Einzelaktie

Das Gesamtrisiko (die Volatilität) lässt sich grafisch darstellen und setzt sich aus der Summe des systematischen und des unsystematischen Risikos zusammen (Abb. 6.9).

In Bezug auf die Punkte A und B ergeben sich folgende Gleichungen:

Gesamtrisiko (-chance) = systematisches Risiko + unsystematisches Risiko

Gesamtrendite (-Gesamtverlust) = erwartete Rendite (Verlust) + unerwartete Rendite (Verlust) oder konkret bei Punkt A und B

$$\text{Punkt A:} \quad 2,1\,\% \ = \ 1,6 \times 1,5\,\% \ - \ 0,3\,\%$$
$$\text{Punkt B:} \quad 7,0\,\% \ = \ 1,6 \times 3,5\,\% \ + \ 1,6\,\%$$

Wie „sicher" ist die Beta-Schätzung? Etwas mehr zur Korrelation Die Korrelation misst die Stärke von linearen Zusammenhängen, die auch als Güte der Schätzung bezeichnet werden. Das wurde bereits angedeutet. Liegt der Korrelationskoeffizient nah bei +1 oder −1 (hohe positive bzw. negative Korrelation), ist die lineare Schätzung von hoher Güte, die „Eintrittswahrscheinlichkeit" der Steigung ebenfalls hoch.

Ein hohes Beta und eine niedrige Korrelation, wie auch umgekehrte Fälle, schließen sich nicht aus. Ein altes Dilemma der Statistik besagt, dass das Beta, das ja eine geschätzte Steigung der Geraden darstellt, immer berechnet werden kann, selbst wenngleich die „Wahrscheinlichkeit seines Eintritts" (Korrelation) sehr niedrig ist. So lässt sich zur Not selbst durch eine kreisförmige Punktwolke immer noch eine Linie ziehen. Es leuchtet ein, dass die „Steigung" in einer solchen Punktwolke kontrovers beurteilt wird.

Auch ist die unterstellte Linearität nicht immer gegeben. Dieser Fall kann eintreten, wenn zwar ein funktionaler Zusammenhang zwischen der abhängigen und der unabhängigen Variable besteht, dieser aber nicht linearer Natur ist (zum Beispiel bei einer exponentiellen Funktion).

Beta / Korrelation	kleiner als +1	größer als +1
nahe +1 oder -1	geringes systematisches Risiko geringes unsystematisches Risiko	hohes systematisches Risiko geringes unsystematisches Risiko
kleiner als +1	geringes systematisches Risiko hohess unsystematisches Risiko	hohes systematisches Risiko hohes unsystematisches Risiko

Abb. 6.10 Abhängigkeit des systematischen und unsystematischen Fehlers von Beta und der Korrelation

Während das Beta (die erwartete Rendite) den systematischen Fehler widerspiegelt, informiert uns die Korrelation darüber, wie stark die Abweichungen vom Beta (das unsystematische Risiko) ausfällt. Ist die Korrelation hoch, werden Abweichungen niedrig sein, die Punkte der tatsächlichen Rendite fast an der Beta-Geraden „kleben". Ist die Korrelation unbedeutend, werden die Punkte der tatsächlichen Rendite mehr zufallsbedingt ausfallen und um die Beta-Gerade breiter gestreut sein. Hier ist zu unterstreichen, dass die Korrelation nur angibt, wie hoch die Wahrscheinlichkeit des Eintritts einer Abweichung vom Beta (der Geraden) ist, nicht aber wie hoch ihr numerischer Wert ist.

Je nach Aktie können Beta und Korrelation unterschiedliche Werte annehmen und damit unterschiedliche systematische und unsystematische Risiken implizieren.

Für den DAX beträgt in diesem Vergleich (weil er mit „sich selbst verglichen wird") die Korrelation und das Beta immer +1. Das liegt an seiner Eigenschaft als unabhängige Variable. Würden wir in Abb. 6.10 die Achsen vertauschen und die Aktie als unabhängige Variable deklarieren (womit die meisten Börsianer nicht einverstanden wären) hätten das Beta und die Korrelation ebenfalls die Werte von +1 angenommen. Das würde aber heißen, die DAX-Kurse hingen vollständig vom Aktienkurs ab, was unsinnig ist. In Kap. 9 wird erklärt, weshalb die Korrelation nicht mit der Kausalität verwechselt werden darf.

Der DAX hat selbstverständlich ein Risiko, das in seinen eigenen Schwankungen besteht, was selbsterklärend ist (Tautologie). Würden wir den DAX nicht „mit sich selbst", sondern mit der Zeitachse vergleichen (Abb. 6.11), wären diese genau erkennbar. Die tatsächlichen Renditen des DAX ließen sich grafisch ex post in die Steigung einer Trendgeraden (systematisches Risiko/Chance oder erwartete Rendite/Verlust), die von der Zeit abhängig ist, und die Abweichungen um diese geschätzte Trendgerade (unsystematisches Risiko/Chance und oder unerwartete Rendite/Chance) zerlegen. Ebenso lassen sich in die gleiche Grafik die Aktie 1 („defensive" Aktie) und die Aktie 2 („volatile Aktie") eintragen, die unterschiedliche Schwankungen um ihren eigenen Trend haben, der stärker (schwächer) als der DAX-Trend sein kann.

In Abb. 6.11 weist die „volatile" Aktie 2, obwohl sie das geringste Beta besitzt, die höchste Volatilität (Schwankungsintensität) auf. Dagegen hat die „defensive" Aktie das

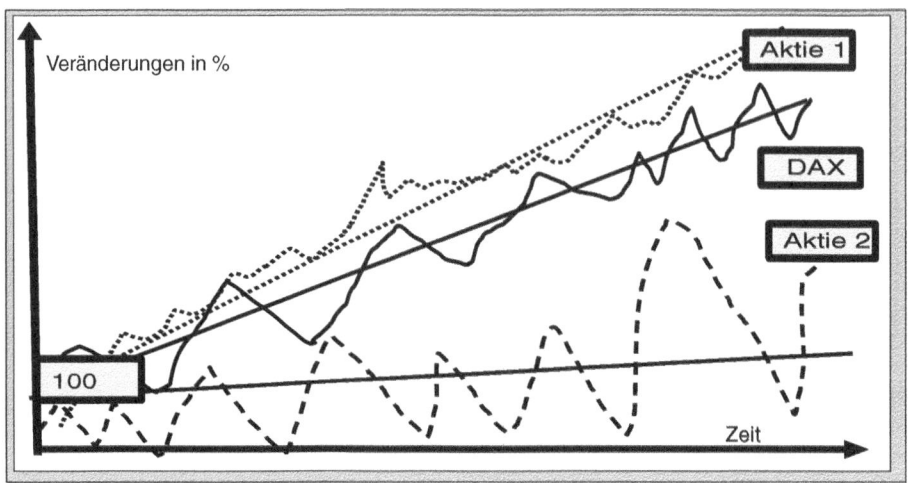

Abb. 6.11 Steigungen (Beta) und Schwankungen des DAX und der Aktien 1 und 2 in einem fikti-ven Beispiel

höchste Beta bei einer geringen Volatilität. Im Anlagealltag wird es in der Regel umge-kehrt sein: Die Volatilität nimmt mit dem Beta zu.

Ist eine DAX-Anlage immer risikoärmer als die Anlage in einer Einzelaktie? Eine Indexanlage, die den DAX 1:1 abbildet, sollte (so wird unkritisch argumentiert) risikoar-mer als eine Einzelaktie. Die Begründung basiert auf folgender Überlegung: Im Vergleich zu den Einzelaktien fällt die Volatilität des DAX, der den Gesamtmarkt der deutschen Standardaktien abbildet, geringer aus. Dies verwundert nicht, werden doch die Kurse der Einzelaktien sowohl von systematischen (Gewinne, Dividenden, Aufträge) als auch unsystematischen Faktoren (Übernahmegerüchte, Aktionärswechsel) bestimmt, wäh-rend der Gesamtmarkt sich primär nur an systematischen Faktoren (Konjunkturdaten, Zinsen) orientiert. Zudem wirken sich steigende Tagesrenditen bei der einen Aktie und fallende bei der anderen bei ähnlichen Indexgewichten (so zum Beispiel bei Siemens und Deutsche Telekom) auf den DAX-Verlauf glättend aus (Kompensationseffekt).

Das kann ein Trugschluss sein und nur temporär gelten. Denn eine „defensive" Aktie mit einem Beta kleiner als 1 und einer hoher Korrelation wird immer risikoärmer als die Index-anlage auf den DAX sein. Diese Aktie hat aber definitionsgemäß auch geringere Kurschancen als der DAX. Wo Risiken sind, sind auch Chancen. Der Leser lernt hier nichts Neues.

6.6.3 Anlagerelevanz von Beta und Korrelation

Weil die Beta-Werte und die Volatilitäten bekannt sind, finden diese Parameter Anwen-dung in der Anlagestrategie. In Abb. 7.1 werden anhand reeller Börsendaten zwei

Anwendungen für den besonders risikofreudigen und den besonders risikoaversen Anleger vorgestellt. Je nach Anlegertyp sind verschiede Mischvarianten möglich.

Ein Anleger der überproportional am steigenden DAX partizipieren möchte, wählt Aktien mit dem höchsten Beta und der geringsten Volatilität. Der Anleger, welcher bei DAX-Aktien primär auf Sicherheit geht, sucht Titel mit der geringsten Volatilität aus.

Beispiel 10

Beta-stärkste DAX-Aktien (29.12.2012)

	Beta	Volatilität (250 Tage)
Commerzbank	1,72	48,34
Deutsche Bank	1,70	38,37
HeidelbergerCement	1,50	34,78

Volatilitätsschwächste DAX-Aktien (29.12.2012)

	Beta	Volatilität (250 Tage)
FMC	0,38	17,34
Fresenius	0,43	17,90
Siemens	0,83	18,91

Im MDAX wies Rhön-Klinikum per 29.12.2012 mit 51,78 und 0,34 gleichzeitig die höchste Volatilität und das niedrigste Beta unter allen Indextiteln aus, womit es unter Risiko/Chancen-Aspekten der absolut „unattraktivste" MDAX-Titel war. Hinter solch auffälligen Kuriositäten verstecken sich häufig fundamentale Fakten, wie in diesem Fall Übernahmegerüchte mit häufig wechselnden Abfindungsangeboten an freie Aktionäre, die eng um den Börsenkurs schwanken. Dann hat die Aktie kaum Fantasie „nach oben".

▶ **Fazit** Wer in größere Gesamtheiten, also in indirekte Anlagen, investiert, bekommt immer die Durchschnittsrendite des Marktes und kann relativ gesehen nicht viel falsch machen. Aber auch er unterliegt dem absoluten Marktrisiko, wenn die Börse „nach unten" geht. Fälle, in denen gleichzeitig höhere Chancen und ein niedrigeres Risiko vorkommen, existieren in der Anlagewelt nicht.

Demgegenüber unterliegen Direktanlagen noch zusätzlich den spezifischen marktunabhängigen Risiken, die auch existent sind, wenn der Markt sich seitwärts bewegt. Das Gesamtrisiko einer Einzelanlage lässt sich statistisch mit der sogenannten Volatilität (den Schwankungen der Aktie um den Index) messen und ex post in einen systematischen und unsystematischen Teil zerlegen. Leider kennt man aus dem sogenannten Beta-Koeffizienten ex ante nur das systematische Risiko. Wie wahrscheinlich das systematische Risiko ist, besagt uns zwar die Korrelation. Wie hoch dieses Risiko ist, weiß ex ante jedoch niemand. Die Theorie von systematischen und unsystematischen Risiken ist in der Praxis nicht anlageanwendbar.

Es wird häufig behauptet, Indexanlagen weisen generell ein niedrigeres Gesamtrisiko auf. Würde das stimmen, so würden auch die Renditechancen niedriger ausfallen. Diese These ist allerdings falsch und trifft auf „defensive" Aktien mit einem Beta kleiner als 1 und hoher Korrelation nicht zu.

Missbräuche und Fehlinterpretationen von Wertpapierindizes im Anlagealltag

Indizes werden im Anlagealltag häufig für Fehlinterpretationen und Verschleierungsversuche „missbraucht". Die mit ihrer Hilfe gemachten Aussagen müssen dabei nicht per se falsch sein. Sie können vielmehr eher als lückenhaft, einseitig oder tendenziös bezeichnet werden. Darstellungen dieser Art sind damit nicht strafbar. Es sind keine Fälle von Schadensersatzprozessen wegen Falschberatung bekannt, in denen Beklagte allein wegen der Verwendung von „falschen" Indizes oder Grafiken verurteilt wurden.

Andererseits wird sich eine Beratung kaum auf Kaufargumenten, die aus den Indizes abgeleitet wurden, stützen. Eine solche Kaufbegründung könnte zum Beispiel lauten: Ein MDAX-Indexprodukt ist kaufenswert, weil es im Vergleich zu den DAX-Indexprodukten kursmäßig „zurückgeblieben" ist. Falls solche Argumente „inoffiziell" im Beratungsgespräch verwendet werden, kommen sie nicht in das Beratungsprotokoll.

So wie mit Statistiken oder bei legalen „Bilanzierungstricks" (alternative Bezeichnungen hierfür: Bilanzierungswahlrechte oder kreative Buchführung) bestimmte Standpunkte oder Thesen untermauert werden sollen, werden Indizes genauso für den gleichen Zweck eingesetzt.

Damit an dieser Stelle kein Missverständnis entsteht, ist Folgendes hinzuzufügen: Der Nutzen aus den Indizes ist in der Anlagepraxis unbestritten. Wer die Schwächen der nachfolgenden tendenziösen Indexaussagen kennt, wird sie zu umgehen wissen. Um auf das Beispiel mit dem Auto zurückzukommen, heißt das sinngemäß: Autofahren kann gefährlich sein, dennoch dürften die Vorteile aus der Autonutzung wohl überwiegen.

7.1 Die neun häufigsten Indexmissbräuche in der Anlagepraxis

Die folgenden zehn Beispiele konzentrieren sich auf den Aktienmarkt und beschreiben die Missbräuche sowohl auf der ökonomischen als auch der technischen Seite („Konstruktionsfehler") der Indizes. Viele dieser Fälle wurden bereits an verschiedenen Stellen

V. Heese, *Indizes in der Wertpapieranlage*, DOI: 10.1007/978-3-658-02260-0_7,
© Springer Fachmedien Wiesbaden 2014

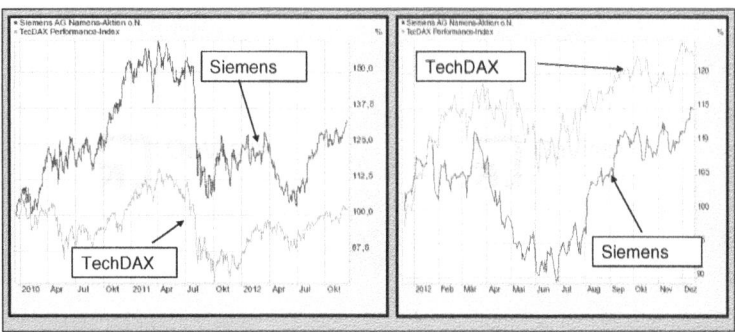

Abb. 7.1 Kursentwicklung Siemens-Aktie versus TechDAX im Drei-Jahres-Vergleich (2010–
2012) und im Jahresvergleich (2012)

dieses Buches angesprochen. Bei der Aufzählung wird in Klammern angegeben, ob die
Fehlinterpretation und die Missbräuche die technische oder die ökonomische Seite der
Börsenbarometer betreffen.

(1) Es wird eine falsche Benchmark gewählt (ökonomisch) Ein Fondsmanager, Vermögensverwalter oder Analyst, dessen Anlage- bzw. Prognoseleistung miserabel ausgefallen ist, wird versuchen, sich mit einem Index zu vergleichen, den er „geschlagen hat".
Hat zum Beispiel die Siemens-Aktie 20 Prozent schlechter als der DAX abgeschnitten,
könnte der Manager vielleicht auf die Idee kommen, einen Technologieindex zu finden,
der gleich oder schlechter als die Siemens-Aktie abgeschnitten hat. Dieser als Vergleichsmaßstab dienende Index wird als Benchmark genannt.

Sein Argument könnte folgendermaßen lauten: Siemens muss als Technologiewert
mit einem Branchenindex verglichen werden, in dem es mehr Technologiewerte als im
DAX gibt. Die Palette an solchen Vergleichswerten wird im SDAX, oder im CDAX,
die anders als der DAX nicht 30 sondern 534 bzw. 100 Titel enthalten, naturgemäß
größer sein. Der Fondsmanager könnte alternativ den TechDAX (Abb. 7.1), der nur
35 Technologieaktien umfasst, oder den CDAX Technologie für seinen Vergleich
heranziehen.

Wählt er den TechDAX, wird in einem Dreijahresvergleich von 2010 bis 2012 das
Ergebnis seinen Erwartungen entsprechen. In diesem Vergleichzeitraum konnte Siemens diesen Index um gut 30 Prozent schlagen. Wäre dagegen nur das Jahr 2012 herangezogen worden, hätte der TechDAX um etwa zehn Prozent besser abgeschnitten.

Abgesehen vom „Trick" mit der Vergleichsperiode, eignet sich der TechDAX keinesfalls als Benchmark. Denn die Aktienkurse von Siemens, eines Weltkonzerns mit internationalen Verflechtungen und einer internationalen Aktionärsstruktur, werden von
diametral anderen Faktoren bestimmt, als die Kurse der kleinen TechDAX-Firmen, bei
denen nicht allein blanke Geschäftszahlen, sondern häufig weitere Sondereffekte (Über-
nahmespekulation, geringe Marktliquidität) kursbestimmend sind.

Abb. 7.2 Kursentwicklung FMC versus DAX im Zeitraum von 2008 bis 2012

Ein seriös arbeitender Fondsmanager oder Analyst weiß sehr wohl welche Benchmark angemessen ist. Er wird auf die bekannten Börseninformationsdienste zurückgreifen und prüfen in welchen großen Indizes die Siemens-Aktie gelistet ist. In diesem
konkreten Fall erfährt er, dass der Münchener Technologiekonzern in 19 Indizes vorkommt, von denen neun große internationale und globale (drei Titan-Indizes) Barometer sind.

(2) Kursverluste trotz Outperformance (ökonomisch) Besonders ärgerlich für den
Anleger ist die Situation, wenn seine Aktie zwar „den richtigen" Index geschlagen hat,
er aber dennoch absolut gesehen, Verluste erlitten hat. Diese Situation lag zum Beispiel
2009 im DAX vor, als dieser um 15 Prozent, die FMC-Aktie aber nur um zehn Prozent
gefallen ist. Die FMC-Aktie hat zwar „outperformt", den Index um fünf Prozent geschlagen, aber dennoch einen Verlust von zehn Prozent gemacht. Verlust bleibt Verlust und
ist naturgemäß schmerzlich. So mancher Anleger wird die Begriffe „Outperformance",
„Mehrwert", „Überrendite" als semantische Nebelkerzen der Bankberater und Analysten
auffassen und sich noch zusätzlich aufregen.

Auch wenn in Baissezeiten der Gesamtmarkt einbricht, gibt es immer Titel (die dann
Substanzaktien, „defensive" Aktien, Safe-Haven-Titel oder konservative Aktien genannt
werden), die besser als dieser abschneiden, aber dennoch im Kurs zurückfallen. Solche
Aktien zeichnen sich durch ein niedriges Beta aus (Abb. 7.2).

(3) Manipulation der Vergleichszeiträume (ökonomisch) Dieser Fall ist ein wenig
ähnlich wie (1) gelagert. Will der Manager „beweisen", dass die Siemens-Aktie den DAX
schlägt, sucht er sich einen passenden Zeitraum aus, in dem diese Aussage zutrifft. Diese
Eigenschaft kann beispielsweise im Zehn-Jahres-, muss aber nicht im Fünf-Jahres-Ver-
gleich zutreffen.

Eine besonders dreiste Variante der Zeitakrobatik liegt vor, wenn der Fondsmanager damit werben würde, die „erfolgreiche" Siemens-Aktie im Depot zu haben, dabei den Zehn-Jahres-Chart stolz präsentiert, aber nicht angibt, seit wann er den Outperformer im Depot hält. So könnte er 20 Prozent schief liegen und die Aussage „Im Zehn-Jahresvergleich von 2001 bis 2010 schlug Siemens den DAX um 10" würde dennoch richtig bleiben. Er verwendet als Vergleichsmaßstab also eine „Als-ob-Rendite", was sehr bedenklich ist. Ob damit falsche Tatsachen vorgespielt werden und eine Falschberatung vorliegt, ist leider eine strittige Auslegungssache.

(4) Sicherheitsillusion – „Klumpenrisiken" statt Risikostreuung (technisch) Im diesem Beispiel geht es um die irreführende Behauptung „je breiter ein Index (je mehr Mitglieder er also umfasst) umso geringer das Investmentrisiko". Folgender Trugschluss ist in diesem Zusammenhang weit verbreitet: Mit der Größe des Indexes nimmt die Wahrscheinlichkeit zu, dass die unter dem Trend liegenden Aktien durch die über dem Trend liegenden Titel kompensiert werden. Was übrig bleibt, ist der allgemeine Trend. Stimmt das so?

Diese Aussage ist falsch, wenn es sich nicht um einen branchenmäßig gut „durchgemischten" Index handelt. Sie konnte bereits vor 50 Jahren durch die Erkenntnisse der modernen Portfoliotheorie von Markowitz widerlegt werden. Denn bei der Risikomessung kommt es nicht auf die Anzahl der Titel in einem Index oder Depot an, sondern auf den Abhängigkeitsgrad zwischen den Einzeltiteln. So können sich bei einer hohen Korrelation die Risiken noch verstärken anstatt sich aufzuheben. Das beschriebene Phänomen wird in der Praxis als Klumpenrisiko (oder auch Klumpenchance) bezeichnet. Da wir nicht wissen, in welche Richtung die Börse geht, müssen wir zuerst von dem schlimmsten Fall (Worst-Case-Szenario), der Risikoakkumulation, ausgehen.

Klumpenrisiken treten in vielen Wirtschaftbereichen auf, besonders in der Kreditwirtschaft, wenn Darlehen sich auf eine notleidende Branche (Bausektor, Schiffbau, Autohersteller) oder auf mehrere Tochtergesellschaften eines bonitätsschwachen Konzerns konzentrieren. Auch die Konzentration auf bestimmte Regionen (Schwellenländer) kann das Risiko erhöhen.

So ist es auch nicht verwunderlich, wenn ein noch so breit angelegter Branchenindex, der nur Titel einer „Krisenbranche" beinhaltet, keine Risikoentlastung bringen wird. Hierzu folgendes Beispiel: In Zeiten der New Economy und des Neuen Marktes (also im Zeitraum zwischen 1998 und 2001) waren die TMT-Branchen (Technologie, Medien, Telekommunikation) zunächst die bejubelten Stars, später wurden sie zu klassischen Krisenbranchen. Wer damals Indexprodukte auf den breiteren Nemax-Index (über 300 Titel) statt auf den Nemax 50 (50 Titel) erworben hatte, hatte sein Anlagerisiko keinesfalls gemindert. Heute, 15 Jahre später, zählen die Bankaktien zu den Krisenaktien.

Anleger neigen häufig bei stark eingebrochenen ehemaligen Favoriten („gefallene Engel") zu schnell dazu, Neuengagements einzugehen. Da sie nicht genau wissen, welche Märkte sich zuerst und mit welcher Stärke erholen, kaufen sie oft „ganze" gefallene Branchen oder Regionen (zum Beispiel BRIC-Region) und gehen dabei die vorgenannten klassischen Klumpenrisiken ein.

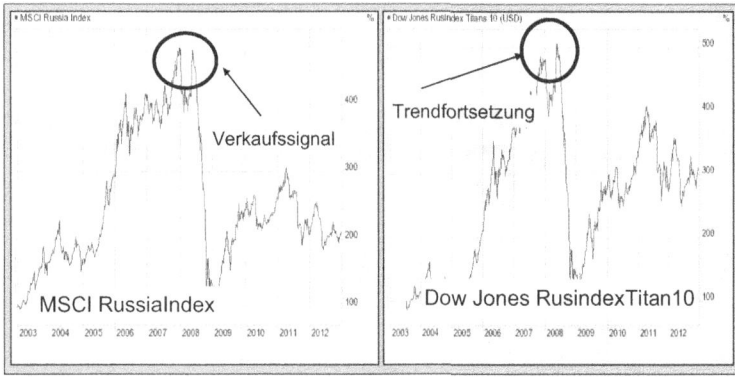

Abb. 7.3 Entwicklung von MSCI Russian Index und Dow Jones Russindex Titan10

(5) Welcher Index ist repräsentativ, welche Konsequenzen hat diese Frage? (ökonomisch) In den vorherigen Kapiteln wurde verschiedentlich diskutiert, welcher Aktienindex für die Abbildung eines regionalen, globalen oder sektoralen Aktienmarkts repräsentativ sei. Weiß der Durchschnittanleger im Falle der USA oder Deutschland um diesen Unterschied noch Bescheid, wird der Sachverhalt im Falle anderer Länder wohl eher eine Ausnahme bilden.

Die konkurrierenden Indizes unterscheiden sich dabei in der Zusammensetzung. Dennoch zeigen die Grafiken bei repräsentativen Barometern grundsätzlich das gleiche Chartbild. Der aufmerksame Chart-Leser erkennt jedoch hier auch die kleinsten Ungereimtheiten, was am Beispiel der Indexwahl für den russischen Aktienmarkt gezeigt werden kann. Ein Index, dessen Charts gewisse „Gefahren" signalisieren, sollte gemieden werden.

Wie in Abb. 7.3 ersichtlich, kann sich der Anleger nicht bequem vor dem Bildschirm hinsetzen und sich ohne Hintergrundwissen undifferenziert für den einen oder den anderen russischen Index entscheiden. Denn die von den Einzelindizes ausgehenden Chartsignale sind unterschiedlich. Chartsignale sind Hinweise für den Anleger, die aus der Charttechnik (einer der Methoden der Aktienanalyse) gewonnen werden, wie sich die zukünftigen Kurse entwickeln könnten.

So zeigte der MSCI Russia Index als einziger von den bei onvista zu findenden neun Landesindizes auf dem Höhepunkt der letzten Börsenhausse Mitte 2008 erste Warnzeichen. Die zweite Schulter der klassischen „W-Formation" liegt unter der ersten, was Charttechniker als ein Verkaufssignal deuten. Alle anderen Marktbarometer (so auch der Dow Jones Rusindex Titan 10 (US-Dollar)) deuteten dagegen auf eine Fortsetzung der Hausse hin, was sich im Nachhinein als ein klassisches Fehlsignal erwiesen hat.

(6) Verzerrung einer Markttendenz durch Schwergewichte (technisch) Die Schwergewichte, also die Indexmitglieder, die ein hohes Indexgewicht haben, können die Tendenz am breiten Aktienmarkt falsch wiedergeben. Wenn ihre Kurse steigen und die der meisten anderen Aktien fallen, kann der Index dennoch zulegen. In diesem Falle kann sich der informierte Anleger vor einer Falschinterpretation durch Heranziehung weiterer Prüfkennziffern schützen.

Die in der Charttechnik verwendete Kennzahl Advance Decline Line, die frei aus dem Englischen ins Deutsche übersetzt so viel wie „Aufwärts-Rückwärts-Linie" bedeutet, gibt an, ob ein Indexanstieg auf breiter Basis erfolgt und damit der Trend nachhaltig ist.

Der Wertebereich, den diese Kennzahl annehmen kann, liegt zwischen +1 und −1. Steigt das Verhältnis gefallener Aktien zu den gestiegenen Aktien, ist die Advance Decline Line rückläufig. Sie gerät in den negativen Bereich, sobald die gefallenen Aktien überwiegen. Die Kennzahl lässt sich in Form einer Linie grafisch darstellen, wenn die Tageswerte aneinander gereiht werden. Wenn also der DAX-Anstieg nur von neun Werten getragen wird, hat die Advance Decline Line einen Wert von −0,7. Steigt der Index weiter bei einer fallenden Kennzahl, ist dies ein Warnzeichen für eine baldige Trendumkehr.

(7) Index und Inflation (ökonomisch) Die an anderer Stelle dieses Buches gemachten Anmerkungen zur Währungsproblematik bei Indizes werden hier vertieft und erweitert.

Deutsche Investoren, die von einer Kursperformance von 100 Prozent und mehr jährlich an den exotischen Börsen der Emerging Markets fasziniert sind, übersehen häufig den Währungsaspekt. Häufig möchten sie eine Währungsabsicherung ihrer Anlageprodukte (vor allem bei Fonds) unterlassen, denn diese ist teuer und Renditeverzicht kostet. Außerdem muss sie nicht immer sinnvoll sein. Denn die abgesicherte Devisenkursentwicklung kann in beide Richtungen gehen. Gerade Emerging Markets zeichnen sich durch Exportstärke aus und dem mutigen Anleger winkt hier häufig neben dem Kursgewinn aus der Anlage nicht selten noch ein satter Währungsgewinn.

Diese Unterlassung kann sich rächen. In einigen Ländern steigen die Aktien häufig allein deswegen, weil den lokalen Anlegern aufgrund der hohen Inflation nur eine Flucht in Sachwerte übrig bleibt. Zwar sind die Inländer dadurch vor der Geldentwertung geschützt, die in Euro oder US-Dollar kalkulierenden deutschen Investoren hätten dennoch keinen Anlagevorteil. Die Wechselkurse der entsprechenden Auslandwährung werden häufig (wie in Argentinien) inflationsbedingt massiv einbrechen.

Wie kann der Anleger erkennen, in welcher Währung ein Index notiert? Wenn ein Index in lokaler Währung notiert, wird diese Besonderheit durch den Zusatz uhd (engl. unhedged = währungsungesichert) kenntlich gemacht.

Abbildung 7.4 zeigt, dass sich in der Periode von 2001 bis 2010 der argentinische Aktienindex MSCI Argentina (STRD, UHD) zwar dreimal besser als der heimische DAX entwickelt hat. Gleichzeitig sank der Peso um das Sechsfache und damit auf 17 Prozent seines Ursprungswertes. Ein nicht währungsgesicherter deutscher Investor hätte real 34 Prozent seines Einsatzes verloren.

Von den ungünstigen Währungskursentwicklungen infolge der Inflation sind die Nominalwertumstellungen der Indizes zu unterscheiden.

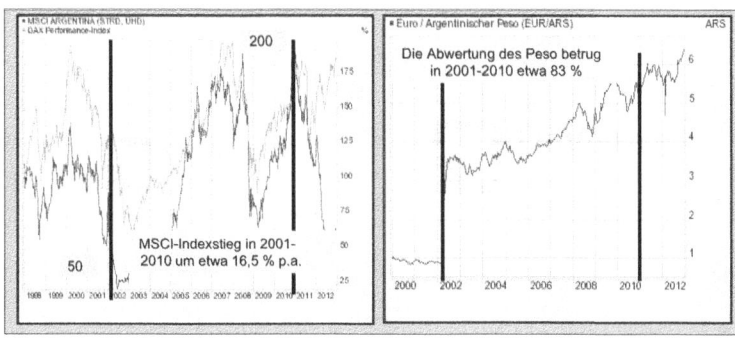

Abb. 7.4 Kursentwicklung MSCI Argentina in Peso und des Währungskurses des Peso in Euro

Bei extremen Inflationsraten schützen sich einige Länder vor deren Auswirkungen auf ihre Indizes durch ihre Denominierungen. In der Periode von 1985 bis 1993 wurde der brasilianische Bovespa insgesamt elf Mal herabgesetzt, so zum Beispiel 1993 durch die Teilung durch 100. Die Denominierung ist sowohl für Inländer als auch für Ausländer neutral zu sehen. Es handelt sich hier um reine Umrechnungsoperationen, wie seinerzeit die Nominalumstellungen der DAX-Aktien von 50 DM auf fünf DM und der gleich hohen Herabsetzung der Basiskurse aller auf den DAX lautenden Indexprodukte.

Nicht nur im Falle exotischer Märkte ist auf Währungsentwicklungen zu achten. Gleiches gilt für den Euro-Europäer, wenn er die Indexzahlen aus dem Dollar-Block oder in Yen, Schweizer Franken oder Britischen Pfund prüft. Er muss immer genau hinschauen, ob die Rendite eines ausländischen Aktienindexes in Euro (dann ist er währungsgesichert) oder in der Lokalwährung angegeben wurde.

Neben Währungshinweisen ist auf andere Zusätze bei Indexangaben zu achten, besonders auf die Quellensteuern. Da die Sätze in der Regel zwischen 20 Prozent und 30 Prozent liegen, geht es hier um signifikante Größenordnungen. Die häufigsten Zusätze bei Quellensteuern und anderen Abzügen sind:

Stdr: Stripped Dividend Return, entspricht einem Kursindex ohne die Berücksichtigung von Dividenden

Ndtr: Net Dividend Total Return, Netto Dividendenberücksichtigung bedeutet: nach Abzug von Quellensteuern

Gdtr: Gross Dividend Total Return = Performanceindex, vergleichbar mit dem DAX, vollständige Bruttodividendenberücksichtigung vor Abzug der Quellensteuer

International sinnvoll sind selbstverständlich allein Vor-Steuer-Vergleiche auf der Gdtr-Basis.

(8) Eine ungünstige (günstige) Bewertung trotz Indexrekordständen (technisch) Wenn der DAX einen absoluten Rekordstand (Tiefststand) erreicht, unterliegen Anleger einem weiteren Trugschluss, der Aktienmarkt sei hoch (niedrig) bewertet, sprich die Aktien seien „teuer" („billig"). So würde bei einem Stand von 8.000 Punkten die Mehrzahl der

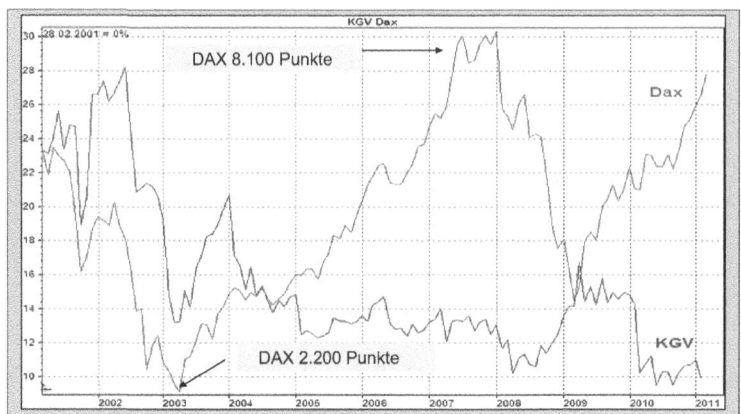

Abb. 7.5 DAX versus DAX-KGV im Zeitraum von 2002 bis 2012

Befragten sofort behaupten, der Aktienmarkt sei hoch (ungünstig) und bei 4.000 Punkten niedrig (günstig) bewertet. Diese Aussagen greifen zu kurz, denn sinnvoll ist nur eine relative Bewertung des Aktienmarktes. Der Leser sollte sich folgenden Tatbestand besonders einprägen: Der absolute DAX-Stand, der in Punkten gemessen wird, und seine relative Bewertung, die mit dem Kurs-Gewinn-Verhältnis (KGV) wiedergegeben unten beschrieben wird, sind zwei verschiedene Sachverhalte.

Die Situation verhält sich hier wie beim Kauf einer Maschine oder eines Fußball-Profis. Es kommt dabei nicht auf den absoluten Preis, sondern auf den strapazierten Begriff des Preis-Leistungs-Verhältnisses an. Eine Anlage, die dreimal mehr Ausstoß leistet als ihre Alternative, darf absolut gesehen doppelt so teuer sein und ist dennoch relativ gesehen „billiger". Dieses Preis-Leistungs-Verhältnis wird am Aktienmarkt durch die Kennzahl KGV (Kurs-Gewinn-Verhältnis) wiedergegeben.

Wie gravierend die relativen Bewertungsunterschiede bei einem Indexhöchststand sein können, zeigt das DAX-Beispiel der vergangenen zehn Jahre. In den Zeiten der letzten Hausse, die im Jahr 2008 in einen absoluten Höchststand von 8.100 Punkten mündete, lag seine KGV-Bewertung gerade bei 12. Das war im historischen Vergleich sehr „billig". Während der vorangegangenen Hausse der New Economy im Jahr 2000 betrug das KGV immerhin 30 und der Aktienmarkt war dementsprechend „teuer", was aus Abb. 7.5 abzulesen ist. Auch Ende 2012 sahen bei einem Stand von 7.600 Punkten viele Experten eine „Bewertungslücke nach oben" und gingen von neuen historischen Höchstständen für das deutsche Börsenbarometer oberhalb von 8.200 Punkten aus. Bekanntlich erreichte der Leitindex am 19.09.2013 ein neues Allzeit- Hoch von 8.770 Punkten.

Der Glaube an den plausiblen KGV-Zusammenhang und die darauf fußende DAX-Bewertung ist für den Anleger dennoch nicht ungefährlich. Zum einen folgen in der Globalisierungsära die Aktienkurse nur selten ihrer KGV-Bewertung. „Billig" oder „günstig bewertet" ist zudem noch keine Garantie für einen Anlageerfolg. Nach dem KGV fristen „billige" Aktien häufig ein Mauerblümchen-Dasein, während „teure" Aktien weiterhin

Kurssteigerungen erfahren. Diese Tendenz wurde Jahrzehnte lang nicht nur im DAX durch das sich hartnäckig haltende „KGV-Gefälle" ausreichend dokumentiert. Letztendlich verliert das KGV zusehends als Kaufargument bei Analysen und Beratungen an Bedeutung.

Zum beinhaltet die KGV-Bewertung die Frage, wie objektiv die Gewinne geschätzt werden. Denn während das „K" in der Formel eindeutig durch die Börsenkurse feststeht, sind die Gewinnschätzungen, die das „G" bilden, allen Unzulänglichkeiten des Analystenberufes unterworfen. Auch hier werden Verzerrungen beobachtet. In der Hausse, wenn alle euphorisch sind, werden die Gewinne tendenziell überschätzt, in der Baisse ist es umgekehrt. Die häufigen Bilanzskandale sprechen nicht gerade für das KGV.

(9)   Willkürliche Methodenvielfalt in einer Indexkonstruktion (technischer Missbrauch)   Auf das Erfordernis der Methodenkonstanz und -transparenz, die einen guten Index ausmachen sollten, wurde bereits hingewiesen. Dieser Grundsatz ist dann besonders gefährdet, wenn der Nutzer die Konstruktion und die laufende Indexbewertung nicht nachprüfen kann. In diesem Fall ist er völlig auf den guten Willen und die Seriosität der Indexgesellschaft angewiesen.

Es gibt vor allem im Rohstoffbereich Indizes, die aus einer Vielzahl unterschiedlich zusammengestellter Subindizes konstruiert werden, in welche neben direkten Messungen Schätzwerte eingehen. Damit ist eine nicht unerhebliche Beeinflussung der Barometer durch ihre Betreiber gegeben. Wenn der Betreiber eine Bank ist und zu diesen Indizes Indexprodukte auflegt, haben wir es mit einer klassischen Interessenskollision zu tun.

Noch unübersichtlicher sind Hedgefondsindizes konstruiert. Als Beispiel für diese Intransparenz kann ein Index von der Betreibergesellschaft Hedge Fund Research genannt werden. Der 80 Mitglieder umfassende hfrx global hedge fund wird wöchentlich aus einer Datenbank mit 3.000 Fonds ermittelt und seine Zusammensetzung einmal im Quartal in einem mehrstufigen Verfahren aktualisiert. Ausschlaggebend sind qualitative und quantitative Kriterien. Daneben spielen aber auch das Management, das Backoffice (Kundenbedienung) und die Einhaltung des vorgegebenen Anlagestils eine Rolle. Das sind Faktoren, die ein Außenstehender wenig nachvollziehen kann. Sie sind vielmehr in Ranking-Formeln für Fonds zu finden, wenn deren Performance durch qualitative Faktoren verschönert wird.

7.2   Wie kann ein Index manipuliert werden?

Indexmissbräuche, so ärgerlich und irreführend sie für den Nutzer oder Anleger sein mögen, sind dennoch als „legale Tricks" einzustufen. Legal heißt in diesem Fall, sie sind nicht strafbar, da sie keinen rechtlich geahndeten Regelverstoß (Prospekthaftung) darstellen. Ein Regelverstoß kann als eine Verletzung der Allgemeinen Geschäftsbedingungen des Indexproduktanbieters oder als eine oder mehrere Verletzungen der Rechtsvorschriften im Zusammenhang mit der Kundenberatung ausgelegt werden.

Den vorgenannten Missbräuchen ist weiterhin gemein, dass sie nicht von den Indexanbietern (Indexgesellschaften), sondern von Analysten und Beratern begangen
wurden. Bewusste Fehlkonstruktionen, die von den Indexanbietern an den Tag gelegt
werden, zählen nicht dazu. Denkt man an die vielen „legalen Bilanzierungstricks" der
Banken und Großkonzerne, die als Nutzung der Gestaltungsspielräume verharmlost
werden, sind legale Indextricks keine Seltenheit im Börsen- und Wirtschaftalltag.

Wie steht es also in der Anlagepraxis mit bewussten Indexmanipulationen und/oder
Indexfälschungen, die von den Indexanbietern begangen werden? Wenngleich sich
solche Fälle schwer beweisen lassen werden, weil sie in den Reporten oder den Regel-
werken verklausuliert dargestellt oder „wegdefiniert" werden, sind sie dennoch häufig
anzutreffen.

Kursmanipulationen führen zu falschen Indexwerten Wenn Kurse manipuliert werden, ist der errechnete Indexwert falsch. In Ländern mit entwickelten Kapitalmärkten
ist bei großen Publikumsindizes eine echte Kursmanipulation wenig wahrscheinlich. Sie
wäre zudem wegen der strengen Aufsichtsregeln kaum durchführbar. Allenfalls werden
Manipulationen temporär bekannt, wenn Indexproduktanbieter auf der Basis öffentlich nicht zugänglicher Kurse oder nicht-kursgestützter Bewertungen und Schätzungen
Benchmarkindizes konstruieren.

In kapitalmarktschwachen Entwicklungsländern wird die Lage anders sein. Besondere
Vorsicht ist geboten, wenn Indexprodukten von bekannten Anbietern lokale Indizes als
Basiswert zugrunde gelegt werden. Dann wäre es denkbar, dass hiesige Großinvestoren,
die oft mit den politischen Eliten solcher Staaten verquickt sind, Kursmanipulationen
„anzetteln", weil sie in solchen Produkten investiert sind und ihr Insiderwissen ausnut-
zen möchten. Denn Kursmanipulationen in Entwicklungsländern sind kein theoreti-
sches, sondern ein existierendes Problem.

Um den Verdacht der Manipulationen generell auszuräumen, beauftragen daher
immer mehr „seriöse" Entwicklungsländer internationale Indexanbieter, primär die
Marktführer von Dow Jones Company und Morgan Stanley Indexcompany, mit der
Erstellung und dem Betrieb von Wertpapierindizes für ihre Länder. Das ist zwar ein gut
gemeintes Vorhaben, bietet allein aber noch keinen Schutz für internationale Indexanbieter vor Kursmanipulationen an den fremden Börsen. Denn es kommt nicht darauf an,
wer den Index konstruiert, sondern wer die Kursbasis liefert.

Auch folgender Fall wäre denkbar: Möchte die Dow Jones Company ohne Auf-
trag einen regionalen Index für Schwarzafrika erstellen, weil amerikanische Anleger
am Wachstum in diesen Ländern partizipieren wollen, und stehen dem Indexbetreiber
nur lokale Kursdaten zur Verfügung, so kann sich auch ein Marktführer noch so sehr
anstrengen, vor eventuellen Indexmanipulationen wird er nicht geschützt.

Der Anleger ist daher bei ausländischen Aktien gut beraten (vor allem aus dem afrikanischen und arabischen Raum), auf internationale Börsen, wie London, New York oder
Singapur auszuweichen. Neben der gesicherten Kursechtheit erspart ihm diese Wahl

intransparente Prozeduren, die mit der örtlichen Konto- und Depotführung und den lästigen Devisenvorschriften verbunden sind.

Die Kombination „lokaler Indexbetreiber mit internationalen Indexproduktemittenten" birgt noch ein weiteres Problem, nämlich die Möglichkeit einer unerwarteten Einstellung der Indexnotierung. Dann wird dem Markt abrupt die Bewertungsgrundlage entzogen und Anleger müssen entweder entschädigt werden oder auf einen „Ersatzindex" umsteigen. Übrigens wird diese zweifelhafte Praxis auch bei Einstellungen der Fondsnotierungen in den westlichen Ländern angewandt.

Manipulationen beim Streubesitz führen zu falscher Indexzusammensetzung Nur die Aktien im Streubesitz bieten bei vielen Indextypen die Grundlage für die Berechnung der Marktkapitalisierung und/oder der Indexgewichtung. Der Streubesitz wird berechnet, indem vom Gesamtvolumen der zum Börsenverkehr zugelassenen Aktien der nicht gehandelte Anteil (der sogenannte Festbesitz) abgezogen wird. Der Festbesitz muss bei Überschreitung bestimmter Anteilswerte von fünf Prozent, zehn Prozent, 25 Prozent und 50 Prozent den Aufsichtsbehörden der jeweiligen Länder (in Deutschland der BaFin) gemeldet werden. Wie der Fall Continental dennoch lehrt, werden solche Vorschriften vielfach unterlaufen, sobald sich eine „rechtliche Gelegenheit" bietet. Beim Continental-Erwerb genügte es der Familie Schäffler im Jahr 2009, mehrere kleine, nicht meldepflichtige Aktienpakete bei Dritten (Scheinfirmen, Vermögensverwaltungen) mit Kaufoptionen einzurichten, um die aufsichtsrechtlichen Meldevorschriften der Börsenaufsicht zu umgehen.

Auch bei den Aktien von MLP und der Commerzbank gab es zeitweise Irritationen bei der echten Bestimmung des Free Floats.

Ausnahmen bestätigen die Regel: „Legale" Manipulationen in Industriestaaten Das Beispiel der Spekulation mit der VW-Aktie während der Gerüchte um die Übernahme des Autobauers durch Porsche lehrt weiterhin, dass auch in hoch entwickelten Ländern außerplanmäßige Vorgänge eintreten, die die Verantwortlichen zum Regelbruch im Indexbereich veranlassen.

Am 28.10.2008 überschritt die VW-Stammaktie, die vor der Spekulation im Kurs unter 100 Euro lag, zeitweise die 1.000-Euro-Marke und erreichte eine Marktkapitalisierung, die den Börsenwert des weltgrößten Unternehmens ExxonMobil übertraf. An diesem Tag stieg der DAX allein aufgrund der VW-Hausse um etwa acht Prozent, während die Kurse aller anderen 29 DAX-Titel fielen. Durch diese außerordentliche Short Covering Rallye (zu Deutsch: Eindeckung wegen Leerverkäufen) erhöhte sich die Gewichtung der VW-Aktie im DAX30 von ursprünglich 5,88 Prozent im September auf 27,22 Prozent zum Handelsschluss am 28.10.2008.

An diesem Tag kündigte Dow Jones bereits an, die Gewichtung der VW-Stammaktie in seinen Indizes zum freitäglichen Handelsbeginn um 37,22 Prozent herabzusenken. Auch die Deutsche Börse handelte zum Stichtag 28.10.2008, indem sie eine außerordentliche DAX-Neugewichtung, die vorher nicht im Regelwerk vorgesehen war, vornahm und dabei das Gewicht der Volkswagenaktie im DAX auf zehn Prozent begrenzte und die Stammaktie durch die Vorzugsakte austauschte. Somit wurde ausgeschlossen, dass es zu einem DAX-Anstieg allein durch die VW-Spekulation kommen konnte. In Börsenkreisen wurde diese vorbeugende Maßnahme „Lex VW" getauft. Spekulative Anleger, die hier auf einen DAX-Anstieg gesetzt haben, wurden durch diese Maßnahme ihrer Chancen beraubt.

Weil nicht alle gravierenden Fälle einer Indexverzerrung die Indexkonstrukteure im Voraus erahnt können, wird diesen häufig durch abrupte Regelergänzungen ein Riegel vorgeschoben. Damit steht nicht selten am Anfang jeder späteren Regeländerung oft ein Regelbruch, sei es in einem afrikanischen Land mit rückständigen Kapitalmarktstrukturen oder sei es in Deutschland.

▶   **Fazit** Indizes werden im Anlagealltag von Analysten, Beratern oder Vermögensverwaltern für eigene wirtschaftliche Zwecke missbräuchlich eingesetzt, häufig mit dem Ziel, die Privatkunden zu übervorteilen. In dieser Hinsicht unterscheiden sich diese Praktiken nicht unbedingt von Manipulationen mit Statistiken, Charts, Formeln, Kennzahlen, Bilanzen und anderem Anschauungs- und Informationsmaterial. Trotz bewusster Irreführungen darf sich der Anleger von diesem unerfreulichen Tatbestand nicht beunruhigen lassen. Wenn er die Spielregeln von vornherein kennt und das Thema beherrscht, wird er die Haken und Ösen schnell zu umgehen wissen. Besonders grafische Darstellungen erwiesen sich als tückisch. Von den Missbräuchen seitens der gewerblichen Benutzer (also Nicht-Kunden) sind Indexverfälschungen und -manipulationen, die von Indexanbietern bewusst oder unbewusst ausgehen, zu unterscheiden. In Frage kommen hier sowohl der Einsatz manipulierter Indexkonstruktionen als auch falsche Datenangaben von außen (Kursmanipulationen, falsche Angaben zum Free Float, Regelverletzungen bei extremen Kursbewegungen), beides vorrangig, um den Absatz der Finanzprodukte zu fördern.

Konstruktion von Aktienindizes (technische Seite)

8

8.1 Grundlagen

Dieses Kapitel richtet sich an die Fortgeschritten in Indexfragen. Anleger, die nur an der ökonomischen Seite der Indizes interessiert sind, können diese Ausführungen auslassen. Für eine erfolgreiche Anlage in einem Indexprodukt ist die Kenntnis seiner „technischen" Konstruktion nicht zwingend notwendig. Eine Ausarbeitung über die Indexproblematik wäre allerdings unvollständig, wenn dieser Aspekt fehlen würde. Zudem sind die Fachausdrücke aus der Indexwelt (etwa Gewichte, Verkettung oder Kappungsgrenze) zu erläutern, damit der Leser die Fachpresse besser verstehen kann.

Was genau ist also ein Index? Die technische und ökonomische Seite von Indizes Die einfachste Erklärung einer Indexbeschreibung könnte lauten: Ein Index macht die repräsentativen Veränderungen verschiedener gesellschaftlicher Aktivitäten, insbesondere in der Wirtschaft, gegenüber früheren Zeitpunkten bzw. Zeiträumen sichtbar. Setzt man den Wert eines Indexes auf eine Startgröße (zum Beispiel auf 100), beziehen sich alle fortgeschriebenen Zahlen, die diese Veränderungen kumulieren, auf diesen Wert. Diese fortgeschriebenen Indexzahlen geben dann die durchschnittliche Entwicklung einzelner Veränderungen (zum Beispiel von Aktienpreisen) in einer Zahl wieder. Durch die Division eines fortgeschriebenen Wertes durch eine Basis lässt sich die Abweichung (in Plus oder in Minus) über einen bestimmten Zeitraum errechnen (zum Beispiel zehn Prozent innerhalb eines Jahres).

Bereits die Bemühungen von Frau Schulz und ihres Sohnes Hans-Peter im Einführungsbeispiel am Anfang dieses Buches haben gezeigt, dass der von ihnen unbewusst konstruierte Preisindex sowohl eine technische (Wie wird er konstruiert?) als auch eine ökonomische (Wofür wird er gebraucht?) Seite besitzt.

Die Frage, was zur technischen und was zur ökonomischen Seite eines Indexes zählt, soll anhand des Beispiels eines Weltpreisindexes für Transportmittel genauer erklärt werden. Es ist klar, dass die vielleicht auf eine Milliarde zu schätzende Anzahl aller Transportmittel erst klassifiziert werden müsste, bevor sie einer Indexanalyse unterzogen werden

V. Heese, *Indizes in der Wertpapieranlage*, DOI: 10.1007/978-3-658-02260-0_8,
© Springer Fachmedien Wiesbaden 2014

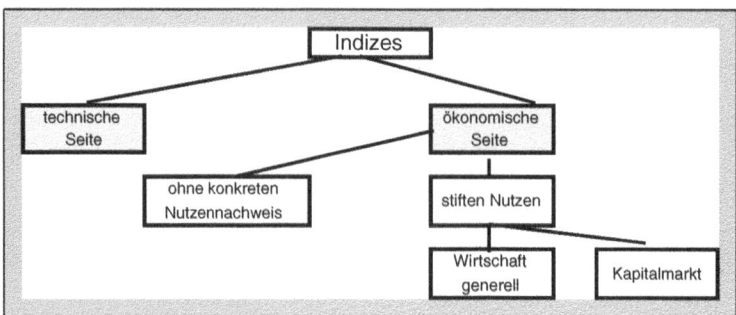

Abb. 8.1 Einteilung von Indizes nach Nutzungskriterien

kann. In technischer Hinsicht ließen sich die Transportmittel nach den Antriebsarten, PS und Hubraumstärke, Höchstgeschwindigkeit und anderen Leistungsparametern einteilen. Ökonomen würden dagegen eher nach der Nutzart fragen, genauer, ob es ein Flugzeug, ein Schiff, eine Straßenbahn oder ein Auto ist. Bei den Automobilen könnten sie mit ihrer Gliederung noch tiefer gehen und prüfen, ob es sich um ein generelles Nutzfahrzeug, einen Lkw oder einen Pkw (hier wären weitere Unterteilungen in Kleinwagen Luxuslimousinen, Mittelklassewagen oder Sportwagen möglich) handelt. Unabhängig von der Tiefe der ökonomischen Gliederung wird diese immer eine technische Gegenseite aufweisen.

Anhand dieser ökonomischen Klassifizierung wird Folgendes klar: Ein alle Fahrzeuge auf diesem Globus umfassender Weltpreisindex für Transportmittel wäre wenig aussagefähig. Erst seine Unterteilung in Teilmärkte macht die Anwendung eines Preisindexes sinnvoll. Denn es leuchtet jedem ein, dass eine Preisverdoppelung von Jumbo-Jets mit der von Mofas kaum zu vergleichen ist. Es handelt sich hier um zwei ganz unterschiedliche Märkte für Transportmittel.

Analog ist die Situation in der Welt der Kapitalanlagen (Assetklassen). Auch hier können Preisänderungen (Kursänderungen) mit Hilfe von Indizes untersucht werden. Diese Indizes haben ebenso ihre technischen, wie auch ihre ökonomischen Seiten. Auch hier sind Teilmärkte für Aktien-, Renten- oder Immobilienanlagen abzugrenzen.

Nutzenstiftung der Indizes Generell müssen Indizes nicht einen zuzuordnenden wirtschaftlichen Nutzen stiften. Sie können für rein wissenschaftliche Zwecke aufgelegt werden. Als Indizes erstmalig von den deutschen Statistikern Étienne Laspeyres (1871) und Herman Paasche (1874) „konstruiert" wurden, setzten sich die Forscher zunächst zum Ziel, ein Messkonzept für das Phänomen der Preisänderungen zu finden. Erst nach und nach wurde der praktische Nutzen der Indizes im Wirtschafts- und Sozialleben erkannt. So gesehen muss hinter die Entwicklung neuer Index-Konzepte nicht unbedingt sofort mit einem Nutzennachweis einhergehen.

In Abb. 8.1 wurden die wichtigsten Unterteilungskriterien von Indizes nach ihrer Nutzenstiftung noch einmal zusammengefasst. Bei der praktischen Anwendung lassen sich Indizes in solche mit einem ökonomischen Nutzen und ohne einen konkreten Nutzennachweis unterteilen. Diese Vorgehensweise erinnert etwas an die Arbeitsweise eines Pharmalabors. Dort gibt es neben der Grundlagenforschung zur generellen Beglückung

Tab. 8.1 Börsenkapitalisierung, Indexstand und Gewichtungen eines fiktiven Aktienindexes im Zeitpunkt X

Aktien im Index	Kurs (Euro)	Stückzahl Aktien im Streubesitz (in Mio.)	Börsenkapitalisierung in Mrd.Euro	Anteil (in %)
A	16	20	320	26,2
B	30	10	300	24,5
C	22	13	286	23,4
D	110	2	220	18,0
E	64	1,5	96	7,9
Summe		46,5	1.222	100,0
Indexstand in X			1.222	
Aktien nicht im Index				
F	5	28	140	
G	1,6	41	66	
Summe				

der Menschheit, also ohne einen konkreten Nutzennachweis, den Bereich der Medikamentenforschung, dessen Ergebnisse vermarktet werden sollen.

Ganz ähnlich lassen sich die Nutzungsmöglichkeiten von Indizes einteilen. Es gibt Indizes. mit denen nur Wissenschaftler etwas anfangen können, und solche ohne die zum Beispiel ein Fondsmanager in seiner täglichen Arbeit nicht auskommen wird.

Wie konkret die „Konstruktion" eines für den Kapitalmarkt bestimmten Indexes von sich geht, soll am Beispiel eines fiktiven Aktienindizes demonstriert werden, dessen Bauphasen Schritt für Schritt vorgeführt werden.

Grundbegriffe der technischen Indexwelt Zur Verdeutlichung der Konstruktion eines Aktienindexes wird ein Zahlenbeispiel mit verschiedenen Varianten durchgespielt. Diese einfachen Zahlen und die wenigen Formeln, die herangezogen werden müssen, mögen auf den ersten Blick im krassen Gegensatz zu so manch fundierter Abhandlung in der Fachliteratur stehen. Es geht jedoch auch einfacher.

Ausgangsdaten Der fiktive Aktienindex in Tab. 8.1 umfasst fünf Aktien, die alphabetisch mit der Automobil AG (Aktie A) beginnen und bei der Eierfabrik AG (E) enden. Die Aktien haben zum Startzeitpunkt X, der in der Fachsprache Basiszeitpunkt oder Startzeitpunkt genannt wird, unterschiedliche Kurse, die zwischen 16 Euro und 110 Euro liegen. Da die im Index notierten Gesellschaften (Indexmitglieder) daneben unterschiedliche Stückzahlen gehandelter Aktien aufweisen, fallen ihre Börsenkapitalisierungen ebenfalls unterschiedlich aus und liegen zwischen 96 und 320 Millionen Euro. Infolgedessen besitzen die Indexaktien auch unterschiedliche Anteile (auch Indexgewichte genannt) an der gesamten Börsenkapitalisierung des Indexes von 1.222 Millionen Euro und liegen zwischen 7,9 und 26,2 Prozent. Der Einfachheit halber wird unterstellt, dass die Unternehmen keine Dividenden zahlen, die Kurs- und Performanceindizes sind gleich

Exkurs: Marktkapitalisierung und Indexkapitalisierung (Börsenkapitalisierung)

Die Indexkapitalisierung (Börsenkapitalisierung) stellt den Wert des an der Börse gehandelten Teils eines Unternehmens dar. Dieser Teil wird in der Fachsprache als Streubesitz bezeichnet. In den täglich in Fachzeitschriften veröffentlichen Kurstabellen wird dieser Wert in der Regel als ein Bruchteil von 1 dargestellt. Bei einem Wert von 0,7 sind dann 70 Prozent der Aktien breit gestreut. Der in festen Händen liegende Teil (Festbesitz) wird in der Indexkapitalisierung nicht berücksichtigt.

Der Wert aller Streubesitz- und Festbesitzaktien ergibt die Marktkapitalisierung. Die Marktkapitalisierung stellt somit den Gesamtwert eines Unternehmens dar. Im DAX beträgt die Marktkapitalisierung von BMW 45,6 Milliarden Euro, die Börsenkapitalisierung bei einem Streubesitz von 0,53 (neben den Stammaktien werden auch BMW-Vorzüge gehandelt) liegt bei 23,1 Milliarden Euro. Wegen des Börsenbezugs wird die Indexkapitalisierung alternativ Börsenkapitalisierung genannt.

Wenn angenommen die Indexformel eine Million Euro Marktkapitalisierung = ein Indexpunkt lautet, steht unser Index zum Startzeitpunkt bei 1.222 Punkten.

Mit diesem Einstieg wurden die wichtigsten technischen Grundbegriffe unseres Indexes geklärt: Aktienkurs (zwischen 16 und 110 Euro je Aktie), Startzeitpunkt (X), Indexgesellschaft (A bis E), Indexgewicht (zwischen 7,9 Prozent und 26,2 Prozent), Börsenkapitalisierung (1.222 Millionen Euro), Marktkapitalisierung. (222 Millionen Euro), Indexkapitalisierung (1.222. Millionen Euro), Streubesitz (100 Prozent).

Bereits diese Grunddaten ermöglichen wichtige Aussagen, die bei der späteren Analyse verwendet werden:

- Nicht unbedingt die „teuersten" Aktien, wie die des Unternehmens Damenmode (D) im obigen Beispiel, müssen die höchste Indexkapitalisierung und das höchste Indexgewicht aufweisen.
- Es gibt Aktien, die als „Indexanwärter" bezeichnet werden, weil sie einerseits eine (noch) zu geringe Indexkapitalisierung aufweisen, um in den Index aufgenommen zu werden, andererseits dicht dem Indexletzten auf den Fersen sind. Im obigen Beispiel sind es die Unternehmen Fleischexport (F) und Gasimport (G).
- Es ist selbsterklärend, dass im Falle einer Neuzusammensetzung des Indexes die beste dieser Anwärter-Aktien das letzte Indexmitglied (im Beispiel: Aktie E) ersetzen wird. Damit dieser Fall tatsächlich eintritt, muss der Indexaufsteiger den Indexabsteiger in der Börsenkapitalisierung überholen. Hierfür sind wiederum Kursveränderungen sowie Veränderungen in der Anzahl der gehandelten Aktien oder des Streubesitzes notwendig. Rein theoretisch können die im Ranking höher stehenden Titel der Automobil AG oder der Damenmode AG durch die Fleischexport AG (Aktie F) und/oder die Gasimport AG (Aktie G) ersetzt werden. An der Börse ist vieles möglich.

Mit der Erklärung vorgenannter Grundbegriffe ist immer noch kein Aktienindex berechnet worden. Dazu fehlt neben der Indexformel die Börsenkapitalisierung des Gesamtmarktes zum Zeitpunkt X + 1, damit die Veränderung zum Zeitpunkt X gemessen werden kann. Der Zeitpunkt X muss nicht der Tag der Erstmessung bei der Indexgründung, also der Startzeitpunkt sein, sondern es kann hierfür jeder anderer Vergleichszeitpunkt gewählt werden. In der Fachsprache wird der Vergleichszeitpunkt auch Basiszeitpunkt (Referenzzeitpunkt) genannt.

Der DAX hat zum Beispiel als seinen Startpunkt den 01.01.1988. Als Basiszeitpunkt kann dagegen der 31.12.2005 genommen werden, wenn eine achtjährige Veränderung gemessen werden soll. Wäre eine Jahresveränderung festzustellen, musste der Indexstand am 31.12.2011 gemessen und mit dem am 31.12.2012 verglichen werden.

Mit dem Vormarsch der elektronischen Medien verkürzen sich die möglichen Beobachtungsperioden zwischen einzelnen Indexmessungen in atemberaubendem Tempo. Heute beträgt bei den repräsentativen Indizes wie dem DAX die kürzeste Zeitspanne zwischen zwei Messvorgängen eine Sekunde. Je nach Wunsch des Anlegers können somit Veränderungen eines Aktienindexes sekündlich oder innerhalb von 25 Jahren gemessen werden. Noch vor 30 Jahren gab es für den DAX und seine Familienindizes nur eine Notierung, den sogenannten Kassakurs.

Wir haben weitere Fachbegriffe dazugelernt: Basiszeitpunkt (01.01.1988), Referenzzeitpunkt (31.12.2011), Beobachtungsperiode (Sekunde, zehn Jahre), Indexstartwert (1.222 Punkte).

8.2   Ermittlung des Indexwertes (Rechenvorgang)

Für die Periode X + 1 werden in unserem Musterbeispiel Kursveränderungen unterstellt, wie sie in Tab. 8.2 dargestellt werden. Als Folge ergeben sich Veränderungen bei einzelnen Indexkapitalisierungen.

Es fallen besonders zwei signifikante Verschiebungen auf:

- Die Aktienkurse haben sich unterschiedlich stark entwickelt, wobei der Kurs von Damenmode AG sogar gefallen ist. Per saldo ist die Indexkapitalisierung der Fünfergruppe um 11,38 Prozent (aufgerundet) auf 1.361 Millionen Euro gestiegen.
- Von den Nicht-Indexgesellschaften hat die Fleischexport AG mit der neuen Indexkapitalisierung von 140 Millionen Euro nunmehr den Indexletzten, die Eierfabrik AG, der an der Börse nur noch 72 Millionen Euro wert war, überholt.

Jetzt können wir zum ersten Mal eine Indexveränderung bilden. Diese lässt sich durch die Division der neuen mit durch die alte Indexkapitalisierung ermitteln.

$$\text{Indexveränderung} = \frac{1.361}{1.222} = 1.1137$$

Der Indexwert von 1,1137 in der Periode X + 1 sagt dann aus, dass sein Wert im Vergleich zum Startwert 1,000 zum Zeitpunkt X um 0,11375 auf 1,1137 oder um 11,38 Prozent gestiegen ist.

Wie ersichtlich, wirkt die Zahl 1,1137 doch etwas „unhandlich". Um sie für den Indexbenutzer optisch freundlich wirken zu lassen, wird der Startwert mit einem anderen Wert als 1,000 versehen. Wird als Startwert der Wert von 1.000 Punkten gewählt, hat der Index in X + 1 einen Wert von 1.113,75 Punkten. Er ist im Vergleich zu X absolut um 113,75 Punkte gestiegen.

Bei einem Startwert von 500 beliefe sich dieser Anstieg entsprechend um 56,88 Punkte auf 556,88 Punkte. In beiden Fällen hat er sich prozentual jedoch um 11,38 Prozent erhöht.

Indexstand (Start 1.000 Punkte)	=	1.113,75 Punkte
Indexstand (Start 500 Punkte)	=	556,88 Punkte

In den folgenden Beispielen wird nur noch die „benutzerfreundlichere" Indexform verwendet.

Nach der gleichen Methode, wie oben beschrieben, wird der bekannteste deutsche Aktienindex, der DAX konstruiert, welcher am 01.01.1988 mit einem Startwert von 1.000 Punkten ins Leben gerufen worden war.

Tab. 8.2 Börsenkapitalisierung, Indexstand und Gewichtungen des fiktiven Aktienindexes im Zeitpunkt X + 1

Aktien im Index	Kurs (Euro)	Stückzahl Aktien im Streubesitz (in Mio.)	Börsenkapitalisierung in Mrd.Euro	Anteil (in %)
A	19	20	380	26,2
B	34	10	340	24,5
C	27	13	351	23,4
D	109	2	218	18,0
E	48	1,5	72	7,9
Summe		46,5	1.361	100,0
Indexstand in X + 1			1.361	
Aktien nicht im Index				
F	5	28	140	
G	1,6	41	66	
Summe				

Es leuchtet ein, dass der Anteil der Einzelaktie an der Indexveränderung nicht allein von ihrer Kursänderung, sondern ebenfalls von ihrem Gewicht abhängen wird. Auf keinen Fall wird er von der absoluten Kursveränderung einer Einzelaktie abhängen. Würde die Brauerei AG (B) um 17 Euro fallen, hätte sich ihr Aktienkurs halbiert. Bei der teuren Aktie der Damenmode AG (D) machen diese 17 Euro gerade 15,6 Prozent Indexrückschlag aus. Das heißt: Wenn eine Aktie um zehn Prozent steigt und die andere um zehn Prozent fällt, kompensieren sich diese Effekte keinesfalls, wenn die Aktien im Index unterschiedlich gewichtet sind. Bei großen Unternehmen mit hohem Gewicht sprechen Börsianer von „Indexschwergewichten".

Interessant ist für den Anleger die Frage, welche Rolle die Indexschwergewichte ausüben, oder mit anderen Worten, welchen Einfluss die Kursveränderung einer solchen Einzelaktie auf den Indexwert hat.

Will man die prozentuale Auswirkung der Kursveränderung der Einzelaktie auf den Index messen, empfiehlt sich die Anwendung einer folgenden Faustformel:
Formel 3

Indexveränderung in % = Kursveränderung der Aktie in % ∗ Indexgewicht

Bei der Brauerei AG (B) hat die 13,33-prozentige Kursänderung der Aktie von 30 auf 34 Euro aufgrund ihres 24,5-prozentigen Indexgewichtes (Indexanteils) eine 3,27-prozentige Indexveränderung bewirken müssen, was einfach nachprüfbar ist. Hierzu folgende Kontrollrechnung:

Der absolute Beitrag der Aktie B zur Börsenkapitalisierung beträgt 40 Millionen Euro (10 Millionen Aktien × 4 Euro Kurssteigerung). Damit würde bei unveränderten Kursen der anderen Aktien die Börsenkapitalisierung des Gesamtmarktes auf 1.262 Millionen

Euro steigen, oder um 3,27 Prozent ihres Ursprungswertes (Basiswertes) von 1.222 Millionen Euro. In absoluten Punktzahlen ausgedrückt, beträgt der Beitrag der Aktie B an der Indexsteigerung von 113,7 andererseits 32,7 Punkte.

Neue Fachbegriffe: Indexberechnung, Indexveränderung, absolute und prozentuale Beiträge einer Aktie zur Indexveränderung.

8.3   Neue Indexmitglieder (Indexanpassung), Korrekturfaktoren, Verkettungstermin

Die Deutsche Börse AG entscheidet einmal im Jahr über die reguläre Neuzusammensetzung des DAX. Auswahlkriterium für den DAX („Regular Entry"/„Regular Exit") ist die 30/30-Regel. Danach kann ein neues Unternehmen in den Index aufgenommen werden, wenn es nach den beiden Merkmalen Börsenumsatz und Marktkapitalisierung zu den 30 größten Werten zählt. Voraussetzung ist jedoch, dass ein Indexmitglied existiert, das in einem der genannten Kriterien einen Rang schlechter als 35 aufweist. Wird eines der beiden Kriterien nicht erfüllt, kann die alte Aktie aus dem Index herausgenommen werden.

Es gibt jedoch auch die Möglichkeit des Einstiegs/Ausstiegs nach den Regeln des „Fast Entry"/„Fast Exit", wonach ein Indexwert aufgenommen wird, wenn er in beiden Kriterien auf Rang 25 oder besser ist. Herausgenommen wird dafür ein Indexwert, der in einem Kriterium einen Rang höher als 35 aufweist.

Die Indexaktualisierungen erinnern ein wenig an die Aufnahmeverfahren in die Fußballligen. Wäre der DAX die 1. Bundesliga, wären seine Aktualisierungen mit den alljährlichen Auf- und Abstiegsterminen vergleichbar. Die Absteiger wandern in die 2. Liga, die beiden Besten der 2. Liga steigen dagegen in die 1. Liga auf. Ähnlich verhält es sich mit dem DAX und der DAX-Familie. Es gibt andererseits auch einen wichtigen Unterschied: In den Fußballligen muss es immer Auf- und Absteiger geben, beim DAX und dem MDAX nur dann, wenn die Altmitglieder die Verbleibkriterien nicht mehr erfüllen.

Auch in unserem Beispiel soll der fiktive Index neu zusammengesetzt werden. Da er die größten Aktiengesellschaften des vorgegebenen Universums abbilden soll, ist er in seiner aktueller Fassung aufgrund des phänomenalen Anstiegs der Indexkapitalisierung der Aktie Fleischexport AG (F) von 84 Millionen Euro auf 140 Millionen Euro nicht mehr repräsentativ. Der Anstieg bei der Aktie F wurde durch das Kursfeuerwerk, dem Anstieg um 66,7 Prozent von drei Euro auf fünf Euro, ausgelöst. Damit die Repräsentativität des Indexes wieder hergestellt wird, ist die Fleischexport AG in den Index aufzunehmen und die Eierfabrik AG (E) herauszunehmen.

Wie eine Neuzusammensetzung „technisch" zu erfolgen hat und welche Auswirkungen diese auf den Index hat, zeigen die unteren Berechnungen (Tab. 8.3).

Würden die Indexkonstrukteure wie bislang verfahren, ergäbe sich folgendes Problem: Durch die Neuaufnahme von Fleischexport AG (+140 Millionen Euro) und das Herausnehmen von Eierfabrik AG (−72 Millionen Euro) ist die gesamte

Tab. 8.3 Börsenkapitalisierung, Indexstand und Gewichtungen des fiktiven Aktienindexes im Zeitpunkt X + 1 nach Neuaufnahme und Verkettung des neuen Indexmitgliedes

Aktien im Index	Kurs (Euro)	Stückzahl Aktien im Streubesitz (in Mio.)	Börsenkapitalisierung in Mrd. Euro	Anteil (in %)
A	19	20	380	26,6
B	34	10	340	23,8
C	27	13	351	24,6
D	109	2	218	15,3
F	5	28	140	9,7
Summe		73	1.429	100,0
Indexstand in X + 1 nach Neuaufnahme von F und Verkettung			1.361	
Aktien nicht im Index				
E	48	1,5	72	
G	1,6	41	66	
Summe				

Indexkapitalisierung per Saldo um 68 Millionen Euro gestiegen. Unter sonst gleichen Bedingungen ergäbe sich am ersten Handelstag nach der Indexumstellung beim neu zusammengesetzten Index ein Anstieg um 5,0 Prozent (1.429 dividiert durch 1.361). Um diesen Betrag wäre der neue Index in seiner Indexkapitalisierung „schwerer" und hätte „unverdient" zugelegt, ohne dass der Kurs auch nur einer Aktie gestiegen wäre.

Diese Vorgehensweise hätte unerwünschte Verzerrungen zufolge. Im Langfristvergleich könnten dann echte Kursteigerungen von den Auswirkungen der „Umschichtungstricks" nicht mehr unterschieden werden. Um somit den beschriebenen Umschichtungseffekt zu neutralisieren, werden sogenannte Korrekturfaktoren in die Indexformal eingebaut. Sie wirken als ob sich die Neuzusammensetzung des Indexes „kapitalisierungsneutral" vollzöge.

In unserem Musterbeispiel ist die neue Indexkapitalisierung von 1.429 Millionen Euro mit dem Korrekturfaktor 0,9524 zu multiplizieren, damit der alte Wert von 1.361 Millionen Euro wieder erreicht wird.

$$\text{Korrekturfaktor (Verkettungsfaktor)} = \frac{1.361}{1.429} = 0{,}9524$$

Da die Börsenkapitalisierungen aller Aktien mit diesem Faktor multipliziert werden, bleiben deren Gewichte unverändert.

Dies heißt allerdings nicht, dass aufgrund der neuen Indexzusammensetzung die alte Gewichtstruktur fortbesteht bleibt, weil sich nicht nur Kurse der Aktie F, unseres Indexneulings, sondern auch die der Altmitglieder (Aktien A bis D) verändert haben (Tab. 8.4). Weiterhin gilt: Wenn anstelle von Eierfabrik AG (E) mit dem vormaligen Gewicht von 7,9 Prozent nun die Fleischexport AG (F) mit einem Gewicht von

Tab. 8.4 Indexstand des fiktiven Indexes in X + 2

Aktien im Index	Kurs (Euro)	Stückzahl Aktien im Streubesitz (in Mio.)	Börsenkapitalisierung in Mrd. Euro	Anteil (in %)
A	17	20	340	26,6
B	33	10	330	23,8
C	25	13	325	24,6
D	105	2	210	15,3
F	4	28	112	9,7
Summe		73	1.317	100,0
Indexstand in X + 2			1.317	
Aktien nicht im Index				
F	48	1,5	72	
G	1,6	41	66	
Summe				

9,7 Prozent hereinkommt, müssen sich die Anteile der Aktien Automobilwerk AG (A) bis Damenmode AG (D) automatisch verringern. Es gibt nicht mehr als 100 Prozent zu verteilen! So bleibt die „Indexwahrheit" erhalten.

Wir erhalten nach der Neuaufnahme von F zum Zeitpunkt X + 2 eine neue Indexkapitalisierung von 1.317 Millionen Euro im Vergleich zu 1.361 Millionen Euro in X + 1 und 1.222 Euro in X (Startpunkt).

Demnach ist der Index in der Periode X + 2 im Vergleich zu X + 1 um 6,47 Prozent gefallen. Die Veränderungsrate (hier: negative Wachstumsrate) wird nach der bekannten Formel errechnet:

$$\text{Indexveränderung in X} + 2 = \frac{1.317}{1.361} = 0,9676 - 1 = -3,24\%$$

In der „unhandlichen" Indexform ergibt sich dann ein Indexstand in X + 2 im Vergleich zur Vorperiode X + 1 von 0,9676. In der benutzerfreundlichen Form dagegen von 1.077,76 Punkten.

Indexveränderung (X − X + 2) = 1.113,75 * 0,9676 = 1.077,76

Indexstand in X + 2 = Indexstand in X * Indexveränderung (X − X+2) = 1.222 * 1,077,76 = 1.317

Ganz analog lässt sich jeder Indexstand als Summe seines Anfangsbestandes und der jährlichen Veränderungen darstellen (wie in einer sich verlängernden Kette, bei der die neue Länge durch den Altbestand und die dazugekommenen neuen Ringe bestimmt wird). Daher werden die Zeitpunkte des Indexaustausches, der Indexneuaufnahmen, auch Verkettungstermine genannt.

Exkurs: Indexveränderung und Vergleichsperiode

Es ist darauf zu achten, auf welche Vergleichsperiode sich Aussagen über eine Indexveränderung beziehen. Im Vergleich zur Vorperiode (X + 1) hätte der Anleger zwar ein sehr unerfreuliches Minus von 3,2 Prozent erzielt. Im Vergleich zur Basisperiode (X) würde er jedoch immer noch mit 7,8 Prozent oder mit 77,8 Punkten „vorn" liegen. Denn zum Startpunkt betrug sein Wert 1.000 Punkte.

Zeit	Indexkapitalisierung	Indexstand	Veränderung Start (%)	Veränderung Vorperiode (%)
X	1.222	1.000	–	–
X + 1	1.361	1.113,7	13,7	13,7
X + 2	1.317	1.077,8	7,8	−3,2

Welcher Missbrauch mit der entsprechenden Wahl der Vergleichsperiode betrieben werden kann, wurde in Kap. 7 dargelegt.

Ähnlich wie bei Indexanpassungen hätten Kapitalerhöhungen und Erhöhungen des Streubesitzes bei bestehenden Indexmitgliedern „unverdiente" Kurssprünge im Index zur Folge. Würde die Familie Quant ihre 50 Prozent BMW-Stammaktien aus dem Privatbesitz an die Börse bringen, würde sich der Streubesitz bei dieser Aktie von 0,53 auf 1,0 erhöhen. Das würde wiederum einen Anstieg der Indexkapitalisierung von BMW von knapp 20 Milliarden Euro und beim DAX einen Effekt von +3,0 Prozent (Stand: 04.01.2013) auslösen.

Um auch diese Effekte zu neutralisieren, werden Korrekturfaktoren nach dem bekannten Grundsatz eingebaut: Eine Veränderung des Indexstandes kann nur aufgrund von Kursänderungen erfolgen. Alle anderen Einflüsse sind auszuschalten.

Neue Fachbegriffe, die wir gelernt haben: Indexmitglieder, Indexaufnahmen und -herausnahmen, Korrekturfaktoren, Verkettungsfaktoren.

8.4   Weitere technische Parameter („Bauelemente") eines Indexes

Es gibt zahlreiche andere „technische" Aspekte, die bei einer Indexanalyse zu berücksichtigen sind. Die vier wichtigsten werden unten erklärt. Für den Leser ist die Problematik einfacher zu verstehen, wenn diese als Frage-Antwort-Fall beschrieben wird.

1. Liegt eine Obergrenze (Kappungsgrenze) bei Einzelgewichten vor?

   Eine Kappungsgrenze soll die Verzerrung eines Indexes durch die Schwergewichte verhindern, damit keine falschen Schlüsse über die Tendenz am Gesamtmarkt gezogen werden. Hat zum Beispiel in einem fiktiven Index ein Schwergewicht S 60 Prozent an der Börsenkapitalisierung des Gesamtmarktes und die zehn weiteren Aktien („Leichtgewichte") jeweils einen Anteil von 4 Prozent, so steigt der Index noch (zum Beispiel von 1.000 auf 1.006), wenn die Aktie von S um elf Prozent zulegt, die anderen zehn Aktien aber um 15 Prozent fallen. Ein Anleger, der diesen Hintergrund nicht bemerkt, erhält ein völlig verzerrtes Bild von der Markttendenz.

   Dabei kann paradoxerweise im Extremfall noch hinzukommen, dass die Börsenumsätze der zehn fallenden Aktien 99 Prozent aller Börsenumsätze ausmachen und auf das Schwergewicht nur ein Prozent entfällt! Hält diese Tendenz über längere

Zeit an, droht dem Aktienmarkt ein Absturz, sobald die Käufer bei Super ausbleiben und die Aktie von S nicht mehr steigt.

Damit die Verzerrung durch das Schwergewicht reduziert wird, ist es sinnvoll, dessen Gewicht im Index zu reduzieren, häufig auf maximal 25 Prozent. Dann würde im obigen Beispiel der Index auf 991,3 Punkte fallen und erste Warnsignale senden.

Exkurs:
In der Anlagepraxis haben sich drei Verfahren durchgesetzt, die solche Anomalien rechtzeitig zu erkennen erlauben:

- Es ist auf die Umsätze zu achten. Fallen diese oder lassen merklich nach, wenn der Index noch steigt, ist Vorsicht geboten!
- Es gilt alternativ zu prüfen, wie viele Aktien in einem insgesamt noch anziehenden Index gestiegen und wie viele gefallen sind. Diese Information liefert der Indikator Advance Decline, der die Anzahl der steigenden Aktien zu den Gesamtaktien eines Indexes angibt und zu einem der bekanntesten charttechnischen Indikatoren zählt. Im obigen Beispiel wäre dieser Indikator mit einem Wert von nur 0,09 extrem niedrig und als starkes Warnzeichen zu betrachten.
- Letztendlich kann der Kursverlauf eines breiteren Indexes mitbeobachtet werden. Wenn nur der engere Index (zum Beispiel in den USA der 30 Werte zählende Dow Jones) zulegt und der breitere (zum Beispiel der S&P 500 mit 500 Werten) fällt, ist dies ebenfalls als ein Alarmzeichen zu werten.

Wie werden Gewichte in einem Index definiert?

In der Regel werden die Gewichte der einzelnen Indexaktien anhand der Börsenkapitalisierung zum Startpunkt und zum Zeitpunkt der regulären Indexumstellung als einziges Kriterium festgelegt. Diese Methode dominiert.

In der globalen Indexpraxis kommen allerdings auch abweichende Kriterien der Gewichtfestlegung vor. Zu nennen sind hier: Börsenumsätze, gleiche Anteile, Tageskurse oder fundamentale Kennziffern, wie beim Indexbetreiber FTSE. Häufig gibt es eine Kombination mehrerer Methoden.

Eine besondere Kuriosität stellen sicherlich die preisgewichteten Indizes dar, die nicht mit einem Preisindex zu verwechseln sind. Beim preisgewichteten Index (auch die Stars wie Dow Jones oder Nikkei 225 sind solche Konstruktionen) werden einfach die Börsenkurse aller Indexgesellschaften addiert. Jede Aktie hat hier ein wechselndes Gewicht nach Maßgabe ihres täglichen Kurse. Die Marktkapitalisierung oder der Streubesitz spielen dabei keine Rolle.

Im oben dargestellten Musterbeispiel würde ein nach dieser Methode berechneter Index in der Periode $X + 1 - X + 2$ um 5,2 Prozent (Division: 184:194) fallen. Das ergibt der Vergleich der addierten Aktienkurse in den Tab. 8.3 und 8.4. Das Ergebnis stellt eine diametrale Abweichung zu dem Anstieg des Performanceindex von +11,38 Prozent.

2. Wie viele Aktien sollten in einen Index aufgenommen werden?

Auch diese Thematik wurde bereits bei den Einzeldarstellungen der Indizes mehrmals angesprochen. Angesichts einer Anzahl von 774 börsennotierten deutschen und weltweit vielleicht mehreren hundert Tausenden Aktiengesellschaften, deren Anzahl ständig variiert und deren Marktkapitalisierungen von unter einer Million Euro bis zu 350 Milliarden Euro reichen kann, stellt sich automatisch die Frage, ob alle diese Aktien in einem Index berücksichtigt werden können und/oder müssen.

Es gibt zwar zahlreiche „Weltindizes", diese umfassen allerdings keinesfalls alle Aktien auf diesem Globus. Abgrenzungen und Gruppenbildungen werden daher unumgänglich.

3. Nach welchen Regeln sind Gesamtheiten zu bilden, die eine sinnvolle Abgrenzung eines globalen, nationalen und sektoralen Aktienuniversums erlauben? Auch hier gibt es keine Patentlösung.All-Shares-Indizes und AuswahlindizesNach technischen Kriterien ist von Interesse, ob der Index einen wie auch immer definierten Gesamtmarkt abbilden soll oder nur einen Teil desselben. Im ersten Fall wird von All-Shares-Indizes (Beispiel CDAX) im zweiten von Auswahlindizes (Beispiel DAX) gesprochen.Die Teilindizes eines Indexes werden als Subindizes bezeichnet. Umgekehrt werden infolge einer Zusammenlegung mehrerer Indizes in ein übergeordnetes Konstrukt Supraindizes gebildet. Supraindizes können mehr als 8.000 Einzelaktien abbilden, obwohl sie keine All-Shares-Indizes sind.

8.5   Grafische Darstellung von Indizes

Indizes lassen sich entweder in Zahlen oder in Grafiken (Charts) darstellen, wobei die zweite Art als die praktischere klar dominiert.

In einem Langfristchart sieht der Anleger sofort, wo sich der aktuelle Indexstand im historischen Vergleich befindet. Im unteren Beispiel, das den DAX in einem 24-Jahresverlauf darstellt, wird dieser Sachverhalt anschaulich demonstriert. Jede Grafik hat eine Zeitachse und eine Werteachse. Die Zeitachse gibt dem Leser die Zeitperiode an (in Abb. 8.2 von 1988 bis 2012), in der der DAX gemessen wurde. Auf der Werteachse wird dagegen der Wertebereich des Indexes abgebildet.

Bei der grafischen Darstellung kann auf der Werteachse die absolute, die prozentuale oder die logarithmische Notierung, die auch als Skalierungen bezeichnet werden, verwendet werden.

Während die erste Darstellungsart den Verlauf in absoluten Zahlen misst, gibt die Prozentnotierung diesen in Prozent des Indexwertes im Vergleich zum Startpunkt an, der gewöhnlich bei 100 Prozent beginnt. Eine einfache Umrechnung zeigt, dass ein prozentualer Anstieg um mehr als 600 Prozent des Startwertes von 1.327 Punkten ebenfalls zu einem absoluten Wert von über 8.000 Punkten führt. Der historische Höchststand des DAX auf Schlusskursbasis lag am 13.7.2007 bei 8.151 Punkten.

In Abb. 8.2 wurde zudem die logarithmische Skalierung verwendet, die sich von der linearen dahingehend unterscheidet, als dass hier die Intervalle, die die absoluten Differenzen (hier die 1.000 Punkte-Abstände) abbilden, immer kleiner werden.

Die Chartbilder aller drei Varianten müssen den gleichen Verlauf zeigen. Was sie unterscheidet ist allein die Maßeinheit. Ähnlich wie die Entfernung in Meter oder in Yards gemessen werden kann, verhält es sich bei der Indexmessung, mit dem Unterschied, dass hier nicht die Entfernung sondern das Marktniveau gemessen wird. So wie sich die Entfernung, unabhängig davon wie sie gemessen wird, nicht ändert, so ändert sich auch nicht der Indexstand.

In allen drei Charts sind die Höhen in Zeiten der New Economy oder kurz vor der Lehman-Insolvenz und die Tiefen deutlich zu erkennen, welcher der DAX durchlaufen hatte. Die Beschreibung einzelner Extrempunkte ließe sich in Worten darstellen. Was

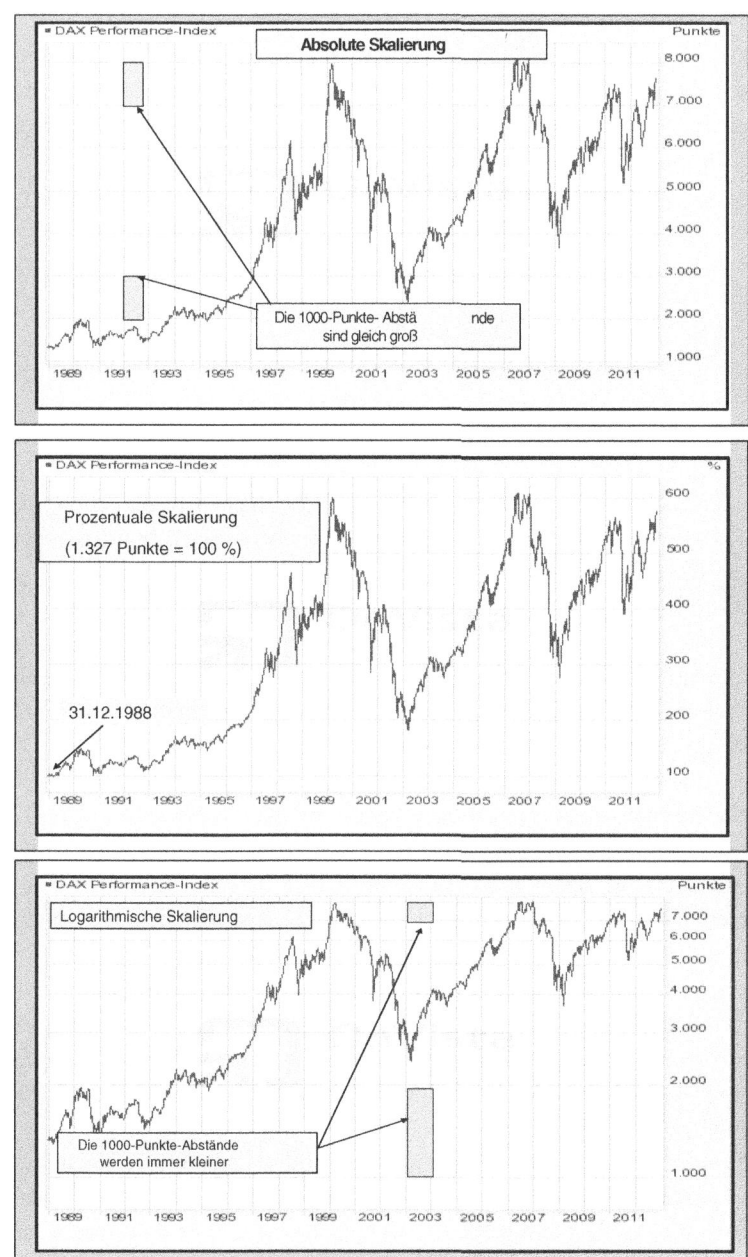

Abb. 8.2 DAX-Verlauf im Zeitraum von 1989 bis 2012 in absoluter, prozentualer und logarithmischer Skalierung

viele Seiten Papier in Anspruch nehmen würde, zeigt der Chart auf einen Blick. Darin liegt der Vorteil dieser Darstellungsart.

Ein umfangreiches kostenloses Chart-Angebot gehört heute zum Standard und Marketinginstrument der meisten Banken. Trotz dieser kostenlosen Vorteile ist beim Chart-Studium dennoch Vorsicht geboten. Viele Börsenneulinge sind von den ungeahnten Möglichkeiten des Internets so begeistert, dass sie sich schnell im Universum der Charts verzetteln. Viele sprechen warnend von einem Chart-Dschungel.

Die Aussage gilt analog für das Universum der Indizes, der Wertpapiere und der Kennzahlen, wobei das Studium der beiden Letztgenannten nicht so spannend sein dürfte, wie das der Charts. Daher gilt die Warnung: Charts können süchtig machen!

Neue Fachbegriffe für unser Indexvokabular: absolute, prozentuale und logarithmische Skalierung bei grafischen Indexdarstellungen.

8.6   Indexarten Einteilung nach „technischen" Kriterien

Es wurde mehrmals darauf hingewiesen, dass Indizes, die keine Direktanlagen, sondern abstrakte Konstrukte sind, nicht direkt gemessen werden können, sondern erst mit Hilfe von Formeln berechnet werden.

Die Indexformeln, selbst in ihrer einfachsten Version, wirken auf einen nicht mathematisch begabten Laien nicht gerade einladend. Aus diesem Grund wurde in diesem Buch bei der Indexberechnung auf Formeln verzichtet und nur mit Rechenbeispielen gearbeitet. Die folgende Aufzählung der Indexarten verzichtet ebenfalls auf Formeln und beschränkt sich auf einfache Beschreibungen.

Kursindizes Kursindizes berücksichtigen nur „reine" Kursänderungen.

Wie mehrfach dargestellt, erfassen Kursindizes im Aktienbereich nur die Preisentwicklungen der an der Börse gehandelten Titel. Ihre Berechnung basiert auf aktuellen Börsenkursen. Die Dividendenzahlungen und andere Gewinnausschüttungen der Unternehmen werden bei diesem Indextyp nicht berücksichtigt.

Dabei wäre eine Aktie, deren Kurs seit drei Jahren unverändert auf dem Niveau von 100 Euro verharrt, die aber zwischenzeitlich jedes Jahr fünf Euro Dividende gezahlt hat, mit einer dividendenlosen Aktie gleichzusetzen, deren Kurs von 100 Euro auf 115 Euro gestiegen ist. Über Jahre gerechnet summiert sich der Dividendenunterschied zu nicht unbeträchtlichen Größenordnungen.

Trotz dieses offensichtlichen Mangels sind Kursindizes sehr weit verbreitet und neben den Performanceindizes gleichberechtigte Börsenbarometer. Viele Indexanbieter liefern beide Versionen eines Aktienindexes. Unabhängig davon gibt es prominente Indizes, wie der bekannte Dow Jones Industrial Average (DJIA), die nur in ihrer Kursversion existieren.

Performanceindizes Performanceindizes berücksichtigen Dividenden und vergleichbare Ausschüttungen.

Im Unterschied zu den Kursindizes bei Aktien erfassen die Performanceindizes (auch Total-Return-Indizes genannt) die Dividendenzahlungen und andere Ertragskomponenten, wie Aktien aus einer Kapitalerhöhung aus Eigenmitteln („Gratisaktien") oder Rechte

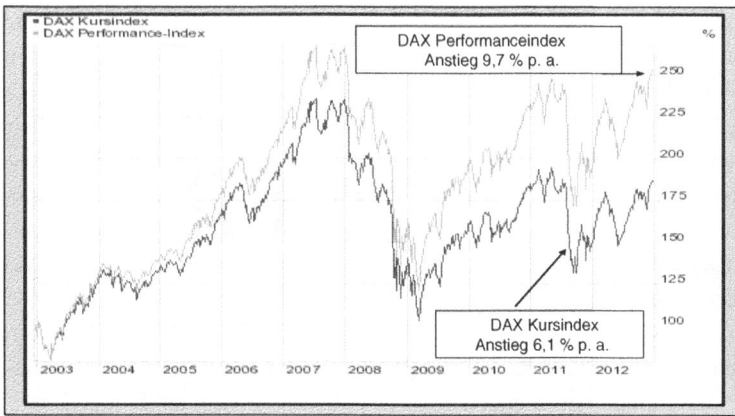

Abb. 8.3 DAX-Performanceindex versus DAX-Kursindex 2003–2012

aus einer Barkapitalerhöhung. Solche Bezugsrechte, die zum verbilligten Bezug von neuen Aktien aus der Kapitalerhöhung berechtigen, können an der Börse immer verkauft werden und stellen für den Aktionär damit eine Ertragskomponente dar.

Bei der Indexberechnung wird unterstellt, dass alle Ertragskomponenten wieder in dieselbe Aktie investiert werden. Im Endeffekt steigt dann in Höhe der Ausschüttung die Indexkapitalisierung der Aktie und des Indexes selbst. Diese Vorgehensweise wird in der Fachsprache Operation Blanche genannt.

Wird dagegen eine Kapitalerhöhung gegen Sacheinlagen durchgeführt (zum Beispiel durch die Commerzbank bei ihrer Übernahme der Dresdner Bank), kann dieser Effekt nur über die bekannte Verkettung berücksichtigt werden.

Abbildung 8.3 macht deutlich, dass der Anstieg der Performanceindizes stärker als der des Kursindexes ausfallen muss. Grob gerechnet entspricht die Steigerungsdifferenz der durchschnittlichen jährlichen Dividendenausschüttung, die beim „dividendenfreudigen" DAX für den Zeitraum von 2003 bis 2012 immerhin 3,6 Prozent betrug.

Laufindizes versus temporäre Indizes Sowohl Kurs- als auch Performanceindizes können als Laufindizes dargestellt werden. Das Besondere von Laufindizes ist, dass sie während der Börsenzeit nicht nur einmalig ausgewiesen werden, sondern wie beispielsweise beim DAX in sehr kurzen Intervallen (seit dem 02.01.2006 sekündlich) berechnet werden.

In der Wertpapieranlage gilt seit eh und je folgender Grundsatz: „Je liquider eine Anlage, desto höher das tägliche Handelsvolumen und desto häufiger können Kurs- und Indexaufzeichnungen vorgenommen werden." Es liegt in der Natur der Sache, dass die Aufzeichnungen bei Immobilienindizes, die im Gegensatz zu den Laufindizes als temporäre Indizes bezeichnet werden, relativ selten erfolgen.

Andere Beispiele für temporäre Indizes in der Kapitalanlage sind Indizes von Anlagen, bei denen es keinen aktiven Markt gibt, zum Beispiel bei Hedgefonds oder Private Equity. Bei diesen Anlageklassen werden Werte ohnehin nicht immer gemessen, sondern geschätzt, was grundsätzlich mit einem hohen Grad von Subjektivität verbunden ist.

Preisindizes und Mengenindizes Der Statistiker beobachtet an Handelsplätzen immer die Wertveränderungen (Umsätze), die sowohl auf Preis- als auch auf Mengenveränderungen (oft beides) zurückgeführt werden kann.

Bei der Berechnung von Preisindizes werden die Mengen konstant gehalten, um den Einfluss der Preisveränderungen auf den Index isoliert bestimmen zu können. Aktien- und Rentenindizes sind im statistischen Sinne solche gewöhnlichen Preisindizes. Sie werden entweder nach den Formeln von Laspeyres oder von Paasche berechnet.

Der Unterschied zwischen beiden Formeln liegt allein in der Auswahl der Gewichtung der Mengen. Gemäß der Indexberechnung nach Laspeyres hält man die Gewichtung der Basisperiode über den gesamten Beobachtungszeitraum konstant. Beim Paasche-Index werden dagegen die Mengen des jeweiligen Beobachtungszeitpunktes genommen, was sehr umständlich ist.

Bei der Berechnung von Mengenindizes werden die Preise konstant gehalten. Das weitere Vorgehen ist analog dem bei Preisindizes. Der Mengenindex ist gewissermaßen das Spiegelbild des Preisindexes. Um einen Mengenindex zu berechnen, werden die Preise konstant gehalten, um die durchschnittlichen Mengenveränderungen isoliert zu bestimmen.

Preisindizes in der Statistik und bei Wertpapieranlagen Die Analogie zu den Mengen bei den Indizes in der Statistik bildet bei den Wertpapierindizes bereits besprochene Indexgewichte, die nach Maßgabe der Börsenkapitalisierung festgelegt werden. Die Gewichte bleiben zwischen zwei Indexanpassungen unverändert (Laspeyres-Ansatz).

Von den Mengen, die die Grundlage für die Gewichtberechnung am Indexanpassungstag darstellen, sind die Mengen der täglich an der Börse gehandelten Aktien strikt zu unterscheiden.

Werden die täglichen Handelsmengen mit den Kursen multipliziert, erhalten wir die Tagesumsätze (Börsenumsätze) für die einzelnen Aktien und für den Gesamtmarkt, wenn diese addiert werden. Die täglichen Umsätze der Einzelaktien haben daher mit ihren Indexgewichten nichts zu tun. Es kann durchaus vorkommen, dass gerade ein „Schwergewicht" (Aktie der Autowerk AG im Musterbeispiel) über kurz oder lang umsatzschwach ist und ein „Leichtgewicht" (Aktie der Eierfabrik AG) umsatzstark ist.

Die Umsatzaktivitäten hängen von der Nachrichtenlage um eine konkrete Aktie ab. Diese kann gerade bei „Leichtgewichten" zu bestimmten Zeitpunkten im Zusammenhang mit Übernahmegerüchten sehr rege sein. Steht generell ein Börsenunternehmen im Rampenlicht der positiven oder der negativen Aufmerksamkeit der Anleger, werden dessen Umsätze mit Sicherheit anziehen.

Handelsumsätze sind ein wichtiger Indikator in der technischen Analyse (Chartanalyse) von Wertpapieren. Hohe Umsätze werden dort immer als trendbestätigend ausgelegt, das heißt, sie machen die Fortsetzung des Auf- und Abstiegstrends wahrscheinlicher.

Exkurs: Börsenumsätze und Indexaufnahmen

Bei der sekündlichen Berechnung des DAX-Standes werden daher die Umsätze in den Einzeltiteln und am Gesamtmarkt in der Formel nicht berücksichtigt. Der Index kann sowohl bei einem schwachen Umsatz von drei Milliarden Euro als auch bei einem hohen Umsatz von zehn Milliarden Euro um zehn Prozent steigen.

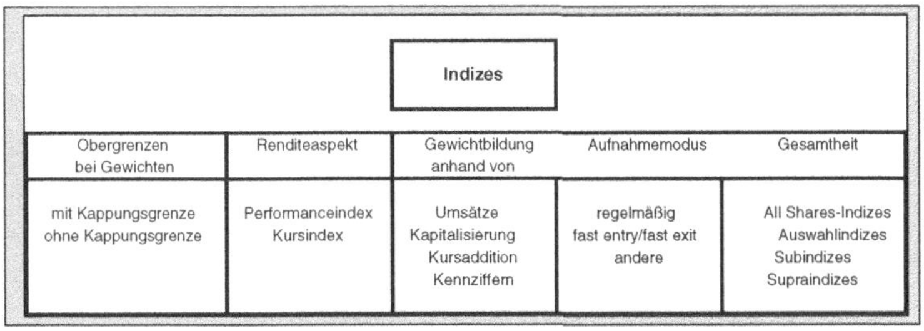

Abb. 8.4 Einteilung der Aktienindizes nach technischen Kriterien

Eine hiervon wiederum zu unterscheidende Frage ist die der Erstaufnahme eines Titels in den Index. Bei der Erstaufnahme in den DAX finden die Börsenumsätze als weiteres Kriterium (siehe die 30/30- Regel) neben der Indexkapitalisierung sehr wohl eine Berücksichtigung. Die Indexbetreiber wollen, dass nicht nur große Unternehmen in den Index kommen, sondern auch solche, deren Aktien viel gehandelt werden. Dass eine Aktie nach der Indexaufnahme ganz schwache Umsätze aufweist, ist für ihren Verbleib im Index bis zum nächsten Aufnahmetermin irrelevant.

Dessen ungeachtet lassen sich im globalen Indexuniversum seltene Konstruktionen finden, die die tägliche Umsatzhöhe der gehandelten Aktien als ein Kriterium in die laufende Indexberechnung aufnehmen.

Mengenindizes in der Statistik und bei Wertpapieranlagen Beispiele für wirtschaftliche Mengenindizes sind Produktionsindizes oder Auftragsindizes für Volumen und Beschäftigung. Es würde ein falscher Eindruck von der Lage eines Unternehmens oder einer Volkswirtschaft entstehen, wenn aus solchen nicht inflationsbereinigten Zahlen Schlüsse gezogen werden. Aufträge könnten wertmäßig steigen, obwohl die Bestellungen physisch (zum Beispiel bei Pkw) zurückgegangen sind.

Im Universum der Wertpapierindizes gibt es keine Analogien zu den Mengenindizes in der Statistik. Dessen ungeachtet werden beim Dow Jones die Handelstage als umsatzstark bezeichnet, an denen hohe Aktienstückzahlen gehandelt werden. Zum Vergleich: Umsatzstarke Tage beim DAX können bedeuten, dass sowohl die Aktienstückzahlen als auch die deren Kurses (oder beides) gestiegen sind.

Zum Schluss dieses Kapitels werden die wichtigsten Unterteilungskriterien der Indizes nach „technischen" Gesichtspunkten in Abb. 8.4 zusammengefasst.

8.7 Begriffsabgrenzungen: Index, Wachstumsrate, Mittelwert, Kennzahl

Zum Schluss der Beschreibung der „technischen" Seite von Wertpapierindizes erscheint es sinnvoll, kurz auf die Unterschiede zwischen den Begriffen Index, Wachstumsrate, Mittelwert und Kennzahl hinzuweisen, da diese in der Anlagepraxis oftmals verwechselt oder falsch interpretiert werden.

Ein Index hat streng genommen keine Wachstumsrate. Die Wachstumsrate kann aber aus einem Index abgeleitet werden. Wo liegen die Unterschiede?

Es ist zwischen dem absoluten Indexstand in Punkten und seiner prozentualen Veränderung zu unterscheiden. Die prozentuale Veränderung kann mit einer Wachstumsrate gleichgesetzt werden, obwohl in der Indexanalyse der Terminus Wachstumsrate selten benutzt wird. So wird zwar davon gesprochen, dass die Wachstumsrate des BIP 2012 in Deutschland 0,7 Prozent betrug, der DAX aber um 35 Prozent gestiegen ist. Inhaltlich sind beide Aussagen identisch, sprachlich nicht.

Darüber hinaus wird in der Regel von der jährlichen Wachstumsrate gesprochen. Auch diese kann aus einem Index errechnet werden. Stieg der BIP-Index im Zeitraum von 2000 bis 2012 angenommen von 100 auf 143 Indexpunkte, kann wie bei der Zinseszinsrechnung vorgegangen werden. Wir erhalten näherungsweise eine durchschnittliche jährliche Wachstumsrate von 3,0 Prozent. In diesem Buch wurden auf diese Weise mehrfach jährliche „Wachstumsraten" für Wertpapierindizes aus dem Vergleich von zwei Indexständen errechnet.

Der Index ist auch kein Mittelwert. Andererseits kann der Eindruck entstehen, ein Aktienindex, der ja per definitionem nicht die Kursveränderung der Einzelaktie, sondern eines abgegrenzten Aktienmarktes misst, wäre ein Mittelwert, der die mittlere Veränderung des Gesamtniveaus widerspiegelt. Er sei mit anderen Worten ein Maß für die Veränderung des Mittelwertes einer fiktiven „Durchschnittsaktie". Diese Interpretation ist falsch. Warum?

Man beachte, dass es keinen Mittelwert für einen Aktienmarkt geben kann, sowie es nicht als sinnvoll erscheint, einen Durchschnittspreis für alle Neuwagen zu errechnen. Die Aussage, eine deutsche Aktie koste am 20.12.2012 im Durchschnitt 32,66 Euro gegenüber 32,22 Euro am Vortag, ist nicht sinnvoll und wird daher von Menschen mit Sachverstand nicht getroffen. Denn Aktien sind anders als Tomaten nicht homogen und die Anteile von Siemens sind andere als von Infineon.

Rein theoretisch könnte zwar ein Mittelwert aus der Division der gesamten Indexkapitalisierung durch die Anzahl der Aktien errechnet werden. Dieser würde unter Heranziehung der Tab. 8.1 unseres Musterbeispiels in der Periode X einen Wert von 26,28 Euro je fiktiver Indexaktie betragen. Durch den Indexanstieg von 1.000 auf 1.1137,8 Punkte erhöht sich auch der Preis dieser fiktiven Indexaktie auf 29,27 Euro. Bislang entspricht der Kursanstieg der „Durchschnittsaktie" genau der Indexveränderung um 11,38 Prozent. Im Folgejahr sank der Mittelwert aber wieder stark auf 19,58 Euro, was durch die „Verwässerung" aufgrund der Neuaufnahme der Aktie Fleischexport AG (Aktienstückzahl 28 Millionen) in den Index und das Herausnehmen von Eierfabrik AG (nur 1,5 Millionen Stück) resultiert. Es ist ersichtlich, dass die Errechnung eines Aktienkursmittelwertes nicht sinnvoll ist.

Anders verhält sich die Lage am Rentenmarkt. Dort wird von der (gewichteten) Durchschnittsrendite aller umlaufenden Anleihen, der sogenannten Umlaufrendite, gesprochen.

Ein Index ist letztendlich keine Kennzahl sondern eine Messmethode. Eine Kennzahl wird in der Regel errechnet, um einen sachlichen Vergleich der gemessenen Eigenschaft des Messobjektes mit einem verwandten Objekt oder einen zeitlichen Vergleich mit sich selbst durchzuführen. Kennzahlen (besonders die wirtschaftlichen) müssen immer einen Bezug haben.

Allein die Aussage, die Lohnquote in Deutschland betrage 2012 genau 63,6 Prozent, ist ohne sachlichen oder zeitliche Bezug nicht sinnvoll. Wird dieser Bezug aber geliefert, wird eine Bewertung möglich. So kann geltend gemacht werden, im internationalen Vergleich sei die deutsche Lohnquote niedrig oder sie sei in den vergangenen 25 Jahren ständig gesunken.

An den Wertpapiermärkten gibt es ähnliche zweckdienliche Kennzahlen. Am Aktienmarkt sind es vor allem die Bewertungszahlen Kurs-Gewinn-Verhältnis (KGV) und die Eigenkapitalquote, die eine breite Anwendung finden. Die erste Kennzahl besagt etwas über die Ertragsstärke, die andere über die Substanzstärke einer Aktie oder einer Gruppe von Aktien aus.

Solche Aussagen kann ein Index nicht liefern. Aus der absoluten Höhe oder aus der relativen Veränderung eines Aktienindexes kann kein Schluss auf die Ertragstärke (das KGV) der Summe seiner Mitglieder gewonnen werden. Der DAX kann absolut die 8.000 Punkte bei einem KGV von 10, wie auch bei einem KGV von 30 erreichen.

Ebenso wenig lässt sich aus dem absoluten DAX-Stand oder seiner Veränderungsrate die Marktkapitalisierung ableiten. Diese kann nicht zuletzt wegen der Kappungsgrenzen und wechselnder Indexzusammensetzung bei einem Stand von 8.000 Punkten bei 800 Milliarden Euro oder bei 900 Milliarden Euro liegen.

Wenn die gleiche Gruppe von Aktien mit zwei verschiedenen Indizes abgebildet wird, werden diese ebenfalls unterschiedliche Werte aufweisen. Das ist am Vergleich von DAX und CDAX ersichtlich. Selbst ein Börsenlaie dürfte nicht auf die Idee kommen, Brasilien sei das „größte Aktienland" der Welt, weil der Bovespa im Vergleich zum Dow Jones, dem DAX oder den Indizes anderer führender Wirtschaftsnationen mit 60.000 Punkten den höchsten Indexstand weltweit aufweist.

Indizes sind statistische Messkennzahlen, die „wertneutrale" Messmethoden darstellen, also keine Wertung per se enthalten.

▶   **Fazit** Statistisch gesehen sind Indizes Messkonzepte, die durch verschiedene Formeln auf komplizierte oder auf einfache Weise dargestellt werden können. Sie bilden zeitliche Veränderungen einer als Stichprobe genannten Gesamtheit ab. In einem Index wird die zu messende Eigenschaft von anderen Einflussfaktoren isoliert. Auf diese Weise kann in einer Wertveränderung eines Produktes oder eines ganzen Marktes (so auch des Kapitalmarktes) die Preis- von der Mengenänderung getrennt und als Preisindex dargestellt werden. Indizes finden in der Wissenschaft und im Wirtschafts- und Sozialleben breite Verwendung. Beliebt sind sie besonders auf dem Kapitalmarkt. Jeder Index hat dort neben der „technischen Seite" eine „ökonomische Seite". In der Fähigkeit, verschiedene Marktphänomene zu messen, kommt diese „technische Seite" der Indizes zum Ausdruck.

Zu den wichtigsten „technischen" Parametern eines Aktienindizes zählen: die Formel, die Anzahl der Titel (Breite des abgebildeten Universums), die Modalitäten der Indexaufnahme, die Gewichtungsgrenzen, Indexbasis (Laspeyres bzw. Paasche) und viele andere. Weitere Zusatzkriterien können berücksichtigt werden. So unterscheiden sich Kurs- und Performanceindizes durch Berücksichtigung oder Nichtberücksichtigung von Dividenden.

Wenn ein Index mit einem Pkw verglichen wird, stellt die Bauweise die „technische Seite", die Nutzungsmöglichkeiten die „ökonomische" Seite dar. Die Kenntnis der technischen Konstruktionsdaten eines Indexes ist nicht anlagerelevant. Insbesondere bringt dem Anleger die Kenntnis, welche Aktien in den Index aufgenommen und welche ihn verlassen werden, keinen strategischen Vorteil. Zum einen ist dieses Wissen durch Ankündigungen der Deutschen Börse und transparente Austauschregeln bekannt. So wie die Auf- und Absteigekandidaten in und aus der 1. Bundesliga lassen sich die Auf- und Absteigkandidaten in und aus dem DAX anhand der Handelsumsätze und Marktkapitalisierungen täglich beobachten. Zum anderen gibt es keine Garantie dafür, dass sich die Kurse der Kandidaten besser (schlechter) als der Gesamtmarkt entwickeln werden.

Demgegenüber ist der im Kap. 3 beschriebene Nutzen, den die „ökonomische" Seite des Indexes unterschiedlichen Kapitalmarktakteuren stiftet, sehr vielfältig.

Korrelation: Gibt es einen Indexzusammenhang?

9

Es gibt kein Frühstücksfernsehen, in dem der Moderator nicht die freundliche DAX-Tendenz in der Vorbörse auf die guten „Vorgaben aus den USA oder aus Fernost" zurückführt. Gleiches gilt für viele Sektorindizes und auch für einzelne Aktien. Gibt es eine solche Kausalität und, wenn ja, wie wird diese gemessen? Sind solche Zusammenhänge von Dauer oder zeitlich begrenzt?

Diese und verwandte Fragen lassen sich statistisch mit der Korrelationsanalyse beantworten. Der sogenannte Korrelationskoeffizient R (bzw. das aus ihm abgeleitete Bestimmtheitsmaß R2) gibt den Anteil an, zu dem die Schwankungen eines Indexes durch die Schwankungen des anderen erklärt werden. Der ungeklärte Rest, der Residualanteil, wird in dieser Methode auf andere Ursachen zurückgeführt.

Der Korrelationskoeffizient R liegt im Wertebereich −1 bis +1 und informiert über die Richtung und Stärke des Zusammenhangs. Bei exakten Werten von −1 und +1 besteht ein funktionaler Zusammenhang (negative bzw. positive Korrelation). Demgegenüber liegt das Bestimmtheitsmaß R2 im Intervall 0 und 1 und informiert darüber, wie stark dieser Zusammenhang ist. Bei 0 besteht kein, bei 1 ein vollständiger oder 100-prozentiger Zusammenhang.

Börseninformationsdienste veröffentlichen kostenlos Korrelationsmatrizen mit Korrelationskoeffizienten zwischen Indizes und den einzelnen Wertpapieren in zahlreichen Kombinationen.

Nachfolgend wird hierzu ein Beispiel von Godmode Trader vom Informationsdienst BörseGo AG vorgestellt, der die Korrelation (Bestimmtheitsmaß) zwischen den bekanntesten US- und europäischen Aktienindizes im Jahresvergleich (Stand: 18.12.2012) wiedergibt (Tab. 9.1).

So informativ diese Matrix für Anleger und Analysten auf den ersten Blick ist, so enttäuschend sind die begrenzen Aussagen und die Irritationen, die sich aus der Korrelationsanalyse ergeben. Dennoch hat die Korrelationsmethode einen unbestrittenen Nutzen.

V. Heese, *Indizes in der Wertpapieranlage*, DOI: 10.1007/978-3-658-02260-0_9,
© Springer Fachmedien Wiesbaden 2014

Tab. 9.1 Korrelation zwischen den wichtigsten US-amerikanischen und europäischen Aktienindizes im Jahr 2012

Korrelation	Dow Jones	NASDAQ COMP.	S&P 500
EURO STOXX 50	0,99	0,89	0,99
Stoxx 50	0,99	0,88	0,98
ATX	0,92	0,98	0,97
SMI	0,98	0,78	0,97
SMIM	0,94	0,96	0,98
SPI	0,97	0,82	0,95
CAC 40	0,98	0,88	0,98
FTSE 100	0,97	0,91	0,98
AEX	0,96	0,91	0,97
IBEX 35	0,96	0,96	0,99
SPMIB	0,97	0,95	0,98

Quelle BörseGo AG

Im Zusammenhang mit Wertpapierindizes sollen jeweils zwei Vor- und Nachteile diese Problematik verdeutlichen:

1. Korrelation als Hilfsinstrument bei der Zusammensetzung sinnvoller Indexgruppen oder Indexmitglieder (Vorteil)
   Werte und Indizes, die zu vergleichen sind, sollten eine hohe Korrelation aufweisen. Die Korrelation hilft die Frage zu beantworten, welche Indizes miteinander „verwandt" sind, sprich: einen richtigen Index aus einer Familie übergeordneter Indizes als repräsentative Benchmark zu finden. Auch bei der Zuordnung von Einzelaktien eines kleinen deutschen Unternehmens zu einem Index, wie alternativ zum MDAX, dem SDAX oder dem TechDAX, liefert die Korrelation eine wertvolle Hilfe. Setzt sich der Index aus einer ausreichenden Anzahl von Branchen zusammen, bedeutet die hohe Korrelation ebenfalls nicht, dass hier Klumpenrisiken entstehen.
2. Korrelation als Hilfsinstrument bei der Widerlegung bzw. „Aufspürung" von relevanten Indextreibern (Vorteil)
   Häufig hilft die Korrelation, Zusammenhänge zu entdecken, die nicht unbedingt zu erwarten sind. So werden die meisten Anleger der Meinung sein, die russischen Aktienindizes RTS, RDX oder RTX müssten stark von den Rohstoff- und Energiestoffpreisen abhängen. Das wird durch die Korrelationen nicht oder nur bedingt bestätigt (starke Variationen je nach Länge des Untersuchungszeitraumes). Erstaunlicherweise ist die Korrelation zwischen dem Gaspreis und diesen Indizes zeitweise sogar negativ. Die (positive) Korrelation zwischen den russischen Aktienindizes und den Leitindizes großer Industrieländer ist dagegen grundsätzlich stärker.
   Auch ein anderer Zusammenhang irritiert: Während die Russlandsindizes stark mit dem Euro, US-Dollar oder dem britischen Pfund positiv korreliert sind, fällt der

Zusammenhang mit dem Yen und Schweizer Franken stark negativ aus. Das mag zum Teil an den unterschiedlichen Außenhandelssalden Russlands mit den einzelnen Ländern oder Währungsblöcken liegen. Ohne detaillierte Analysen sind profunde Aussagen hierzu nicht möglich.

3. Die Korrelation gibt keine Auskunft über den Kausalzusammenhang (Nachteil)
Aussagen, die auf einen kausalen Zusammenhang hinweisen, sind mit der Korrelationsanalyse nicht möglich. Selbst ein vollkommener funktionaler Zusammenhang zwischen den Kursentwicklungen von zwei Indizes besagt noch nichts über die Ursache und ihre Wirkung.

Anleger neigen undifferenziert zu behaupten, die in Abschn. 4.3.2 genannten US-Indizes seien für Kursentwicklungen der Europäer maßgeblich. Im Börsenmilieu heißt es deswegen nicht ohne Grund, „wenn die Wallstreet hustet, hat Frankfurt eine Grippe". Die Ursachen-Wirkungs-Analyse wird in der Statistik allerdings mit der sogenannten. Pfandanalyse betrieben, auf die jedoch der Wertpapiermarkt nicht zurückgreift, weil es sich als bequem und unkompliziert erwiesen hat, die Ursachen für gute und schlechte Börsen weltweit immer in den USA zu suchen.

Anhand der Korrelation könnte bei einer jährlichen Korrelation zwischen dem S&P 500 und dem deutschen TechDAX von 0,93 genauso gut behauptet werden, der letzte sei für das Kursgeschehen an den Börsen in Übersee verantwortlich.

Selbst der neue wirtschaftliche Superstar, die VR China, wird (vorläufig) an dem etablierten Glauben über die Omnipotenz der US-Märkte nichts ändern. Die „Ohnmacht" der chinesischen Börsen (zurückzuführen auf die dort noch unterentwickelten Kapitalmärkte und Restriktionen gegenüber Auslandsinvestoren) gegenüber der Vormachtstellung der USA, kann mit Hilfe von Korrelationszahlen belegt werden. Die Korrelationen sind hier nicht signifikant.

Andererseits bestätigt die Korrelation den in der Globalisierungsära sich vollziehenden Wandel in der Weltwirtschaft: Die Branchen- und Sektorenindizes einzelner Länder sind stärker miteinander korreliert als ihre Leitindizes. Das verwundert nicht: Durch das Agieren internationaler Konzerne wachsen die Branchen stärker zusammen als die Volkswirtschaften.

Der früher an den deutschen Börsen übliche Spruch „Läuft Butter, läuft Käse" ist heute nicht mehr nachvollziehbar. Diese Börsenweisheit implizierte seinerzeit die Aussage, wenn der Gesamtmarkt steigt, galt diese freundliche Tendenz automatisch für die fünf größten Blue Chips (Deutsche Bank, Allianz, Siemens, Daimler und Bayer). Der damalige „Marktzusammenhang" wird heute durch den „Branchenzusammenhang" weitgehend abgelöst. Siemens, Infineon und SAP steigen gewöhnlich stärker oder erst dann, wenn die US-Nasdaq am Vortag zulegt hatte.

Besonders die Deutsche Telekom zieht nur selten mit dem DAX mit. Die meisten großen Telekomaktien führen ein gewisses Eigenleben.

4. Die Korrelationsergebnisse hängen vom Untersuchungszeitraum ab (Nachteil)
Auf den zeitlichen Aspekt der Korrelationszusammenhänge wurde bereits hingewiesen. Grundsätzlich sind langfristige Korrelationen höher als kurzfristige einzuschätzen.

Während die Korrelation zwischen dem DAX und den Aktien im Entry Standard auf Monatsbasis mit einem Bestimmtheitsmaß von 0,11 de facto nicht bestand, war sie auf Jahresbasis mit einem Wert von 0,93 (Daten per 18.12.2012) stark ausgeprägt.

Für Analysezwecke sind Langfristkorrelationen selbstverständlich sinnvoller. Aus diesem Grund hat der Anleger darauf zu achten, dass ihm (wie bei grafischen Darstellungen) irgendwelche Zusammenhänge durch Kurzfristvergleiche im Beratungsalltag nicht „eingeredet" werden, weil sie angeblich wissenschaftlich durch Korrelationsanalysen untermauert seien.

BISS-Konzept: einfacher Kompass für den „Indexdschungel"

Die Erkenntnis, das weltweite Universum mit tausenden von Indizes und hunderten Indexbetreibern erinnere an einen Dschungel, hilft einem Anleger bei einer Indexanlage nicht viel weiter. Ein Anlageneuling sollte bei seiner Suche nach den richtigen Indizes einige wichtige Grundsätze beachten.

Wir nennen die von uns vorgeschlagene Vorgehensweise das BISS-Konzept, zusammengesetzt aus den Anfangsbuchstaben der Worte Breit, Information, Strategie und Sauber. Einen solchen Begriff kann er sich besser merken. Was sich dahinter verbirgt, wird im Folgenden dargestellt:

B wie breit Einen breiten Index für die Indexprodukte wählen.

„Breit" heißt in diesem Zusammenhang, dass die größten Unternehmen eines Marktes in einer ausreichenden Zahl in den Index aufgenommen werden. Dieses Kriterium erfüllen in erster Linie All-Share-Indizes und große Branchenindizes. Der Anleger sollte weiterhin Anlageprodukte auf breite Indizes kaufen. Denn zum einen ist bei diesen Indexarten der Diversifikationseffekt höher, was wiederum eine weniger schwankende Kursentwicklung impliziert. Zum anderen ist bekanntlich die Informationslage über breite Märkte umfangreicher, was bei Börseneulingen weniger Ungeduld erzeugt. Einsteiger haben bei einem „breiten" Index bessere Chancen, den zugrunde liegenden Markt zu verstehen und sich an das Auf und Ab der Aktienmärkte generell zu gewöhnen.

I wie Information Lieferung zuverlässiger Informationen über das Wirtschaftsgeschehen.

Bei den wichtigsten Kriterien eines Aktienindexes wurde gefordert, dass er „repräsentativ" ist. Dieses Fachwort ist etwa gleichbedeutend mit Begriff „informativ". Informativ ist ein Index, wenn dessen Messungen die gesuchte Eigenschaft tatsächlich wiedergeben. Wird die Wirtschaftskraft in einem Land hauptsächlich von nicht börsennotierten Unternehmen erbracht, die sich in Staats- oder Familienbesitz befinden, können selbst von den Wirtschaftsnachrichten keine zuverlässigen Schlüsse für die Börse gewonnen werden. Ein guter Index muss also nicht nur „breit", sondern auch „informativ" sein. In diesem Fall bildet die Börse das Wirtschaftsgeschehen richtig ab.

S wie Strategie Anwendungen einer Strategie mit Hilfe eines entsprechenden Indexproduktes.

Häufig lassen sich komplexe Investmentideen mit Einzelanlagen oder anderen indirekten Anlagen (Fonds, Zertifikate, Hebelprodukte) nicht oder nur unzureichend darstellen. Wer in diesem Fall auf Indexanlagen, die sogenannten Strategieindizes, zurückgreift, hat oft zwei Vorteile. Zum einen werden solche Indizes häufig von bekannten Anbietern (wie der Deutschen Börse) fachmännisch entwickelt. Zudem besteht bei vielen Strategieindizes, mit Blick auf ein begrenztes Angebot, nicht die Qual der Wahl eines richtigen Barometers. Andererseits sind Strategieindizes nicht sehr populär und eher illiquide. Wer also eine originäre Investmentidee findet, sollte zuerst prüfen, ob sich diese mit Hilfe von Indizes sinnvoll abbilden lässt.

S wie sauber Die Wahl eines „sauber" konstruierten und allgemein verständlichen Indexes hat Vorrang.

Bei einer Portfolioinvestition in Indexanlagen besteht in der Anlagepraxis schnell die Gefahr „Äpfel mit Birnen" zu vergleichen. Wie grundsätzlich im Anlageuniversum gilt hier, dass der Anleger nur die Produkte kaufen sollte, die er auch versteht. Er steht daher auf der sicheren Seite, wenn er „saubere" und verständliche Indexkonstruktionen wählt. Denn Indexkonstruktionen sind nicht immer einfach zu verstehen. Für den Anleger, der hier auf Transparenz setzt, sind Kursindizes, Supra-Indizes, währungsungesicherte Indizes, Indizes mit unverständlichen Gewichtungsregeln, variablen Kappungsgrenzen oder nicht-kursbasierte Indizes weitgehend ungeeignet. Denn im Extremfall kann es passieren, dass die Indexveränderungen weniger auf reine Kursveränderungen als vielmehr auf die technischen Konstruktionsfaktoren, was häufig bei Rohstoff- und Immobilienindizes der Fall ist, zurückzuführen sind.

1. Indizes sind statistische Methoden, die Veränderungen nicht von Einzelobjekten, sondern von zeitlich und sachlich abgegrenzten Gesamtheiten (Märkten) von Objekten messen.

2. „Technisch" gesehen können Indizes auf einfachen oder komplizierten Formeln beruhen. In der Indexformel wird die zu messende Eigenschaft von anderen Einflussfaktoren isoliert. Diese gängige Vorgehensweise ist in der Wissenschaft als die ceteris-paribus-Annahme bekannt.

3. So wird in einer Wertveränderung die Preis- von der Mengenänderung getrennt, wenn nur der Preisindex dargestellt werden soll. Ein klassischer Preisindex beantwortet zum Beispiel die Frage: Wie verändert sich der Wert eines Warenkorbes aufgrund reiner Preisänderungen bei gleich bleibend unterstellten Einkaufsmengen?

4. Preisindizes sind in der Wirtschaft und am Kapitalmarkt weit verbreitet. Im letzten Fall sind sie als Aktien-, Renten-, oder Fondsindizes und als andere Börsenindizes bekannt und stiften zahlreichen Marktakteuren (Unternehmen, Börse, Anleger) hohen Nutzen.

5. Das Wissen über Aktienindexes und die Eigenschaften der Indexanlagen ist methodischer Natur. Es unterliegt somit keinen „Modetrends", die am Kapitalmarkt gang und gäbe sind. Sie stellen zeitlose Konstrukte dar, die schon vor einem Jahrhundert erfunden worden sind und die es mit hoher Wahrscheinlichkeit auch in hundert Jahren noch geben wird. Daher kann jeder informierte Anleger das Indexwissen langfristig nutzen.

6. Zu den „technischen" Daten eines Aktienindizes zählen vorrangig: Anzahl der Einzelaktien, Regeln der Indexaufnahme, Gewichtungen von Einzelaktien, Indexbasis, Vergleichszeitraum, Berücksichtigung von Dividenden und anderen Ausschüttungen. Werden Dividenden und Ausschüttungen berücksichtigt, sprechen wir von einem Performanceindex, ansonsten von einem Kursindex.

7. Nicht nur Aktienindizes, sondern alle Indizes besitzen neben der „technischen" eine „ökonomische" Seite, die angibt welchen Nutzen der betreffende Index im

V. Heese, *Indizes in der Wertpapieranlage*, DOI: 10.1007/978-3-658-02260-0_11,
© Springer Fachmedien Wiesbaden 2014

Wirtschafts- und Sozialleben stiften kann. Das börsennotierte Unternehmen verbessert durch die Aufnahme in einen bekannten Index sein Standing, das ihm zu besseren Konditionen am Kapitalmarkt verhilft. Die Börse kann als Handelsplatz auf bessere Geschäfte hoffen, wenn hier Titel gehandelt werden, die in großen „Weltindizes" enthalten sind.

8. Dem Privatanleger stiften vor allem große Börsenindizes einen Nutzen, weil sie ihn über den Anlageerfolg der indirekten Anlage am Gesamtmarkt informieren. Wenn ein Börsenneuling sich eine Direktanlage noch „nicht zutraut", kann er auf verschiedene Indexprodukte der Banken und Fondsgesellschaften zurückgreifen.

9. Aktienindizes werden nach verschiedenen Kriterien gebildet, von denen folgende die wichtigsten sind: Region (USA, Japan, Asien), Sektor (Autos, Banken), Größe der Indextitel (Blue Chips, Mid Caps) und Abbildung von Anlagestrategien (Dividende, Volatilität). Bekannte Indizes werden hauptsächlich von Börsen und Großbanken konstruiert und betrieben.

10. Die wichtigsten deutschen Aktienindizes sind der DAX und die „DAX-Familie" der Deutschen Börse. Gesamteuropäisch bedeutsam sind der DJStoxx 50 und der DJEuroStoxx 50, weltweit dagegen der Dow Jones (USA), der Hang Seng (China) und der Nikkei (Japan).

11. Häufig werden Indizes in der Anlagepraxis „missbraucht" und zweckentfremdet interpretiert. Zu den häufigsten Beispielen zählen Fälle wie die Wahl des falschen Vergleichsindexes (Benchmark), des nicht sinnvollen Vergleichszeitraumes oder die falsch verstandene Risikominderung durch viele Einzeltitel in Indizes von „Krisensektoren" (Automobile, Halbleiter, Banken).

12. Indexanlagen, auch als Indexprodukte bekannt, sind immer indirekte Anlagen. Die Bestandteile eines Indexes (Aktien, Renten) sind dagegen direkte Anlagen. Indexprodukte werden in klassische (Indexfonds, indexbasierte Fonds) und moderne Arten, wie die Contracts for Different (CFDs) und Indexderivate (Zertifikat, Knockout-Produkte, Indexanleihen) unterteilt. Die Indizes bilden die Basiswerte für diese Indexanlagen.

13. Klassische Indexprodukte weisen häufig Vorteile gegenüber einer Direktanlage auf, wie Wegfall der Informationsbarriere, Risikostreuung, größere Liquidität des Marktes oder möglicher Zugang zu attraktiven fremden Aktienmärkten.

14. Den Vorteilen der modernen Indexprodukte, die in überproportionalen Renditechancen gegenüber den Direktanlagen bestehen, stehen ebenso überproportionale Verlustrisiken, die bis zum Totalverlust gehen können, gegenüber. Diese sind als die wichtigsten Nachteile anzusehen.

15. Ein Börsenneuling fährt in seiner Anlage nicht falsch, wenn er bei den Indexanlagen auf das vereinfachte BISS -Konzept achtet. Danach wählt er Indizes, die breit, informativ, strategietauglich und „sauber" konstruiert sind.

Die wichtigsten Indexbetreiber

American Stock Exchange
Bolsa de Valores Mexicana
Bolsa de Valores Sao Paulo
Bolsa Italiana
Börse Budapest
Börse Prag
Börse Stuttgart
Chicago Board of Options Exchange (CBOE)
Commerzbank
Credit Suisse Cremont
Deutsche Börse AG
Dow & Jones Company
Euronext
FAZ
FTSE Group
Hedge Fonds Research
HSI Service Limited
Iberian Stock Exchange
India Stock Exchange and Services
International Index Company (ICC)
Istanbul Stock Exchange
Jefferies Financial Products
Jim Rogen
Johannesburg Stock Exchange
Korea Exchange
Morgan Stanley Capital Investment (MSCI) & Barra
Nasdaque Stock Exchange
Nihon Keizai Shimbun (Nikkei)
OMX
Russell Investment Group
Shanghai Stock Exchange (SSE)

V. Heese, *Indizes in der Wertpapieranlage*, DOI: 10.1007/978-3-658-02260-0,
© Springer Fachmedien Wiesbaden 2014

Sherenzen Stock Exchange (SZSE)
Singapore Exchange
Standard & Poor's
STOXX limited
SWX Swiss Exchange
Thailand Stock Exchange
Tokyo Stock Exchange
Warsaw Stock Exchange
Wiener Börse AG
Xinhua China 25

Literaturverzeichnis

Aktienindex zu verkaufen (17. Mai 2010) Süddeutsche Zeitung

Amann S (2. Februar 2009) Gazprom. Hinter den Kulissen des Energiegiganten. Spiegel Online

Bahr Ch (2010) Aktienindizes und Indexprodukte: die europäische Sichtweise am Beispiel der STOXX Indizes. Verlag Kovac

Börse reduziert VW-Gewicht im Dax (29. October 2008) Manager Magazin

Braunberger G (6. Februar 2009) Chinas Banken schlagen sich in der Krise am besten. FAZ

Comeback der BRIC-Märkte (22. Dezember 2012) BÖRSENZEITUNG

Commerzbank (Hrsg) (2008) Handbuch der Indizes

Deutsche Börsen: VW-Aktie reißt Dax in die Höhe (28. Oktober 2008) Spiegel Online

Die wichtigsten Wegmarken des Dax (1. Juli 2008) Spiegel

Diesen Montag tritt die „Lex VW" an der Börse in Kraft (3. November 2008) DIE WELT

EU will gegen Index-Manipulationen vorgehen (26. Juli 2012) Neue Züricher Zeitung

Frey-Broich M (2. April 2007) Branche sucht nach Hauspreis-Index. HANDELSBLATT

Friebel M (2008) Die Welt der Börsenindizes. Diplomica-Verlag

Ganser F, Jasny P (2008) Korrelationen von Aktienindizes. IBIDEM-Verlag

Hammer T (23. März 2012) Aktienindizes. Lukrative Spielwiese. Zeit Online

Heese V (2009) Was Sie über Derivate wissen müssen. TM-Börsenverlag

Heese V (2011) Aktienbewertung mit Kennzahlen. Gabler

Heese M, Heese V (2011) Legale „Tricks" in Bankbilanzen. Diplomica-Verlag

Hudasch F (2011) Immobilienindizes. GRIN-Verlag

Hus Ch (4. Oktober 2011) MSCI World ist Anachronismus. FTD

Indische Börse auch für Ausländer offen (16. Januar 2012) HANDELSBLATT

Jünemann T (2009) Der Verbleib von Unternehmen in deutschen Indizes. Bachelor-Arbeit, Universität St. Gallen

Rogers J (2008) Investieren in China. FinanzBuch Verlag

Schulz S (29. Oktober 2008) Eilaktion gegen Kurskapriolen. Deutsche Börse kappt VW-Anteil am Dax. Spiegel

Stehle R (1996) Rückberechnung des DAX für die Jahre 1955 bis 1987. Humboldt Universität

Stiefel G (2010) Exchange Traded Funds: Eine Darstellung der unterschiedlichen Replikationen von Aktienindizes. GRIN-Verlag

Stocker F (19. Februar 2009) Die irre VW-Aktie verzerrt den DAX bis heute. DIE WELT

Stolzenberg F (2009) Methoden zur Nachbildung von Aktienindizes im passiven Asset Management. GRIN-Verlag

Warum Apple nicht in den Dow Jones Index darf (2. Mai 2012) The Wall Street Journal

Zinssenkung. Brasilien kämpft gegen die Krise (31. Mai 2012) HANDELSBLATT

V. Heese, *Indizes in der Wertpapieranlage*, DOI: 10.1007/978-3-658-02260-0,
© Springer Fachmedien Wiesbaden 2014

Stichwortverzeichnis

A

Aktienindex, 2, 17, 19–21, 23–25, 34–36, 38, 39, 41, 51, 55–59, 63, 64, 74, 103, 104, 125, 126, 135–137, 150

Aktienportfolio, 18

Anlagestil, 17, 103, 129

Anlagevolumen, 31, 86, 87

Anleihen, 13, 14, 31, 33, 87, 92–94, 96, 97, 150

Apple, 46

B

BAFin, 83, 84, 131

Bank of America, 46

Bankensektor, 75

BASF, 61

Basiskurs, 84, 104, 108–110, 113, 127

Benchmark, 3, 17, 19, 26, 31, 40, 55, 65, 66, 98, 103, 122, 123, 154, 160

Beta, 27, 28, 73, 75, 114–117, 119, 123

Bilanz, V, 31, 79, 87, 121, 129, 132

Bilanzierungswahlrechte, 121

BIP, 12, 20, 21, 39, 43, 59, 89, 92, 150, 150

BISS-Konzept, 157

Black Rock, 111, 112

Blue Chips, 27, 60, 61, 65, 155, 160

BMW, 37, 136

Bonuszertifikat, 98

BörseGo, 153

Börsenkapitalisierung, 18, 20, 37, 43, 56, 63, 135, 136, 138, 148

Börsenumsatz, 63, 139

Bovespa, 54, 127, 151

BRIC, 27, 39, 40, 54, 59, 124

Broker, 15, 68, 83, 113

C

CDAX, 66, 76, 122, 144, 151

CFD, 32, 83, 101, 102, 104, 113, 160

Chart, 15, 30, 36, 76, 95, 124, 132, 143, 144, 148

Comdirect, 30, 37, 83, 85

Commerzbank, 32, 36, 86, 106–110, 131, 147

CSI, 27, 57

D

DAI, 30

DAX, 1, 15, 18, 24, 28, 30, 32, 33, 35, 37, 43, 61, 63, 65, 67, 69, 70, 72, 73, 75, 76, 92, 93, 97, 103, 105, 106, 109, 110, 113, 114, 118, 122, 123, 128, 129, 131, 132, 136, 137, 139, 142, 147–151, 153, 156, 160

DAX-Familie, 33, 37, 63, 66, 139, 160

DAXPlusExportStrategy, 72, 73

Derivate, 2, 18, 32, 57, 81, 84, 87, 88, 96, 99, 102, 104, 108, 110, 111, 113, 114

Deutsche Börse AG, 30, 57, 69, 97, 139

Direkte Anlage, 104, 160

DivDAX, 14, 74

DJEuroStoxx50, 67, 98

Dow Jones Global Titans 50, 40

Dow Jones Industrial Average, 41, 146

DZ Bank, 86, 105

E

Effektivzins, 94

Emittent, 15, 81, 94

Entry Standard, 66, 156

ETF, 57, 65, 69, 83, 85, 96, 101, 104, 105, 110–113

V. Heese, *Indizes in der Wertpapieranlage*, DOI: 10.1007/978-3-658-02260-0,
© Springer Fachmedien Wiesbaden 2014

EuroGov-Indexfamilie, 97
Export, 13, 14, 66, 72, 73, 87, 126, 136

F
Finanzierung, 24, 79, 88, 95
Finanzinvestition, 79–81, 92
Fitch, 31
FMC, 28, 119, 123
FTSE, 61, 62, 143

G
Garantiezertifikat, 98, 105
Gazprom, 40, 55, 56
General Electric, 41, 46

H
H-Aktien, 28, 59
Hang Seng, 57
HDAX, 19
Hebelprodukte, 72, 83, 85, 103, 158
Hedgefonds, 28, 32, 129, 147

I
IBoxx, 95, 113
IFRS, 16, 50
Immobilienindex, 90–92
Indexanbieter, 20, 21, 26, 28, 33, 37, 48, 56, 57,
        75, 77, 130, 132, 146
Indexanleihe, 94, 102, 104–110, 160
Indexanpassung, 18, 25, 139, 142, 148
Indexarten, 146, 157
Indexaufnahme, 25, 31, 58, 142, 148, 149,
        152, 159
Indexderivat, 104, 105, 160
Indexfamilie, 16, 37, 40, 52, 65, 73, 95, 96
Indexfonds, 69, 101, 103–105, 110, 111, 160
Indexgewicht, 21–23, 25, 46, 56, 110, 118, 125,
        135, 136, 148
Indexgrafik, 29, 99
Indexmitglied, 3, 16, 18–20, 25, 32, 37, 40, 43,
        47, 61, 66, 96, 125, 135, 136, 139, 140,
        142, 154
Indexnutzen, VI
Indexschwergewicht, 59, 138
Indexuniversum, 3, 11, 14, 36, 68, 75, 149

Inflation, 2, 3, 12, 38, 43, 54, 81, 126
Investmentbank, 15, 34, 35, 39, 81, 83, 87

J
Japan, 27, 50–53, 160

K
Kennzahl, 11, 126, 128, 132, 146, 149, 151
KGV, 27, 48, 66, 128, 151
Klumpenrisiken, 124, 154
Knock-out-Produkt, 103–106, 110, 160
Konzentration, 19, 20, 40, 55, 66
Korrelation, 28, 29, 95, 114–119, 124, 153–156
Kursindex, 37, 40, 41, 43–46, 51, 53, 55, 57–59,
        62, 65, 67, 68, 94, 127, 147, 159

L
Laspeyres, V, 134, 148, 152
Leitindex, 19, 20, 25, 34, 54, 62, 64, 128
Liquidität, 17, 26, 52, 54, 66, 70, 99, 160
LSE, 33, 50, 56
Lufthansa, 114

M
MAN, 32
Markowitz, 74, 124
Marktkapitalisierung, 20–23, 25, 37, 39–41, 46,
        47, 50, 53–59, 62–66, 77, 86, 88, 92,
        96, 131, 136, 139, 143, 151
maxblue, 30, 37, 83
McDonald's, 47
MDAX, 30–32, 65, 66, 68, 72, 119, 121, 139, 154
Mengenindex, 148
Methodenkonstanz, 18, 25, 129
Microsoft, 46, 47
Mittelwert, 149, 150
Moody's, 31
MSCI World, 39, 41
Murdoch, 47

N
Nasdaq Composite, 49, 50, 75
Nemax50, 66
Nifty, 59

Nikkei 225, 27, 43, 51–53, 143
NYSE, 47

O

Onvista, 30, 33, 37, 75, 83, 111, 125
Operation Blanche, 147
Optionsschein, 32, 72, 83, 99, 102–105, 110, 114
Outperformance, 103, 123

P

Paasche, V, 134, 148, 152
Performanceindex, 37, 43, 46, 54, 56, 58, 60,
        62, 63, 65, 67, 68, 76, 95, 127, 143,
        147, 159
Petrobras, 40, 54
preisgewichteter Index, 43, 46
Preisindex, 1, 3, 7, 12, 85, 133, 134, 143, 151,
        159
Prime Standard, 66

R

Rendite, 1, 17, 69, 97, 107, 113, 115, 116,
        124, 127
Renten, 2, 29, 83, 92, 95, 113, 160
REX, 29, 92–97
Risiko, 1, 12, 28, 40, 102, 107, 110, 114–117,
        119, 124
Rohstoffindex, 98
Royal Dutch, 40
RTX, 27, 35, 55, 154
Russel 3000, 51
Russland, 27, 33, 40, 54–56, 59, 76

S

S&P 500, 24, 38, 47, 48, 51, 143, 155
SAP, 64, 155
Sberbank, 55, 76
SDAX, 31, 66, 67, 122, 154
SEC, 47, 50
Sensex, 27, 59
ShortDAX, 72
Siemens, 1, 40, 61, 65, 75, 92, 118, 119, 122–124,
        150, 155

SMI, 61, 62, 68
Standardabweichung, 114
Strategieindizes, 68, 70, 73, 74, 158
Streubesitz, 19, 25, 43, 48, 53, 56, 58, 62, 63,
        131, 136, 136, 142
Subindex, 75
Swaps, 69, 87, 111

T

TechDAX, 29, 31, 66, 67, 122, 154, 155
Technologieindex, 49, 122
ThyssenKrupp, 18
TOPIX, 52, 53

U

USA, 29, 46, 50, 51, 91, 96, 125, 143, 153, 155

V

VDAX, 70, 71
Verbriefung, 89
Verkettungstermin, 139, 141
Volatilität, 40, 58, 71, 108, 109, 114, 116, 117,
        119, 160
VW-Aktie, 131

W

Währungen, 39, 54, 111
Wachstumsrate, 43, 141, 149
Wall Street Journal, 41
Walmart, 46
Weltindex, 38
Wertpapierindex, 15
Wilshire 5000, 51

X

XETRA, 27, 32, 50, 57

Z

Zertifikate, 27, 72, 83, 99, 102, 104, 158
Zertifikateindex, 98

23/04/2026

02095643-0008